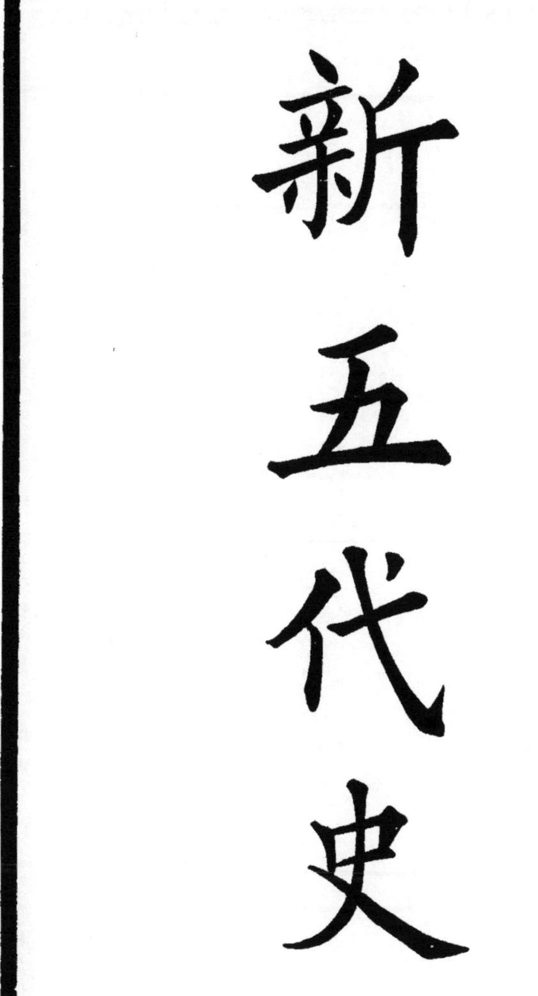
新五代史

四部備要

史部

上海中華書局據武英殿本校刊

桐鄉 陸費逵總勘
杭縣 高時顯 吳汝霖輯校
杭縣 丁輔之監造

五代史記序

建　安　陳　師　錫

孟子曰三代之得天下也以仁其失天下也以不仁自生民以來一治一亂旋相消長未有去仁而興積仁而亡者甚哉五代不仁之極也其禍敗之復殄滅剝喪之威亦其效耳夫國之所以存者以有民民之所以生者以有君方是時上之人以慘烈自任刑戮相高兵革不休夷滅構禍置君猶易吏變國若傳舍生民膏血塗草野骸骼暴原隰君民相眎如髦蠻草木幾何其不胥爲夷也逮皇天悔禍真人出寧易暴以仁轉禍以德民咸保其首領收其族屬各正性命豈非天邪方夷夏相蹂兵連亂結非無忠良豪傑之士竭謀殫智以緩民之死乃堙沒而無聞矣否閉極而泰道升聖人作而萬物覩指揮中原兵不頓刃向之滔天巨猾搖毒煽禍以害斯人者蹈鼎鑊斧鑕之不暇豈非人邪天與人相爲表裏和同於無間聖人知天之所助人之所歸國之所恃以爲固者仁而已非特三代然也堯舜之盛漢唐之興秦隋之失魏晉之亡南北之亂莫不由此

也五代距今百有餘年故老遺俗往往垂絕無能道說者史官秉筆之士或文釆不足以耀無窮道學不足以繼述作使五十有餘年間廢興存亡之迹姦臣賊子之罪忠臣義士之節不傳於後世來者無所考焉惟廬陵歐陽公慨然以自任蓋潛心累年而後成書其事迹實錄詳於舊記而褒貶義例仰師春秋由遷固而來未之有也至於論朋黨宦女忠孝兩全義子降服豈小補哉豈小補哉

五代史記序

五代史目錄

宋　歐陽修撰

徐無黨注

卷十四

卷三十一

卷三十二

卷四十八
雜傳第三十六

徐無黨曰凡諸國名號梁本紀自封梁王以後始稱梁唐本紀自封晉王以後始稱晉自建國號唐以後始稱唐各從其實也自傳而下於末

封王建國之前或稱梁稱晉稱唐者史官從後而追書也唐嘗稱晉而石敬瑭又稱晉李昪又稱唐劉龑已稱漢而劉旻又稱漢王建已稱蜀而孟知祥又稱蜀石晉自爲一代不待別而可知唐漢蜀則加東南前後以別其世家梁初嘗封沛東平南唐初嘗稱齊三號當時已不顯著故皆略而不道五代亂世名號交雜而不常史家撰述隨事爲文要於理通事見而已覽者得以詳焉

五代史目錄

珍倣宋版印

五代史卷一

宋　歐陽修　撰

梁本紀第一

本紀因舊以爲名本原其所始起而紀次其事與時也即位以前其事詳原本其所自來故曲而備之見其起之有漸有暴也即位以後其事略居尊任重所責者大故所書者簡惟簡乃可立法

太祖神武元聖孝皇帝姓朱氏宋州碭山午溝里人也其父誠以五經教授鄉里生三子曰全昱存温變諱某書名義在稱王注中誠卒三子貧不能爲生與其母傭食蕭縣人劉崇家全昱無他材能然爲人頗長者存温勇有力而温尤兇悍唐僖宗乾符四年黃巢起曹濮存温亡入賊中巢攻嶺南存戰死巢陷京師以温爲東南面行營先鋒使攻陷同州以爲同州防禦使是時天子在蜀諸鎮會兵討賊諸鎮記當時語也唐諸節度使所治軍州爲藩鎮故有赴鎮移鎮之語温數爲河中王重榮所敗屢請益兵於巢巢中尉孟楷抑而不通温客謝瞳說温曰黃家起於草莽幸唐衰亂直投其隙而取之爾非有功德興王之業也此豈足與共成事哉今天子在蜀諸鎮之兵

日集以謀與復是唐德未厭於人也且將軍力戰于外而庸人制之於內此章
邯所以背秦而歸楚也溫以爲然乃殺其監軍嚴實自歸于河中因王重榮以
降都統王鐸承制拜溫左金吾衛大將軍河中行營招討副使天子賜溫名全
忠中和三年三月拜全忠汴州刺史宣武軍節度使四月諸鎮兵破巢復京師
巢走藍田七月丁卯全忠歸于宣武是歲黃巢出藍田關陷蔡州節度使秦宗
權叛附于巢遂圍陳州徐州時溥（凡稱某州某人者皆其節度使）爲東南面行營兵馬都統會
東諸鎮兵以救陳陳州刺史趙犨亦乞兵于全忠溥雖爲都統而不親兵四年
全忠乃自將救犨率諸鎮兵擊敗巢將黃鄴尙讓等犨以全忠爲德始附屬焉
是時河東李克用下兵太行渡河出洛陽與東兵會擊巢巢已敗去全忠及克
用追敗之于郾城巢走中牟又敗之于王滿巢走封丘又大敗之巢挺身東走
至泰山狼虎谷爲時溥追兵所殺九月天子以全忠爲檢校司徒同中書門下
平章事封沛郡侯光啓二年三月進爵王義成軍亂逐其節度使安師儒推牙
將張驍爲留後師儒來奔殺之遣朱珍李唐賓陷滑州以胡真爲留後十二月

封吳興郡王自黃巢死秦宗權稱帝陷陝洛懷孟唐許汝鄭州遣其將秦賢盧瑭張晊攻汴賢軍板橋晊軍北郊瑭軍萬勝環汴爲三十六柵王顧兵少不敢出始而稱名既而稱爵既而稱帝漸也爵至王而後稱著其逼者乃遣朱珍募兵於東方而求救於兗鄆三年春珍得兵萬人馬數百匹以歸乃擊賢板橋拔其四柵又擊瑭萬勝瑭敗投水死宗權聞瑭等敗乃自將精兵數千柵北郊五月兗州朱瑾鄆州朱宣來赴援流俗本宣從王者非王置酒軍中中席王陽起如廁以輕兵出北門襲晊而樂聲不輟晊不意兵之至也兗鄆之兵又從而合擊遂大敗之斬首二萬餘級宗權與晊夜走過鄭屠其城而去宗權至蔡復遣張晊攻汴王聞晊復來登封禪寺後岡望晊兵過遣朱珍躡之戒曰晊見吾兵必止望其止當速返毋與之鬭也已而晊見珍在後果止珍卽馳還王令珍引兵蔽大林而自率精騎出其東伏大冢間晊止而食食畢拔旗幟馳擊珍珍兵小却王引伏兵橫出斷晊軍爲三而擊之晊大敗脫身走宗權怒斬晊而河陽陝洛之兵爲宗權守者聞蔡精兵皆已殲於汴因各潰去故諸葛爽將李罕之取河陽張全義取洛陽以來附十月天子

使來賜王紀功碑朱宣朱瑾兵助汴已破宗權東歸王移檄兗鄆誣其誘汴亡卒以東乃發兵攻之取其曹州濮州遂遣朱珍攻鄆州大敗而還十二月天子使來賜王鐵券及德政碑淮南節度使高駢死楊行密入揚州天子以王兼淮南節度使王乃表行密爲副使以行軍司馬李璠爲留後璠之揚州行密不納文德元年正月王如淮南至宋州而還是時秦宗權陷襄州以趙德諲爲節度使德諲叛于宗權以來附天子因以王爲蔡州四面行營都統以德諲爲副三月庚子僖宗崩天雄軍亂囚其節度使樂彥貞其子相州刺史從訓攻魏來乞兵遣朱珍助從訓攻魏而魏軍殺彥貞從訓戰死魏人立羅弘信珍乃還張全義取河陽逐李罕之罕之奔于河東李克用遣兵圍河陽全義來求救遣丁會牛存節救之擊敗河東兵于沇河五月行營討蔡州圍之百餘日不克是時時溥已爲東南面都統又以王統行營而溥猶稱都統王乃上書論溥討蔡無功而不落都統且欲激怒溥以起兵端初高駢死淮南亂楚州刺史劉瓚來奔納之及王兵攻蔡不克還欲攻徐乃遣朱珍將兵數千以東聲言送瓚還楚州溥

怒論己又聞珍以兵來果出兵拒之珍戰于吳康大敗之取其豐蕭二縣遂攻宿州下之珍屯蕭縣別遣龐師古攻徐州龍紀元年正月師古敗溥于呂梁淮西牙將申叢執秦宗權折其足將檻送京師別將郭璠殺叢奪宗權以來獻王遣行軍司馬李璠獻俘于京師表郭璠淮西留後三月天子封王爲東平王七月朱珍殺李唐賓王如蕭縣執珍殺之遂攻徐州冬大雨水不能屯軍而旋初秦宗權遣其弟宗衡掠地淮南是歲宗衡爲其將孫儒所殺儒攻楊行密于揚州淮南大亂行密走宣州儒入揚州大順元年春遣龐師古攻孫儒于淮南大敗而還四月宿州將張筠以宿州復歸于時溥王自將攻之不克初黃巢敗走李克用追之至于冤朐不及而旋過汴駐軍于北郊王邀克用置酒上源驛夜以兵攻之克用踰城而免訟其事于京師天子知曲在汴而和解之至是張濬私與汴交王厚之以賂濬爲汴請伐河東唐諸大臣皆以爲不可與師濬挾汴力請益堅天子不得已而許之五月以濬爲太原四面行營都統王爲東南面招討使然王不親兵以兵三千屬濬而已濬屯于陰地河東叛將馮霸殺潞州

守將李克恭來降遣葛從周入潞州李克用遣康君立攻之從周走河陽九月王如河陽十月天子以王兼宣義軍節度使遂如滑州假道于魏以攻河東且責其軍須亦所以怒魏爲兵端也魏人果以謂非兵所當出而辭以糧乏皆不許於是攻魏十一月張濬之師大敗于陰地二年正月王及魏人戰于內黃大敗之屠故元城羅弘信來送款十月克宿州十一月曹州將郭紹賓殺其刺史郭饒來降十二月丁會敗朱瑾于金鄉景福元年二月攻鄆州前軍朱友裕敗于斗門王軍後至又敗而還冬友裕取濮州遂攻徐州二年四月龐師古克徐州殺時溥王如徐州以師古爲留後遂攻兗鄆乾寧元年二月王及朱宣戰于漁山大敗之二年八月又敗宣于梁山十一月又敗之于鉅野兗鄆求救于河東李克用發兵救之假道于魏既而魏人擊之克用怒大舉攻魏羅弘信來求救遣葛從周救魏是歲李克用封晉王三年五月戰于洹水擒克用子落落送于魏殺之七月鳳翔李茂貞犯京師天子出居于華州王請以兵赴難天子優詔止之又請遷都洛陽不許四年正月龐師古克鄆州王如鄆州以朱友裕爲

留後遂攻兗州朱瑾奔于淮南以葛從周爲兗州留後九月攻淮南龐師古出清口葛從周出安豐王軍屯于宿州楊行密遣瑾先擊清口師古敗死從周亟返兵至于淠河瑾又敗之王懼馳歸光化元年三月天子以王兼天平軍節度使四月遣葛從周攻晉之山東取邢洺磁三州襄州趙匡凝自其父德諲時來附匡凝又與楊行密李克用通而其事泄七月遣氏叔琮康懷英攻匡凝取其泌隨鄧三州（會三異校定曰三異案唐書地理志唐州天祐三年朱全忠徙治泌陽表更乞泌州則是天祐二年唐州舊名猶在至三年始更爲泌光化之初未常有泌州之名今書爲泌則誤也）匡凝請和乃止十二月李罕之以潞州來降二年幽州劉仁恭攻魏羅紹威來求救王救魏敗仁恭于內黃四月遣氏叔琮攻晉太原不克七月李克用取澤潞十一月保義軍亂殺其節度使王珙推其牙將李璠爲留後其將朱簡殺璠來降以簡爲保義軍節度使三年四月遣葛從周攻劉仁恭之滄州取其德州及仁恭戰于老鴉堤大敗之八月晉取洺州王如洺州復取之是時鎮定皆附于晉遂攻鎮州破臨城王鎔來送款進攻定州王郜奔于晉其將王處直以定州降唐宦者劉季述作亂天子幽于東宮天復元年

正月護駕都頭孫德昭誅季述天子復立封王爲梁王遣張存敬攻王珂于河中出含山下晉絳二州王珂求救于晉晉不能救乃來降三月大舉攻晉氏叔琮出太行取澤潞葛從周張存敬侯言張歸厚及鎮定之兵皆會于太原圍之不克遇雨而還五月天子以王兼河中尹護國軍節度使六月晉取慈隰自劉季述等已誅宰相崔胤外與梁交欲假梁兵盡誅宦者而鳳翔李茂貞邠寧王行瑜等皆遣子弟以精兵宿衛天子宦者韓全誨等亦因恃以爲助天子與胤計事宦者屬耳頗聞之乃選美女內之宮中陰令伺察其實久之果得胤奏謀所以誅宦者之說全誨等大懼日夜相與涕泣思圖胤以求全胤知謀泄事急卽矯爲制召梁兵入誅宦者十月王以宣武宣義天平護國兵七萬至于河中取同州遂攻華州韓建出降全誨等聞梁王兵且至卽以岐邠宿衛兵劫天子奔于鳳翔王乃上書言胤所以召之之意天子怒罷胤相責授工部尚書詔梁兵還鎮王引兵去攻邠州屯于三原邠州節度使楊崇本以邠寧慶衍四州降崔胤奔于華州二年春王退軍于河中晉攻晉絳遣朱友寧擊敗晉軍于蒲縣

取汾慈隰遂圍太原不克而還汾慈隰復入于晉四月友寧引兵西至興平及李茂貞戰于武功大敗之王兵犯鳳翔茂貞數出戰輒敗遂圍之十一月鄜坊李周彝以兵救鳳翔王遣孔勍襲鄜州虜周彝之族徙于河中周彝乃降是時岐兵屢敗而圍久城中食盡自天子至後宮皆凍餒三年正月茂貞殺韓全誨等二十人囊其首示梁軍約出天子以爲解甲天子出幸梁軍遣使者馳召崔胤胤託疾不至王使人戲胤曰吾未識天子懼其非是子來爲我辨之天子還至興平胤率百官奉迎王自爲天子執轡且泣且行行十餘里止之見者咸以爲忠己巳天子至自鳳翔素服哭于太廟而後入殺宦者七百餘人二月甲戌天子賜王回天再造竭忠守正功臣以輝王祚爲諸道兵馬元帥王爲副元帥王乃留子友倫爲護駕指揮使（會三異校定曰三異案家人傳友倫乃王兄存之子其後中書上議亦皆謂之皇姪）以爲天子衞引兵東歸天子餞于延喜樓賜楊柳枝五曲初梁兵已西青州王師範遣其將劉鄩襲據梁兗州王已還梁四月如鄆州遣朱友寧攻青州師範敗之于石樓友寧死九月楊師厚敗青人于臨朐取其棣州師範以青州降而鄩亦

降友倫擊鞠墮馬死王怒以崔胤殺之遣朱友謙殺胤于京師曾三異校定曰三異案家人傳殺崔胤者朱友謀非友謙其與友倫擊鞠者皆殺之自天子奔華州王請還都洛陽雖不許而王命河南張全義修洛陽宮以待天祐元年正月王如河中遣牙將寇彥卿如京師請還都洛陽犇徙長安居人以東天子行至陝州王朝于行在先如東都是時六軍諸衞兵已散亡其從以東者小黃門十數人打毬供奉內園小兒等二百餘人行至穀水王教醫官許昭遠告其謀亂悉殺而代之然後以聞由是天子左右皆梁人矣四月甲辰天子至自西都是時晉王李克用岐王李茂貞楚王趙匡凝蜀王王建吳王楊行密曾三異校定曰三異案克用本紀及茂貞傳建行密世家皆書其在唐所投獨匡凝不書其在唐此乃闕文聞梁遷天子洛陽皆欲舉兵討梁王大懼六月楊崇本復附于岐王乃以兵如河中聲言攻崇本遣朱友恭氏叔琮蔣玄暉等行弒昭宗崩十月王朝于京師殺朱友恭氏叔琮十一月攻淮南取其光州攻壽州不克而旋二年二月遣蔣玄暉殺德王裕等九王于九曲池六月殺司空裴贄等百餘人七月天子復使來賜王迎鑾紀功碑王欲代唐使人諭諸鎮襄州趙匡凝以爲

不可遣楊師厚攻之取其唐鄧復郢隨均房七州王如襄州軍于漢北九月師厚破襄州匡凝奔于淮南師厚取荆南荆南留後趙匡明奔于蜀遂出光州以攻壽州不克天子卜祀天于南郊王怒以爲蔣玄暉等欲祈天以延唐天子懼改卜郊十一月辛巳天子封王爲魏王相國總百揆以宣武宣義天平護國天雄武順祐國河陽義武昭義武寧保義忠義武昭武定泰寧平盧匡國鎮國荆南忠武二十一軍爲魏國備九錫王怒不受十二月天子以王爲天下兵馬元帥王益怒遣人告樞密使蔣玄暉與何太后私通殺玄暉而焚之遂弑太后于積善宮又殺宰相柳燦太常卿張廷範車裂以徇天子下詔以太后故停郊三年春魏州羅紹威謀殺其牙軍來假兵以虞變王爲發兵北攻劉仁恭之滄州兵過魏而紹威已殺牙軍其兵之在外者果皆叛據貝衞澶博州王以兵悉殺之遂攻滄州軍于長蘆劉仁恭求救于晉晉人取潞州王乃旋軍

五代史卷一考證

梁太祖紀大順元年春遣龐師古攻孫儒于淮南○師監本訛思今改正

荆南留後趙匡明奔于蜀○一本無匡字

五代史卷一考證

五代史卷二

宋　歐陽修　撰

梁本紀第二

開平元年春正月壬寅天子使御史大夫薛貽矩來勞軍宰相張文蔚率百官來勸進夏四月壬戌更名晃甲子皇帝卽位（自卽位以後大事則書變古則書非常則書意有所示則書後有所因則書非此五者則否）戊辰大赦（赦文皆曰大赦天下此書大見其志之欲遠及也不曰天下實有所不及也）改元國號梁封唐主爲濟陰王（謂天子爲唐主錄其本語如此）升汴州爲開封府建爲東都以唐東都爲西都廢京兆府爲雍州（州縣廢置見職方考惟京都則書之）賜東都酺一日契丹阿保機使袍笏梅老來（夷狄來不言朝不責其禮不言貢不責其物故書曰來五代亂世著其屢來以見夷狄之來不來不因治亂而亂世屢來不足貴也）五月丁丑朔以唐相張文蔚楊涉爲門下侍郎御史大夫薛貽矩爲中書侍郎同中書門下平章事戊寅渤海契丹遣使者來（夷狄君臣姓名官爵或書或否不必備或因其舊史之詳略但書其來以示意爾）乙酉封兄全昱爲廣王子友文博王（友文非子而書子語在家人傳）友珪郢王友璋福王友貞均王友徽建王姪友諒衡王友能惠王友誨邵王甲午改樞密院爲崇政院太

府卿敬翔爲使是月潞州行營都指揮使李思安及晉人戰敗績我敗曰敗績彼敗曰敗之文理宜然已見行營故戰不言地六月甲寅平盧軍節度使韓建守司徒同中書門下平章事秋七月己亥追尊祖考爲皇帝妣爲皇后皇高祖黯謚曰宣元廟號肅祖祖妣范氏謚曰宣僖曾祖茂琳謚曰光獻廟號敬祖祖妣楊氏謚曰光孝祖信謚曰昭武廟號憲祖祖妣劉氏謚曰昭懿考誠謚曰文穆廟號烈祖妣王氏謚曰文惠八月丁卯同州蝦蚄蟲生隰州黃河清於此書見不爲瑞也九月括馬冬十月己未講武于繁臺十一月壬寅赦亡命背軍髡黥刑徒於好殺之世小赦必書見其亦有愛人之意也

二年春正月丁酉渤海遣使者來己亥卜郊於西都弑濟陰王弑臣子之大惡也書濟陰王從其實書弑正梁罪名二月辛未契丹阿保機遣使者來三月壬申朔如西都幸已至也如往而未至之辭書如則在道有事可以書丙子如懷州五代亂世兵無虛日不可悉書故用兵無勝敗攻城無得失皆不書其命大將與天子有所如自著大事爾此如懷澤者以兵方攻潞州也丁丑如澤州戊寅封鴻臚卿李崧介國公爲二王後梁嘗更戊曰武而舊史悉復爲戊壬午匡國軍節度使劉知俊爲潞州行營招討使癸巳卜郊張文蔚薨夏四月癸卯楊涉罷吏部侍郎于兢爲中書侍郎翰林學士承旨禮部侍

郎張策爲刑部侍郎同中書門下平章事壬子至澤州五月己丑潞州行營都虞候康懷英及晉人戰于夾城敗績築城圍潞戰于城中故書地戊戌立唐三廟契丹遣使者來六月壬寅忠武軍節度使劉知俊爲西路行營招討使以伐岐用兵之名有四兩相攻曰攻以大加小曰伐有罪曰討天子自往曰征隨事爲文不得不異非有褒貶也己酉殺金吾衛上將軍王師範滅其族當殺曰伏誅不當殺者以兩相殺爲文丙辰劉知俊及岐人戰于漠谷敗之秋九月丁丑如陝州以晉人攻晉絳故也博王友文留守東都冬十月丁未至自陝州十一月癸巳張策罷左僕射楊涉同中書門下平章事十二月己亥以介國公爲三恪酅國公萊國公爲二王後

三年春正月甲戌如西都復燃燈以祈福燃燈風俗相傳自天子至於庶人舉天下同其奢樂而風俗敝之大者故錄其詔意則其失可知庚寅享于太廟辛卯有事于南郊祀天于南郊書曰有事錄當時語大赦丙申羣臣上尊號曰睿文聖武廣孝皇帝二月壬戌講武于西杏園甲子延州高萬興叛于岐來降唐末之亂彊弱相并或去彼來此不可爲常難於遽責至此乃書曰叛始正其定分也三月辛未渤海國王大諲譔遣使者來甲戌如河中以高萬興降劉知俊兵攻鄜延故也山南東道節度使楊師厚爲

潞州四面行營招討使劉知俊取丹州夏四月丙午知俊克延鄜坊三州易得曰取難得曰克文理宜然爾五月己卯至自河中殺佑國軍節度使王重師六月庚戌劉知俊執祐國軍節度使劉捍叛附于岐以身歸曰降以地歸曰附亦文理宜然知俊爲忠武軍節度使以同州附岐今直書知俊叛而不言地蓋忠武已見上文辛亥如陝州以劉知俊叛故也乙卯冀王朱友謙爲同州東面行營招討使劉知俊奔于岐丹州軍亂逐其刺史宋知誨秋七月商州軍亂逐其刺史李稠稠奔于岐乙丑克丹州執其首惡王行思初不知首惡之人故直曰軍亂既克而推得之也丹州無主將姓名行思無官爵又不見伏誅之日皆舊史失之乙亥至自陝州甲申襄州軍亂殺其留後王班智不足以衛身才不足以治衆而見殺者不書死之而以被殺爲文見死得其死者士之大節不妄以予人房州刺史楊虔叛附于蜀八月辛亥降死罪囚辛酉均州刺史張敬方克房州執楊虔閏月癸酉契丹遣使者來己卯閱稼于西苑九月壬寅行營招討使左衛上將軍陳暉克襄州執其首惡李洪命暉討亂舊史失不書至此始見既克而推得其首惡故初亦且書軍亂丁未保義軍節度使王檀爲潞州東面行營招討使辛亥韓建楊涉罷太常卿趙光逢爲中書侍郎翰林學士承旨工部侍郎杜曉爲戶部侍郎同中書門下平章事辛酉李洪楊虔伏誅冬

十一月甲午日南至告謝于南郊南至不必書因其以至日告謝而書告謝主用至日故書之不曰有事于南郊亦從其本語蓋比南郊禮差簡己酉搜訪賢良鎮國軍節度使康懷英伐岐十二月懷英克寧慶衍三州及劉知俊戰于升平敗績

四年春正月壬辰朔始用樂自唐末之亂禮樂亡至此始用樂故書丁未講武于榆林二月己丑閱稼于穀水秋八月丙寅如陝州以岐人晉人攻夏州故也河南尹張宗奭留守西都辛未護國軍節度使楊師厚爲西路行營招討使以伐岐九月己丑至自陝州辛亥搜訪賢良冬十一月己丑寧國軍節度使王景仁爲北面行營招討使以伐趙趙王王鎔北平王王處直叛附于晉晉人救趙十二月癸酉頒律令格式

乾化元年春正月丁亥王景仁及晉人戰于柏鄉敗績庚寅赦流罪以下因求危言正諫癸巳天雄軍節度使楊師厚爲北面行營招討使夏四月壬申契丹阿保機遣使者來五月甲申朔大赦改元癸巳幸張宗奭第秋八月戊辰閱稼于榆林渤海遣使者來戊寅大閱于興安鞠場九月辛巳朔御文明殿入閤御殿而云入閤錄其本語書之以見禮失事在李琪列傳此禮其後屢行皆不書一書以見其失足矣庚子如魏州以晉人攻魏故也張宗

奭留守西都冬十月丙子大閱于魏東郊十一月高萬興取鹽州壬辰至自魏州乙未回鶻吐蕃遣使者來

二年春二月丁巳光祿卿盧玭使于蜀甲子如魏州（亦以晉人及鎮定攻相魏也）張宗奭留守西都次白馬殺左散騎常侍孫隲右諫議大夫張衍兵部郎中張儁戊寅如貝州三月丙戌屠棗彊（書屠著其酷之甚者）丁未復如魏州夏四月己巳至自魏州（下書如西都則此至東都可知）戊寅如西都三月丁亥德音降死罪已下囚（德音赦之小者從其本名以著其實）罷役徒禁屠及捕生渤海遣使者來是月薛貽矩薨六月疾革郢王友珪反（叛者背此而附彼猶臣於人也反自下謀上惡逆之大者也日月之書不書雖無義例而事亦有不得而日反非一朝一夕不能得其日故反者皆不日）戊寅皇帝崩（年六十一不書崩處以異於得其終者乾化二年十一月友珪葬之河南伊闕縣號宣陵以不得其死故不書葬）

嗚呼天下之惡梁久矣自後唐以來皆以為僞也至予論次五代獨不僞梁而議者或譏予大失春秋之旨以謂梁負大惡當加誅絕而反進之是獎簒也非春秋之志也予應之曰是春秋之志爾魯桓公弒隱公而自立者宣公弒子赤而自立者鄭厲公逐世子忽而自立者衛公孫剽逐其君衎而自立者聖人於

春秋皆不絕其爲君此予所以不僞梁者用春秋之法也然則春秋亦獎簒乎曰惟不絕四者之爲君於此見春秋之意也聖人之於春秋用意深故能勸戒切爲言信然後善惡明夫欲著其罪於後世在乎不沒其實其實嘗爲君矣書其爲君其實簒也書其簒各傳其實而使後世信之則四君之罪不可得而掩爾使爲君者不得掩其惡然後人知惡名不可逃則爲惡者庶乎其息矣是謂用意深而勸戒切爲言信而善惡明也桀紂不待貶其王而萬世所共惡者也春秋於大惡之君不誅絕之者不害其褒善貶惡之旨也惟不沒其實以著其罪而信乎後世與其爲君而不得掩其惡以息人之爲惡能知春秋之此意然後知予不僞梁之旨也

五代史卷二

珍倣宋版印

五代史卷二考證

梁太祖紀忠武軍節度使劉知俊爲西路行營招討使以伐岐注以大加小曰伐○臣文清按周禮大司馬以九伐之法正邦國左傳聲罪致討曰伐孟子曰征者上伐下也注謂以大加小曰伐恐非

五代史卷二考證

珍倣宋版印

五代史卷三

宋　歐陽修　撰

梁本紀第三

末帝太祖第三子友貞也〔末非謚號從其本語〕爲人美容貌沉厚寡言雅好儒士太祖即位封均王爲左天興軍使東京馬步軍都指揮使乾化二年六月太祖遇弑友珪自立殺博王友文以弑帝之罪歸之以王爲東京留守開封尹敬翔爲中書侍郎同中書門下平章事戶部尚書李振爲崇政院使明年友珪改元曰鳳曆二月駙馬都尉趙巖至東都王私與之謀遣馬愼交之魏州見楊師厚計事師厚遣小校王舜賢至洛陽告左龍虎統軍袁象先使討賊是時懷州龍驤屯兵叛方捕索之王乃僞爲友珪詔書發左右龍驤在東都者皆還洛陽因激怒之曰天子以懷州屯兵叛追汝等欲盡坑之諸將皆泣莫知所爲王曰先皇帝經營王業三十餘年今日尙爲友珪所殺汝等安所逃死乎因出太祖畫像示諸將而泣曰汝能趨洛陽擒逆賊則轉禍爲福矣軍士皆呼萬歲請王爲主王乃

遣人趣象先等庚寅象先等以禁兵討賊友珪死杜曉見殺象先遣趙巖持傳國寶至東都請王入洛陽王報曰夷門太祖所以興王業也北拒幷汾東至淮海國家藩鎮多在東方命將出師利于便近是月皇帝卽位於東都卽位大事失其日而書是月見亂之甚於東都終上文也復稱乾化三年復博王友文官爵三月丁未更名鍠夏五月楊師厚取滄州秋九月甲辰御史大夫姚洎爲中書侍郎同中書門下平章事

冬十二月晉人取幽州

四年夏四月丁丑貶于兢爲萊州司馬武寧軍節度使蔣殷反天平軍節度使牛存節討之

貞明元年春正月存節克徐州時蔣殷自燔死故不書伏誅三月丁卯趙光逢罷平盧軍節度使賀德倫爲天雄軍節度使命官不書非常而有故則書此書爲天雄軍亂張本分其相澶衛州爲昭德軍宣徽使張筠爲節度使己丑天雄軍亂賀德倫叛附于晉軍亂有首惡不書而書德倫叛責賁者深也德倫不可加以首惡而可責其不死以叛張彥實首惡而略不書彥徽者德倫可誅而不誅故以德倫獨任其責邠州李保衡叛于岐來附夏六月庚寅朔晉王李存勗入于魏州遂取德州冬十月辛亥康王

友孜反伏誅反者不日誅反者有日故書十一月乙丑改元耀州温昭圖叛于岐來附是歲更名瑱舊史失其日月

二年春二月丙申楊涉罷三月鎮南軍節度使劉鄩及晉人戰于故元城敗績奔于滑州晉人取衛州惠州捉生都將李霸反伏誅夏六月捉生都將張温叛降于晉秋七月晉人取相州張筠奔于京師安國軍節度使閻寶叛附于晉八月丁酉太子太保致仕趙光逢爲司空兼門下侍郎同中書門下平章事九月晉人取滄州橫海軍節度使戴思遠奔于京師晉人克貝州守將張源德死之書死得其死也冬十月丁酉中書侍郎鄭珏同中書門下平章事

三年夏四月辛卯右千牛衛大將軍劉璩使于契丹冬十二月宣義軍節度使賀瓌爲北面行營招討使己巳如西都卜郊晉人取楊劉

四年正月不克郊己卯至自西都夏四月己酉尚書吏部侍郎蕭頃爲中書侍郎同中書門下平章事己巳趙光逢罷冬十二月庚子朔賀瓌殺其將謝彥章孟審澄侯温裕癸亥瓌及晉人戰于胡柳敗績是歲泰寧軍節度使張守進叛

附于晉亳州團練使劉鄩爲兗州安撫制置以討之舊史不書亡其月日故書于歲末爲明年克兗州張本

五年春正月晉軍于德勝用兵無勝敗不書此梁晉得失所繫故書也秋八月乙未朔開封尹王瓚爲北面行營招討使冬十月劉鄩克兗州張守進伏誅十二月晉人取濮陽天平軍節度使霍彥威爲北面行營招討使

六年夏四月己亥降死罪以下囚乙巳尚書左丞李琪爲中書侍郎同中書門下平章事河中節度使朱友謙襲同州殺其節度使程全暉叛附于晉泰寧軍節度使劉鄩討之秋七月陳州妖賊母乙自稱天子九月庚寅供奉官郎公遠爲契丹歡好使冬十月母乙伏誅

龍德元年春趙將張文禮殺其君鎔來乞師不許文禮初爲鎔養子號王德明此書張文禮者從舊史也三月丁亥朔禁私度僧尼陳州刺史惠王友能反夏五月丙戌朔德音改元降流罪已下囚秋赦友能降封房陵侯天平軍節度使戴思遠爲北面行營招討使冬十月思遠及晉人戰于戚城敗績

二年春正月思遠襲魏州取成安秋八月滑州兵馬留後段凝攻衛州執其刺史李存儒戴思遠克淇門共城新鄉

三年春三月潞州李繼韜叛于晉來附夏閏四月唐人取鄆州晉未即位已自與梁爲敵國至其建號於梁無所利害故不書唐建號而書唐人者因事而見爾五月庚申宣義軍節度使王彥章爲北面行營招討使取德勝南城秋八月段凝爲北面行營招討使先鋒將康延孝叛降于唐冬十月甲戌宣義軍節度使王彥章及唐人戰于中都敗績死之凡官皆不重書此書者嫌彥章已罷招討使而與唐戰蓋罷使而別將兵以戰也唐人取曹州盜竊傳國寶奔于唐戊寅皇帝崩年三十六梁亡書曰梁亡見唐莊宗之立速也四月莊宗立稱唐十月梁始亡見唐不待滅梁而立

五代史卷三

五代史卷三考證

梁末帝紀宣義軍節度使王彥章及唐人戰于中都敗績死之注凡官皆不重書此書者嫌彥章已罷招討使而與唐戰蓋罷使而別將兵以戰也○臣人龍按歐陽修作王彥章畫像記首稱太師王公極道其善戰而一本於忠節則此當以死事而重書其官恐非別將兵之謂也

五代史卷三考證

五代史卷四

宋　歐　陽　修　撰

唐本紀第四

莊宗光聖神閔孝皇帝其先本號朱邪蓋出於西突厥至其後世別自號曰沙陀而以朱邪爲姓唐德宗時有朱邪盡忠者居於北庭之金滿州貞元中吐蕃贊普攻陷北庭徙盡忠於甘州而役屬之其後贊普爲回鶻所敗盡忠與其子執宜東走贊普怒追之及于石門關盡忠戰死執宜獨走歸唐居之鹽州以隸河西節度使范希朝希朝徙鎭太原執宜從之居之定襄神武川之新城其部落萬騎皆驍勇善騎射號沙陀軍執宜死其子曰赤心懿宗咸通十年神策大將軍康承訓統十八將討龐勛於徐州以朱邪赤心爲太原行營招討沙陀三部落軍使以從破勛功拜單于大都護振武軍節度使賜姓名李國昌以之屬籍沙陀素强而國昌恃功益横恣懿宗患之十三年徙國昌雲州刺史大同軍防禦使國昌稱疾拒命國昌子克用尤善騎射能仰中雙鳧爲雲州守捉使國

昌已拒命克用乃殺大同軍防禦使段文楚據雲州自稱留後唐以太僕卿盧簡方爲振武節度使會幽幷兵討之簡方行至嵐州軍潰由是沙陀侵掠代北爲邊患矣明年僖宗卽位以謂前太原節度使李業遇沙陀有恩而業已死乃以其子鈞爲靈武節度使宣慰沙陀六州三部落使（六州三部落皆不見其名處據唐書除使有此語爾）以招輯之拜克用大同軍防禦使居久之國昌出擊党項吐渾赫連鐸襲破振武克用聞之自雲州往迎國昌而雲州人亦閉關拒之國昌父子無所歸因掠蔚朔間得兵三千國昌入保蔚州克用還據新城僖宗乃拜鐸大同軍使以李鈞爲代北招討使以討沙陀乾符五年沙陀破遮虜軍又破岢嵐軍而唐兵數敗沙陀由此益熾北據蔚朔南侵忻代嵐石至于太谷焉廣明元年招討使李琢會幽州李可舉雲州赫連鐸擊沙陀克用與可舉相拒雄武軍其叔父友金以蔚朔州降于琢克用聞之遽還可舉追至藥兒嶺大敗之琢軍夾擊又敗之于蔚州沙陀大潰克用父子亡入達靼克用少驍勇軍中號曰李鴉兒其一目眇及其貴也又號獨眼龍其威名蓋於代北其在達靼久之鬱鬱不得志又常

懼其圖己因時時從其羣豪射獵或掛針於木或立馬鞭百步射之輒中羣豪皆服以爲神黃巢已陷京師中和元年代北起軍使陳景思發沙陀先所降者與吐渾安慶等萬人赴京師行至絳州沙陀軍亂大掠而還景思念沙陀非克用不可將乃以詔書召克用於達靼承制以爲代州刺史鴈門以北行營節度使率蕃漢萬人出石嶺關過太原求發軍錢節度使鄭從讜與之錢千緡米千石克用怒縱兵大掠而還二年十一月景思克用復以步騎萬七千赴京師三年正月至于河中進屯乾坑巢黨驚曰鵶兒軍至矣二月敗巢將黃鄴於石隄谷三月又敗趙章尚讓於良田坡橫尸三十里是時諸鎮兵皆會長安大戰渭橋賊敗走入城克用乘勝追之自光泰門先入戰望春宮昇陽殿巢敗南走出藍田關京師平克用功第一天子拜克用檢校司空同中書門下平章事河東節度使以國昌爲鴈門以北行營節度使十月國昌卒十一月遣其弟克修攻昭義孟方立取其澤潞二州方立走山東以邢洺磁三州自別爲昭義軍（昭義軍在唐時跨山東西管五州至是澤潞入于晉邢洺磁孟氏據之故當時有兩昭義）黃巢南走至蔡州降秦宗權遂攻陳州

四年克用以兵五萬救陳州出天井關假道河陽諸葛爽不許乃自河中渡河四月敗尚讓於太康又敗黃鄴于西華巢且走且戰至中牟臨河未渡而克用追及之賊衆驚潰比至封丘又敗之巢脫身走克用追之一日夜馳三百里至于冤朐不及而還過汴州休軍封禪寺朱全忠饗克用於上源驛夜酒罷克用醉臥伏兵發火起侍者郭景銖滅燭匿克用牀下以水醒面而告以難會天大雨滅火克用得從者薛鐵山賀回鶻等隨電光縋尉氏門出還軍中七月至于太原訟其事于京師請加兵於汴遣弟克修將兵萬人屯于河中以待僖宗和解之用破巢功封克用隴西郡王光啓元年河中王重榮與宦者田令孜有隙徙重榮兖州以定州王處存爲河中節度使詔克用以兵護處存之鎮（克用不僭號故不稱王焉）重榮使人紿克用曰天子詔重榮俟克用至與處存共誅之因僞爲詔書示克用曰此朱全忠之謀也克用信之八上表請討全忠僖宗不許克用大怒重榮既不肯徙僖宗遣邠州朱玫鳳翔李昌符討之克用反以兵助重榮敗玫于沙苑遂犯京師縱火大掠天子出居于興元克用退屯河中朱玫亦反以兵

追天子不及得襄王煴迫之稱帝屯于鳳翔僖宗念獨克用可以破玫而不能使也當破黃巢長安時天下兵馬都監楊復恭與克用善乃遣諫議大夫劉崇望以詔書召克用且道復恭意使進兵討玫等克用陽諾而不行明年孟方立死其弟遷立大順元年克用擊破孟遷取邢洺磁三州乃遣安金俊攻赫連鐸於雲州幽州李匡威救鐸戰於蔚州金俊大敗於是匡威鐸及朱全忠等皆請因其敗伐之昭宗以克用破黃巢功高不可伐下其事臺省四品官議議者多言不可宰相張濬獨以謂沙陀前逼僖宗幸興元罪當誅可伐軍容使楊復恭克用所善也亦極諫以爲不可昭宗然之詔諭全忠等全忠陰賂濬使持其議益堅昭宗不得已以濬爲太原四面行營兵馬都統韓建爲副使是時潞州將馮霸叛降于梁梁遣葛從周入潞州唐以京兆尹孫揆爲昭義軍節度使克用遣李存孝執揆于長子又遣康君立取潞州十一月濬及克用戰于陰地濬軍三戰三敗濬建遯歸克用兵大掠晉絳至于河中赤地千里克用上表自訴其辭慢侮天子爲之引咎優詔答之二年二月復拜克用河東節度使隴西郡王

加檢校太師兼中書令四月攻赫連鐸于雲州圍之百餘日鐸走吐渾八月大蒐于太原出晉絳掠懷孟至于邢州遂攻王鎔于鎮州克用柵常山西以十餘騎渡滹沱覘敵遇大雨平地水深數尺鎮人襲之克用匿林中禱其馬曰吾世有太原者馬不嘶馬偶不嘶以免前軍李存孝取臨城進攻元氏李匡威救鎔克用退軍邢州景福元年王鎔攻邢州李存信李嗣勳等敗鎔于堯山二月會王處存攻鎔戰于新市爲鎔所敗八月李匡威攻雲州以牽克用之兵克用潛入于雲州返出擊匡威匡威敗走十月李存孝以邢州叛二年存孝求援於王鎔克用出兵井陘擊鎔且以書招鎔而急攻其平山鎔懼遂與克用通和獻帛五十萬匹出兵助攻邢州乾寧元年三月執存孝殺之冬攻幽州李匡儔棄城走追至景城見殺以劉仁恭爲留後二年河中王重盈卒其諸子珂珙爭立克用請立珂鳳翔李茂貞邠寧王行瑜華州韓建請立珙昭宗初兩難之乃以宰相崔胤爲河中節度使既而許克用立珂茂貞等怒三鎮兵犯京師聞克用亦起兵乃皆罷去六月克用攻絳州斬刺史王瑤瑤珙弟助珙以爭者七月至于

河中同州王行約奔于京師陽言曰沙陀十萬至矣謀奉天子幸邠州茂貞假子閻圭亦謀劫幸鳳翔京師大亂昭宗出居于石門克用軍留月餘不進昭宗遣延王戒丕丹王允兄事克用且告急八月克用進軍渭橋以爲邠寧四面行營都統昭宗還京師十一月克用擊破邠州王行瑜走至慶州見殺克用還軍雲陽請擊茂貞昭宗慰勞克用使與茂貞解仇以紓難拜克用忠正平難功臣封晉王是時晉軍渭北遇雨六十日或勸克用入朝克用未決都押衙蓋寓曰天子還自石門寢未安席若晉兵渡渭人情豈復能安勤王而已何必朝哉克用笑曰蓋寓猶不信我況天下乎乃收軍而還三年正月昭宗復以張濬爲相克用曰此朱全忠之謀也乃上表曰若陛下朝以濬爲相則臣將暮至闕廷京師大恐濬命遽止朱全忠之攻兗鄆也克用遣李存信假道魏州以救朱宣等存信屯于莘縣軍士侵掠魏境羅弘信伏兵攻之存信敗走洺州克用自將擊魏戰于洹水亡其子落落六月破魏成安洹水臨漳等十餘邑十月又敗魏人于白龍潭進攻觀音門全忠救至乃解四年劉仁恭叛晉克用以兵五萬擊仁

恭戰于安塞克用大敗光化元年朱全忠遣葛從周攻下邢洺磁三州克用遣
周德威出青山口遇從周于張公橋德威大敗冬潞州守將薛志勤卒李罕之
據潞州叛附于朱全忠二年全忠遣氏叔琮攻破承天軍又破遼州至于榆次
周德威敗之于洞渦秋李嗣昭復取澤潞三年嗣昭敗汴軍于沙河復取洺州
朱全忠自將圍之嗣昭走至青山口遇汴伏兵嗣昭大敗秋嗣昭取懷州是歲
汴人攻鎮定鎮定皆絕晉以附于朱全忠天復元年全忠封梁王梁攻下晉絳
河中執王珂以歸晉失三與國乃下意爲書幣聘梁以求和梁王以爲晉弱可
取乃曰晉雖請盟而書辭慢因大舉擊晉四月氏叔琮入天井張文敬入新口
葛從周入土門王處直入飛狐侯言入陰地叔琮取澤潞其別將白奉國破承
天軍遼州守將張鄂汾州守將李瑭皆迎梁軍降晉人大懼會天大雨霖梁兵
多疾皆解去五月晉復取汾州誅李瑭六月周德威李嗣昭取慈隰二年進攻
晉絳大敗于蒲縣梁軍乘勝破汾慈隰三州遂圍太原克用大懼謀出奔雲州
又欲奔匈奴未決梁軍大疫解去周德威復取汾慈隰三州四年梁遷唐都於

洛陽改元曰天祐克用以謂劫天子以遷都者梁也天祐非唐號不可稱乃仍稱天復五年會契丹阿保機於雲中約爲兄弟六年梁攻燕滄州燕王劉仁恭來乞師克用恨仁恭反覆欲不許其子存勗諫曰此吾復振之時也今天下之勢歸梁者十七八彊如趙魏中山莫不聽命是自河以北無爲梁患者其所憚者惟我與仁恭耳若燕晉合勢非梁之福也夫爲天下者不顧小怨且彼常困我而我急其難可因以德而懷之是謂一舉而兩得此不可失之機也克用以爲然乃爲燕出兵攻破潞州梁圍乃解去以李嗣昭爲潞州留後後七年梁兵十萬攻潞州圍以夾城遣周德威救潞州軍于亂柳冬克用疾是歲梁滅唐克用復稱天祐四年五年正月辛卯克用卒年五十三子存勗立葬克用於鴈門

嗚呼世久而失其傳者多矣豈獨史官之謬哉李氏之先蓋出於西突厥本號朱邪至其後世別自號曰沙陀而以朱邪爲姓拔野古爲始祖其自序云沙陀者北庭之磧也當唐太宗時破西突厥諸部分同羅僕骨之人於此磧置沙陀府而以其始祖拔野古爲都督其傳子孫數世皆爲沙陀都督故其後世因自

號沙陀然予考于傳記其說皆非也夷狄無姓氏朱邪部族之號耳拔野古與朱邪同時人非其始祖而唐太宗時未嘗有沙陀府也唐太宗破西突厥分其諸部置十三州以同羅爲龜林都督府僕骨爲金微都督府拔野古爲幽陵都督府未嘗有沙陀府也當是時西突厥有鐵勒延陀阿史那之類爲最大其別部有同羅僕骨拔野古等以十數蓋其小者也又有處月處密諸部又其小者也朱邪者處月別部之號耳太宗二十二年已降拔野古其明年阿史那賀魯叛至高宗永徽二年處月朱邪孤注從賀魯戰于牢山爲契苾何力所敗遂沒不見後百五六十年當憲宗時有朱邪盡忠及子執宜見於中國而自號沙陀以朱邪爲姓矣蓋沙陀者大磧也在金莎山之陽蒲類海之東自處月以來居此磧號沙陀突厥而夷狄無文字傳記朱邪又微不足錄故其後世自失其傳至盡忠孫始賜姓李氏李氏後大而夷狄之人遂以沙陀爲貴種云

五代史卷五

宋　歐　陽　修　撰

唐本紀第五

存勗克用長子也初克用破孟方立于邢州還軍上黨置酒三垂崗伶人奏百年歌至于衰老之際聲辭甚悲坐上皆悽愴時存勗在側方五歲克用慨然捋鬚指而笑曰吾行老矣此奇兒也後二十年其能代我戰于此乎存勗年十一從克用破王行瑜遣獻捷于京師昭宗異其狀貌賜以鸂鶒巵翡翠盤而撫其背曰兒有奇表後當富貴無忘予家及長善騎射膽勇過人稍習春秋通大義尤喜音聲歌舞俳優之戲天祐五年正月卽王位于太原叔父克寧殺都虞候李存質倖臣史敬鎔告克寧謀叛二月執而殺之且以先王之喪叔父之難告周德威德威自亂柳還軍太原梁夾城兵聞晉有大喪德威軍且去因頗懈王謂諸將曰梁人幸我大喪謂我少而新立無能爲也宜乘其怠擊之乃出兵趨上黨行至三垂崗歎曰此先王置酒處也會天大霧晝暝兵行霧中攻其夾城

破之梁軍大敗凱旋告廟九月蜀王王建岐王李茂貞及楊崇本攻梁大安晉亦遣周德威攻其晉州敗梁軍于神山六年劉知俊叛梁來乞師王自將至陰地關遣周德威攻晉州敗梁軍于蒙阬七年冬梁遣王景仁攻趙趙王王鎔來乞師諸將皆疑鎔詐未可出兵王不聽乃救趙八年正月敗梁軍于柏鄉斬首二萬級獲其將校三百人馬三千匹進攻邢州不下留兵圍之去攻魏別遣周德威徇梁夏津高唐攻博州破東武朝城遂擊黎陽臨河淇門掠新鄉共城燕王劉守光聞晉攻梁深入乃大治兵聲言助晉王患之乃旋師七月會趙王王鎔于承天軍劉守光稱帝于燕九年正月遣周德威會鎮定以攻燕守光求救於梁梁軍攻趙屠棗彊李存審擊走之八月朱友謙以河中叛于梁來降梁遣康懷英討友謙友謙復臣于梁而亦陰附于晉十年十月劉守光請降王如幽州守光背約不降攻破之十一年殺燕王劉守光于太原用其父仁恭于鴈門剖心以祭墓也於是趙王王鎔北平王王處直奉冊推王爲尚書令始建行臺七月攻梁邢州戰于張公橋晉軍大敗十二年魏州軍亂賀德倫以魏博二州叛于梁

來附王入魏州行至永濟誅其亂首張彥以其兵五百自衞號帳前銀鎗軍六月王兼領魏博節度使取德州七月取澶州劉鄩軍于洹水王率百騎覘其營遇鄩伏兵圍之數重決圍而出亡七八騎八月梁復取澶州晉軍與鄩對壘于莘晉軍數挑戰鄩閉壁不出十三年正月王留李存審于莘聲言西歸鄩聞晉王且去即引兵擊魏攻城東王行至貝州返擊鄩大敗之追至于故元城又敗之鄩走黎陽三月攻梁衞州降其刺史米昭克磁州殺其刺史靳昭四月克洺州八月圍邢州降其節度使閻寶梁張筠棄相州戴思遠棄滄州而逃遂取二州而貝州人殺梁守將張源德以城降契丹寇蔚州執振武節度使李嗣本十四年契丹寇新州遂寇幽州李嗣源擊走之冬梁謝彥章軍于楊劉十二月攻楊劉王自負蒭以堙壍遂破之十五年正月梁晉相拒于楊劉彥章決河水以隔晉軍六月渡水擊彥章破其四寨八月大閱于魏合盧龍橫海昭義安國及鎮定之兵十萬馬萬匹軍于麻家渡謝彥章軍于行臺十二月進軍臨濮梁軍追之戰于胡柳晉軍大敗周德威死之梁軍暮休于土山晉軍復擊大敗之遂

軍德勝爲夾寨十六年正月王兼領盧龍軍節度使梁王瓚攻德勝南城不克十月廣德勝北城十二月敗梁軍于河南十七年朱友謙襲同州梁遣劉鄩擊友謙李存審敗梁軍于同州十八年正月魏州僧傳真獻唐受命寶一趙將張文禮弑其君鎔文禮來請命二月以文禮爲鎮州兵馬留後三月河中節度使朱友謙昭義軍節度使李嗣昭橫海軍節度使李存審義武軍節度使王處直安國軍節度使李嗣源鎮州兵馬留後張文禮領天平軍節度使閻寶大同軍節度使李存璋振武軍節度使李存進匡國軍節度使朱令德請王卽皇帝位王三辭友謙等三請王曰予當思之八月遣趙王王鎔故將符習及閻寶史建瑭等攻張文禮於鎮州建瑭取趙州張文禮卒其子處瑾閉城拒守九月建瑭戰死十月梁戴思遠攻德勝北城李嗣源敗之于戚城王處直叛附于契丹其子都幽處直以來附十二月契丹寇涿州遂寇定州十九年正月敗契丹于新城望都追奔至于幽州三月閻寶敗于鎮州以李嗣昭代之四月嗣昭戰死以李存進代之八月梁取衛州九月存進敗鎮人于東垣存進戰死十月李存審

克鎭州王兼領成德軍節度使

同光元年春三月李繼韜以潞州叛附于梁夏四月己巳皇帝卽位大赦改元國號唐行臺左丞相豆盧革爲門下侍郎右丞相盧程爲中書侍郎同中書門下平章事中門使郭崇韜昭義監軍張居翰爲樞密使樞密使唐故以宦者爲之其職甚微至此始參用士人而與宰相權任鈞矣故與宰相並書以魏州爲東京太原爲西京鎭州爲北都閏月追尊祖考爲皇帝妣爲皇后曾祖執宜祖妣崔氏皆謚曰昭烈廟號懿祖祖國昌祖妣秦氏皆謚曰文景廟號獻祖考謚曰武廟號太祖立廟于太原自唐高祖太宗懿宗昭宗爲七廟追尊祖考則立廟可知故皆不書廟此書者以立高祖已下四廟故也此大事也舊史失其日壬寅李嗣源取鄆州後唐太祖置義兒軍如李嗣昭等甚衆初皆賜姓名而不全若子故書李嗣源者書其所賜姓名爾不以子書也與友文從珂異五月辛酉梁人取德勝南城六月及王彥章戰于新壘敗之是月盧程罷秋八月梁人克澤州唐末澤潞皆屬晉梁初已得澤州至此又屬晉而梁克之中間不見晉得澤州年月蓋舊史闕不書五代之亂戰爭攻取彼此得失不常多類此也守將裴約死之九月戊辰李嗣源及王彥章戰于遞坊敗之冬十月壬申如鄆州以襲梁掩其不備疾馳而入之故曰襲文理宜然無褒貶也甲戌取中都丁丑取曹州己卯滅梁

敬翔自殺（翔爲梁臣梁所以亡唐翔之謀爲多梁之亡也翔雖死之不書死而書自殺死大節也見不輕予人）丙戌貶鄭珏爲萊州司戶參軍蕭頃登州司戶參軍殺李振趙巖張漢傑朱珪滅其族己丑德音降死罪囚流已下原之十一月乙巳復北都爲鎮州太原爲北都丙辰復汴州爲宣武軍丁巳尚書左丞趙光胤爲中書侍郎禮部侍郎韋說同中書門下平章事戊午新羅國王金朴英遣使者來辛酉復永平軍爲西都甲子如洛京（洛京從當時語）十二月庚午朔至自汴州辛巳李繼韜伏誅繼韜之弟繼達殺其兄繼儔于潞州（繼儔以被殺書非不予其死蓋繼達殺兄自當著其罪爾與書弑其君者同）壬辰畋于伊闕

二年春正月河南尹張全義及諸鎮進暖殿物己酉求唐宦者（凡書過惡辭無譏貶者直書其實而自見也）庚戌新羅國王金朴英及其泉州節度使王逢規皆遣使者來乙卯渤海國王大諲譔使大禹謨來庚申如河陽（迎皇太后也太后曹氏莊宗母也莊宗即位遣盧程奉冊爲皇太后舊史實錄皆無奉冊月日故不書）辛酉至自河陽丁卯七廟神主至自太原祔于太廟朝獻于太微宮戊辰享于太廟二月己巳朔有事于南郊大赦癸酉羣臣上尊號曰昭文睿武光孝皇帝戊寅幸李嗣源第癸未立劉氏爲皇后（五代十三君立后者七辭有不同立得其正者

曰以某妃某夫人某氏爲皇后其不正者直曰立某氏爲皇后嫌與得正同爾無襃貶也三月己酉党項來庚戌賜從平汴州及入洛南郊立仗軍士等功臣庚申工部郎中李塗爲檢視諸陵使唐諸帝陵也潞州將楊立反夏五月壬寅教坊使陳俊爲景州刺史內園栽接使儲德源爲憲州刺史命官不書此書其甚也丙辰渤海國王大諲譔遣使者來丙寅李嗣源克潞州不書命將舊史闕六月丙子楊立伏誅己丑封回紇王仁美爲英義可汗秋七月己酉如雷山賽天神夷狄之事也八月大雨霖河溢九月壬子置水于城門以禳熒惑本紀書災不書異熒惑爲置水非禮書爾見其有懼禍之意而不知畏天以修德水旱風蝗之類害物者災也故書其變逆常理不知所以然者異也以其不可知故不書爾甲寅幸郭崇韜第丙辰黑水遣使者來冬十月癸未左熊威軍將趙暉妻一產三男子此亦變異而書者重人事故謹之後世以此爲善祥故於亂世書以見不然十一月癸卯畋于伊闕丙午至自伊闕書至見其留四日而荒甚丁巳回鶻使都督安千想來十二月庚午及皇后幸張全義第

三年春正月庚子如東京毀即位壇爲鞠場二月己巳聚鞠于新場乙亥射鴈于王莽河辛巳突厥渾解樓渤海國王大諲譔皆遣使者來射鴈于北郊乙酉

射鴨于郭泊庚寅射鴈于北郊三月乙未寒食望祭于西郊俚俗之祭也非禮故書庚申
至自東京辛酉改東京爲鄴都以洛京爲東都夏四月乙亥及皇后幸郭崇韜
朱漢賓第旱庚寅趙光胤薨五月丁酉皇太妃薨廢朝五日太祖正室於莊宗爲嫡母書太妃及
輟朝見亂世禮壞而恩薄己酉黑水女眞皆遣使者來六月辛未宗正卿李紓爲昭宗少帝
改卜園陵使少帝濟陰王也梁嘗謚曰哀皇帝唐人謂之少帝從其本語括馬秋七月壬寅皇太后崩不書冊皇
太后已見上注八月癸未殺河南縣令羅貫九月庚子魏王繼岌爲西川四面行營都
統郭崇韜爲招討使以伐蜀自六月雨至于是月丁巳射鴈于尖山冬十月壬
午奚吐渾突厥皆遣使者來戊子葬貞簡太后于坤陵十一月丁未高麗遣使
者來己酉蜀王衍降唐兵入蜀不攻不戰君臣迎降故直書其實以見下書殺衍爲殺降郭崇韜殺王宗弼及其
弟宗渥宗訓滅其族十二月己卯畋于白沙癸未至自白沙閏月辛亥封弟存
美爲邕王存霸永王存禮薛王存渥申王存乂睦王存確通王存紀雅王
四年春正月壬戌降死罪以下囚甲子魏王繼岌殺郭崇韜及其三子于蜀實皇
后劉氏作教與繼岌使殺崇韜而書繼岌殺者繼岌將兵在外后教非天子命可止而不止戊寅契丹使梅老鞋里來庚辰

殺其弟睦王存乂及河中護國軍節度使李繼麟滅其族乙酉沙州曹義金遣使者來丙戌回鶻阿咄欲遣使者來丁亥殺李繼麟之將史武薛敬容周唐殷楊師太王景來仁白奉國皆滅其族二月己丑宣徽南院使李紹宏爲樞密使癸巳鄴都軍將趙在禮反于貝州（反者皆不日獨在禮書日推迹其心可知爾其事具本傳蓋在禮初無亂心以是日見迫而反爾雖加以大惡之名猶原其本心而異於佗反者於此見凡書人善惡不妄加之也如此）甲午畋于冷泉趙在禮陷鄴都武寧軍節度使李紹榮討之邢州軍將趙太反東北面招討使李紹真討之甲辰成德軍節度使李嗣源討趙在禮三月趙太伏誅李嗣源反博州守將翟建自稱刺史甲子殺王衍滅其族（許其不死降而殺之又滅其族於殺非罪此爲甚而書無異辭者前書衍降義自見也）乙丑如汴州壬申次滎澤龍驤指揮使姚彥温以前鋒軍叛降于李嗣源入于汴州甲戌至自萬勝（帝至萬勝鎮聞嗣源已入汴州乃還）從馬直指揮使郭從謙反夏四月丁亥朔皇帝崩（年四十三帝尸爲伶人焚之明宗入洛得其骨燼天成元年七月葬之河南新安縣號雍陵至晉避廟諱更曰伊陵其不書葬與梁太祖同）

五代史卷五考證

唐莊宗紀中門使郭崇韜昭義監軍張居翰爲樞密使本注樞密使唐故以宦者爲之其職甚微至此始參用士人而與宰相權任鈞矣故與宰相並書○臣文清按司馬光通鑑胡三省注曰唐末兩樞密與兩神策中尉號爲四貴其職非甚微也特專用宦者爲之耳項安世曰唐于政事堂後列五房有樞密房以主曹務則樞密之要宰相主之未始他付其後寵任宦人始以樞密歸之內侍耳審此則注誤矣

五代史卷五考證

五代史卷六

宋　歐陽修　撰

唐本紀第六

明宗聖德和武欽孝皇帝世本夷狄無姓氏父霓爲鴈門部將生子邈佶烈以騎射事太祖爲人質厚寡言執事恭謹太祖養以爲子賜名嗣源梁攻兗鄆朱宣朱瑾來乞師太祖遣李存信將兵三萬救之存信留莘縣不進使嗣源別以兵三千先擊梁兵梁兵解去存信留莘縣久之爲羅弘信所襲存信敗走嗣源獨殿而還太祖以嗣源所將騎五百號橫衝都光化三年李嗣昭攻梁邢洺出青山遇葛從周兵嗣昭大敗走梁兵追之嗣源從間道後至謂嗣昭曰爲公一戰乃解鞍礪鏃憑高爲陣左右指畫梁追兵望之莫測嗣源急呼曰吾取葛公士卒可無動乃馳騎犯之出入奮擊嗣昭繼進梁兵解去嗣源身中四矢太祖解衣賜藥以勞之由是李橫衝名重四方梁晉相拒于柏鄉梁龍驤軍以赤白馬爲兩陣旗幟鎧仗皆如馬色晉兵望之皆懼莊宗舉鍾以飲嗣源曰卿望梁

家赤白馬懼乎雖吾亦怯也嗣源笑曰有其表爾翌日歸吾廐也莊宗大喜曰卿當以氣吞之因引鍾飲釂奮檛馳騎犯其白馬挾二裨將而還梁兵敗以功拜代州刺史莊宗攻劉守光嗣源及李嗣昭將兵三萬別出飛狐定山後取武媯儒三州莊宗已平魏州因徇下磁相拜相州刺史昭德軍節度使久之徙鎮安國契丹攻幽州莊宗遣嗣源與閻寶等擊走之同光元年徙鎮橫海是時梁唐相拒于河上李繼韜以潞州叛降梁莊宗有憂色召嗣源帳中謂曰繼韜以上黨降梁而梁方急攻澤州吾出不意襲其鄆州以斷梁右臂可乎嗣源對曰夾河之兵久矣苟非出奇則大計不決臣請獨當之乃以步騎五千涉濟至鄆州鄆人無備遂襲破之即拜天平軍節度使蕃漢馬步軍副都總管梁軍攻破德勝南柵莊宗退保楊劉王彥章急攻鄆州莊宗悉軍救之嗣源爲前鋒擊敗梁軍追至中都擒彥章及梁監軍張漢傑彥章雖敗而段凝悉將梁兵屯河上莊宗未知所嚮諸將多言乘勝以取青齊嗣源曰彥章之敗凝猶未知使其聞之遲疑定計亦須三日縱使料吾所向亟發救兵必渡黎陽數萬之衆舟楫非

一日具也此去汴州不數百里前無險阻方陣而行信宿可至汴州已破段凝豈足顧哉而郭崇韜亦勸莊宗入汴莊宗以爲然遣嗣源以千騎先至汴州攻封丘門王瓚開門降莊宗後至見嗣源大喜手攬其衣以頭觸之曰天下與爾共之拜中書令二年莊宗祀天南郊賜以鐵券五月破楊立于潞州六月徙鎮宣武兼蕃漢內外馬步軍總管冬契丹侵漁陽嗣源敗之于涿州三年徙鎮成德莊宗幸鄴請朝行在不許貞簡太后疾請入省又不許太后崩請赴山陵許之而契丹侵邊乃止十二月遂朝于洛陽

天成元年實同光四年而書天成元年者大赦改元文見下可知莊宗本紀自書同光四年各從其所稱既曰改元不嫌二號也郭崇韜朱友謙皆以讒死嗣源以名位高亦見疑忌趙在禮反於魏大臣皆請遣嗣源討賊莊宗不許羣臣屢請莊宗不得已遣之三月壬子嗣源至魏屯御河南在禮登樓謝罪甲寅軍變嗣源入于魏與在禮合夕出止魏縣丁巳以其兵南遣石敬瑭將三百騎爲先鋒嗣源行過鉅鹿掠小坊馬二千匹以益軍壬申入汴州四月丁亥莊宗崩己丑入洛陽甲午監國朝羣臣于興聖宮乙未中門使安

重誨為樞密使殺元行欽及租庸使孔謙壬寅左驍衛大將軍孔循為樞密使丙午始奠于西宮（曰始奠見其緩也自己丑入洛至此二十日矣）皇帝即位于柩前（柩前即位嗣君之禮也反逆之臣自立而用嗣君之禮書從其實而不變文者蓋先已書反正其罪矣此書其實者見其猶有自愧之心而欲逃大惡之名也）易斬縗以袞冕（既用嗣君之禮矣遽釋縗而服袞冕故書以見其情）壬子魏王繼岌薨（諸王薨不書此書者見明宗舉兵實反會從謙弒逆遂託赴難為名及即位時莊宗元子猶在則其辭屈矣）甲寅大赦改元渤海國王大諲譔使大陳林來是月張居翰罷五月丙辰朔太子賓客鄭珏工部尚書任圜為中書侍郎同中書門下平章事戊辰趙在禮為義成軍節度使（在禮始亂宜誅而明宗因之以反命以方鎮報其功也故書）六月丁酉汴州控鶴軍亂指揮使張諫殺其權知州事高逖己亥諫伏誅秋七月庚申安重誨殺殿直馬延于御史臺門（御史臺所以糾百官之不法殺人于臺門惡其甚）契丹使梅老述骨來渤海使大昭佐來己卯貶豆盧革為辰州刺史韋說敘州刺史甲申流革于陵州說于合州八月乙酉朔陝州硤石縣民高存妻一產三男子丁酉以象笏三十二賜百官之無笏者（是時朝廷衰弱之甚故書）閱稼于冷泉宮己亥契丹寇邊丁未平盧軍節度使霍彥威殺其登州刺史王公儼甲寅醫官張志忠為太原少尹九月己

未幸至德宮及袁建豐第冬十月丁亥雲南山後兩林百蠻都鬼主右武衛大將軍李卑晚使大鬼主傅能何華來辛丑契丹使沒骨餒來告阿保機哀廢朝三日旱辛亥雨

二年春正月癸丑朔更名亶癸亥端明殿學士兵部侍郎馮道太常卿崔協爲中書侍郎同中書門下平章事二月壬午朔新羅使張芬來西川節度使孟知祥殺其兵馬都監李嚴丙申赦京師因郭從謙爲景州刺史既而殺之從謙弑君不討而命以官故書與在禮同罪宜誅而書殺者明宗亦同罪不得行誅故以兩相殺書之戊戌山南東道節度使劉訓爲南面招討使以伐荊南是時荊南自絕於中國而附吳不以有罪書討而書伐見非內臣不責其叛三月壬子朔幸會節園羣臣買宴遊幸若不過度則小事也皆不書惟莊宗及晉出帝之世則書者著其過度耳明宗於五代爲勤儉之君遊幸無過度此書以著買宴見君臣之失矣盧臺軍亂殺其將烏震新羅使林彥來夏四月庚寅盧臺軍將龍晊等伏誅六月丙戌任圜罷庚子幸白司馬坡祭突厥神夷狄之事也秋七月甲子隨州刺史西方鄴取夔忠萬州癸酉殺豆盧革韋說八月乙酉牂牁使宋朝化及昆明使者來九月庚午党項使如連山來壬申契丹使梅老來冬十月乙酉

如汴州宣武軍節度使朱守殷反馬步軍都指揮使馬彥超死之己丑守殷自殺（不書克汴州者天子自以兵討未嘗攻戰直入其城也佗自殺不書爲書克州此不書克州故書自殺）乙未殺太子少保致仕任圜（實安重誨矯詔殺之不書重誨殺者明宗知而不責又下詔書誣圜以罪故以明宗自殺書之）辛丑德音釋輕繫囚是月傳箭于霍彥威（夷狄之事也）十一月乙亥契丹使梅老來十二月己丑回鶻西界吐蕃遣使者來甲辰畋于東郊丙午追尊祖考爲皇帝妣爲皇后高祖聿諡曰孝恭廟號惠祖祖妣劉氏諡曰孝恭昭曾祖敖諡曰孝質廟號毅祖祖妣張氏諡曰孝質順祖琰諡曰孝靖廟號烈祖祖妣何氏諡曰孝靖穆考諡曰孝成廟號德祖妣劉氏諡曰孝成懿立廟于應州

三年春正月丁巳契丹陷平州二月辛巳吐渾都督李紹虜來乙未孔循罷戊戌回鶻使李阿山來三月丁未朔御札求直言己未鄭珏罷癸亥成德軍節度使王建立爲尙書右僕射同中書門下平章事西方鄴克歸州戊辰宣徽南院使范延光爲樞密使夏四月戊寅延光罷乙酉達靼遣使者來義武軍節度使王都反壬寅歸德軍節度使王晏球爲北面行營招討使五月契丹禿餒入于

定州辛酉右衛上將軍趙敬怡爲樞密使封回鶻可汗王仁裕爲順化可汗秋七月己未殺齊州防禦使曹廷隱八月盧龍軍節度使趙德鈞執契丹首領惕隱赫邈慶州防禦史竇廷琬反冬十月靜難軍節度使李敬周討之丁巳突厥使張慕晉來十一月壬午吐渾使念九來甲午王建立罷十二月李敬周克慶州竇廷琬伏誅辛亥幸康義誠第

四年春正月壬辰回鶻使掣撥都督來二月癸卯王晏球克定州王都自焚故不書伏誅辛酉晏球獻馘俘趙敬怡薨丁卯崔協薨庚午至自汴州三月丙戌殺姪從璨夏四月契丹寇雲州癸丑契丹使撩括梅里來求禿餒殺之甲寅端明殿學士尚書兵部侍郎趙鳳爲門下侍郎兼工部尚書同中書門下平章事五月己巳朝羣臣賀朔不曰視朝而曰賀朔著非禮視朝常事自不書爾五月賀朔出於道家之說自唐以來用之書之見亂世舉非禮之不急者此禮其後屢行皆不復書者與入閣同乙酉追諡少帝曰昭宣光烈孝皇帝契丹寇雲州秋七月壬申殺右金吾衛上將軍毛璋八月乙巳黑水使骨至來丁未吐渾首領念公山來乙卯党項折遇明來己未高麗王建使張彬來九月癸巳殺供奉官烏昭遇冬

十二月辛丑殺西平縣令李商長興元年春正月丁卯閱馬于苑辛卯宣徽南院使朱弘昭爲大內留守二月戊戌黑水兀兒遣使者來乙巳天雄軍節度使石敬瑭爲御營使癸丑朝獻于太微宮甲寅享于太廟乙卯有事于南郊大赦改元三月庚寅立淑妃曹氏爲皇后夏四月戊戌安重誨使河中衙內指揮使楊彥溫逐其節度使從珂壬寅西京留守索自通侍衛步軍指揮使藥彥稠討之辛亥自通執彥溫殺之（彥溫雖有罪有命獲而勿殺自通擅殺之故不書誅而書殺）戊午羣臣上尊號曰聖明神武文德恭孝皇帝辛酉吐蕃首領于撥葛來五月丁丑回鶻使孽栗祖來庚辰回鶻使安黑連來秋七月壬午訪莊宗子孫瘞所（莊宗子孫而不知瘞所所見明宗舉兵不順禍害所罹者可哀也於此始求之見事緩而無恩也）八月乙未忠武軍節度使張延朗爲三司使（三司使始於此而今遂因之）壬寅殺捧聖都軍使李行德大將張儉滅其族吐渾來附封子從榮爲秦王戊申海州將王傳極殺其刺史陳宣叛于吳來降乙卯吐渾康合畢來丙辰封子從厚爲宋王九月壬戌吐蕃使王滿儒來東川節度使董璋反甲申成德軍節度使范延光爲樞密使丁亥石敬瑭爲東川行營都招討使冬十月丁

酉始藏冰甲辰驍衛上將軍致仕張筠進助軍粟乙巳董璋陷閬州殺節度使李仁矩指揮使姚洪死之孟知祥反十一月庚申朔秦王從榮受冊謁于太廟冊禮廢於亂世至此始一行之故書丙戌契丹東丹王突欲來奔夷狄不可以禮義責故不曰叛于契丹十二月丁未二王後秘書丞酅國公楊仁矩卒廢朝一日丁巳回鶻順化可汗王仁裕使翟未斯來安重誨討董璋不命將名直以樞密使往沙州曹義金遣使者來

二年春正月戊辰党項使折七移來庚辰達靼使列六薛孃居來二月丁酉幸安元信第戊戌突厥使杜阿熟吐渾使康萬琳來辛丑安重誨罷三月趙鳳罷丁亥太常卿李愚爲中書侍郎同中書門下平章事夏四月甲辰宣徽北院使趙延壽爲樞密使甲寅董璋陷遂州武信軍節度使夏魯奇死之乙卯以旱赦流罪以下囚閏五月丁酉殺太子太師致仕安重誨及其妻張氏子崇贊崇緒秋八月己未契丹使邪姑兒來九月丁亥放五坊鷹隼冬十一月戊申吐蕃遣使者來辛丑旌表棣州民邢釗門閭干戈之世王道息而禮義亡民猶有自知孝悌而時君旌表猶有勸民之意故兩箸而書之十二月甲寅朔除鐵禁初稅農具錢至今因之故書己未西涼府遣使者來己巳

回鶻使安永思來辛未渤海使文成角來党項寇方渠
三年春正月庚子契丹使拽骨來己酉渤海回鶻皆遣使者來二月己卯靜難
軍節度使藥彥稠及党項戰于牛兒谷敗之三月甲申契丹遣使者來夏四月
庚申新羅遣使者來五月己丑二王後詹事司直楊延紹襲封酅國公丙午孟
知祥攻董璋陷綿州六月甲寅封王建爲高麗國王大義軍使孟知祥殺董璋
陷東川達靼首領頡哥以其族來附秋八月己卯吐蕃遣使者來冬十月庚申
幸石敬瑭第
四年春正月庚寅端明殿學士兵部侍郎劉昫爲中書侍郎同中書門下平章
事二月戊午孟知祥使朱滉來十國外而不書此書者知祥本唐臣而反至此改過自歸絕之則嫌不許其自新錄之則尚冀
其遷善然其來也臣禮不備故如夷狄書之三月甲辰追冊晉國夫人夏氏爲皇后夏五月戊寅封
子從珂爲潞王從珂非子而書子與梁博王友文同從益許王姪從溫兗王從璋洋王從敏涇王
丙戌契丹使述骨卿來秋七月乙未回鶻都督李末來獻白鶻命放之八月戊
申大赦九月戊戌趙延壽罷山南東道節度使朱弘昭爲樞密使冬十月庚申

范延光罷三司使馮贇爲樞密使壬申幸士和亭得疾書得疾爲從榮事詳之十一月壬辰秦王從榮以兵入興聖宮不克伏誅君病不侍疾以兵求立罪當誅故書伏誅其意以謂帝崩矣懼不得立而舉兵自助非反故不書反乙未侍衛親軍都指揮使康意誠殺三司使孫岳戊戌皇帝崩于雍和殿年六十七清泰元年葬河南洛陽縣號徽陵雖得其死而爲賊所葬故亦不書葬

嗚呼自古治世少而亂世多三代之王有天下者皆數百年其可道者數君而已況於後世邪況於五代邪予聞長老爲予言明宗雖出夷狄而爲人純質寬仁愛人於五代之君有足稱也嘗夜焚香仰天而祝曰臣本蕃人豈足治天下世亂久矣願天早生聖人自初即位減罷宮人伶官廢內藏庫四方所上物悉歸之有司廣壽殿火災有司理之請加丹雘喟然歎曰天以火戒我豈宜增以侈邪歲嘗旱已而雪暴出庭中詔武德司宮中無得掃雪曰此天所以賜我也數問宰相馮道等民間疾苦聞道等言穀帛賤民無疾疫則欣然曰吾何以堪之當與公等作好事以報上天吏有犯贓輒寘之死曰此民之蠹也以詔書褒廉吏孫岳等以風示天下其愛人恤物蓋亦有意於治矣其即位時春秋已高

不邇聲色不樂遊畋在位十年於五代之君最爲長世兵革粗息年屢豐登生民實賴以休息然夷狄性果仁而不明屢以非辜誅殺臣下至於從榮父子之閒不能慮患爲防而變起倉卒卒陷之以大惡帝亦由此飲恨而終當是時大理少卿康澄上疏言時事其言曰爲國家者有不足懼者五深可畏者六三辰失行不足懼天象變見不足懼小人訛言不足懼山崩川竭不足懼水旱蟲蝗不足懼也賢士藏匿深可畏四民遷業深可畏上下相徇深可畏廉恥道消深可畏毀譽亂眞深可畏直言不聞深可畏也識者皆多澄言切中時病若從榮之變任圜安重誨等之死可謂上下相徇而毀譽亂眞之敝矣然澄之言豈止一時之病凡爲國者可不戒哉

五代史卷六

五代史卷七

宋　歐陽修　撰

唐本紀第七

愍皇帝明宗第五子從厚也爲人形質豐厚寡言好禮明宗以其貌類己特愛之天成二年以檢校司徒拜河南尹判六軍諸衞事加檢校太保同中書門下平章事從厚妃孔循女也安重誨怒循以女妻從厚三年罷循樞密使出從厚爲宣武軍節度使明年徙鎭河東長興元年封從厚宋王徙鎭成德二年徙鎭天雄累加兼中書令四年十一月秦王從榮伏誅明宗病甚遣宦者孟漢瓊召王于鄴而明宗崩祕其喪六日十二月癸卯朔發喪于西宮皇帝卽位于柩前羣臣見于東階復于喪位丙午成服于西宮（二代五君於此始見嗣君卽位服喪之事先君得其終嗣君得其始而免禍亂於臣民於簒亂之世稀見之事也故特詳書之）庚戌登光政門樓存問軍民辛亥殺司衣王氏癸丑始聽政乙卯殺司儀康氏丁巳馮道爲大行皇帝山陵使戶部尚書韓彥惲爲副中書舍人王延爲判官禮部尚書王權爲禮儀使兵部尚書李鱗爲鹵簿

使御史中丞龍敏爲儀仗使左僕射權判河南府盧質爲橋道頓遞使丁卯禫應順元年春正月壬申朔視朝于廣壽殿著非禮也乙亥契丹使都督沒辣于來戊寅大赦改元用樂回鶻可汗王仁美遣使者來沙州瓜州遣使者來乙未朱弘昭馮贇獻錢助作山陵閏月丙午册皇太后不書姓氏不曰册某人爲皇太后者母尊不可斥其事自見於傳也甲寅册太妃王氏北京留守石敬瑭獻銀絹助作山陵二月庚寅視作山陵鳳翔節度使潞王從珂反辛卯西京留守王思同爲西面行營都部署靜難軍節度使藥彥僴爲副三月丙辰思同兵潰嚴衛指揮使尹暉羽林指揮使楊思權以其軍叛降于從珂辛酉殺侍衛親軍馬軍都指揮使朱弘實癸亥河陽三城節度使康義誠爲鳳翔行營都招討使王思同爲副西京副留守劉遂雍叛降于從珂思同奔歸于京師不克死之丁卯京城巡檢使安從進叛殺馮贇朱弘昭自殺從進傳其二首于從珂戊辰如衛州不書帝崩者當於廢帝紀書弒鄂王也

廢帝鎮州平山人也本姓王氏其世微賤母魏氏少寡明宗爲騎將過平山掠得之魏氏有子阿三已十餘歲明宗養以爲子名曰從珂及長狀貌雄偉謹信

寡言而驍勇善戰明宗甚愛之自晉兵戰梁于河上從珂常立戰功莊宗呼其小字曰阿三不徒與我同年其敢戰亦類我同光二年爲衞州刺史突騎指揮使戍于石門明宗討趙在禮自魏反兵而南從珂率戍兵自曲陽盂縣馳出常山以追明宗明宗之南也兵少得從珂兵在後而軍聲大振明宗入立拜從珂河中節度使封潞王是時明宗春秋已高王於諸子次最長樞密使安重誨患之乃矯詔河中裨將楊彥温使圖之王閱馬于黃龍莊彥温卽閉門拒之王止于虞鄉以聞明宗召王還京師居之清化里第重誨數請行軍法明宗不聽後重誨見殺乃起王爲左衞大將軍西京留守長興三年爲鳳翔節度使王子重吉自明宗時典禁兵爲控鶴指揮使愍帝卽位朱弘昭馮贇用事乃罷重吉兵職出爲亳州團練使又徙王爲北京留守不降制書而宣授又以李從璋爲代初安重誨得罪罷河中以從璋爲代而重誨見殺故王益自疑遂據城反愍帝遣王思同會諸鎮兵討之思同戰敗走諸鎮兵皆潰

清泰元年三月丁巳王以兵東庚申次長安西京副留守劉遂雍叛于唐來降

甲子次華州執藥彥稠丙寅次靈寶河中安彥威陝州康思立叛于唐來降己
巳次陝州康義誠叛于唐來降殺宣徽使孟漢瓊愍帝出居于衞州夏四月壬
申入京師馮道率百官迎王于蔣橋王辭不見入哭于西宮遂見羣臣道拜王
答拜入居于至德宮癸酉以太后令降天子爲鄂王命王監國乙亥皇帝即位
丙子率河南民財以賞軍丁丑借民房課五月以賞軍戊寅弒鄂王義與弒濟陰王同
慈州刺史宋令詢死之乙酉大赦改元戊子殺康義誠及藥彥儔義誠叛于愍帝罪宜曰誅
而廢帝同惡相殺故書殺五月丙午端明殿學士左諫議大夫韓昭胤爲樞密使莊宅使劉
延朗爲樞密副使庚戌馮道罷天雄軍節度使范延光爲樞密使甲寅賜勸進
選人宗子官六月庚辰幸范延光及索自通第秋七月辛亥太常卿盧文紀爲
中書侍郎同中書門下平章事丁巳立沛國夫人劉氏爲皇后八月辛未尚書
左丞姚顗爲中書侍郎同中書門下平章事許御署官選御署官疑是廢帝初舉兵時所置之官以
其非吏部正授故須有旨方得選此於事無勸戒不必書以舊史不詳故存所不知愼傳疑也九月契丹寇邊冬十月戊寅李
愚劉昫罷十二月己亥雄武軍節度使張延朗爲中書侍郎同中書門下平章

事契丹寇雲州庚寅幸龍門旱

二年春二月甲戌范延光罷己丑追尊魯國太夫人魏氏爲皇太后（非嫡母故詳其爵氏）三月辛丑忠武軍節度使趙延壽爲樞密使夏五月辛卯宣徽南院使劉延皓爲樞密使契丹寇邊六月癸未羣臣獻添都馬（都者軍伍之名）秋七月丁酉回鶻可汗王仁美使其都督陳福海來劉延皓罷九月己酉刑部尚書房暠爲樞密使乙卯渤海遣使者來

三年春正月乙未百濟遣使者來丁未封子重美爲雍王三月丙午翰林學士禮部侍郎馬胤孫爲中書侍郎同中書門下平章事河東節度使石敬瑭反夏五月乙卯建雄軍節度使張敬達爲太原四面都招討使義武軍節度使楊光遠爲副戊申先鋒指揮使安審信叛降于石敬瑭己酉振武戍將安重榮叛降于敬瑭壬子天雄軍屯駐捧聖都虞候張令昭逐其節度使劉延皓六月癸亥以令昭爲右千牛衞將軍權知天雄軍事（佗命官不書此書以者明令昭猶可以）甲戌宣武軍節度使范延光爲天雄軍四面招討使秋七月戊申克魏州壬子張令昭伏誅癸

丑彰聖指揮使張萬迪叛降于石敬瑭八月戊午契丹使梅里來九月甲辰張敬達及契丹戰于太原敗績契丹圍敬達于晉安戊申如河陽冬十月壬戌括馬籍民爲兵十一月戊子盧龍軍節度使趙德鈞爲行營都統丁酉契丹立晉閏月甲子楊光遠殺張敬達以其軍叛降于契丹（敬達不書死之而書殺者敬達大將宜以義責光遠而誅之雖不果而見殺猶爲得死乃諷光遠殺己以叛故書之如其志）甲戌契丹及晉人至于潞州丁丑至自河陽辛巳皇帝崩（年五十一帝自焚死晉高祖命葬其燼骨於徽陵域中）

嗚呼君臣之際可謂難哉蓋明者慮於未萌而前知暗者告以將及而不懼故先事而言則雖忠而不信事至而悔其可及乎重誨區區獨見潞王之禍而謀之不臧至於殞身赤族其隙自茲及愍帝之亡也穴於徽陵其土一壠路人見者皆爲之悲使明宗爲有知其有媿於重誨矣哀哉

五代史卷七考證

唐愍帝紀靜難軍節度使藥彥儔爲副○本書藥彥稠傳潞王從珂反彥稠爲招討副使今上文書從珂反則此卽係彥稠傳字誤也但各本俱同姑仍之

廢帝紀愍帝遣王思同會諸鎭兵討之○思監本訛師今從上下文改正

潞王紀戊子殺康義誠注義誠叛于愍帝罪宜曰誅而廢帝同惡相殺故書殺

○臣文清按朱子綱目大書唐康義誠伏誅夷其族劉友益書法云從珂書弑矣康義誠曷爲以伏誅書義誠自從榮之亂反覆觀望今又叛主求容罪不容于誅矣其義較長

五代史卷七考證

宋　　歐　　陽　　修　　撰

晉本紀第八

高祖聖文章武明德孝皇帝其父臬捩鷄本出於西夷自朱邪歸唐從朱邪入居陰山其後晉王李克用起於雲朔之間臬捩鷄以善騎射常從晉王征伐有功官至洺州刺史臬捩鷄生敬瑭其姓石氏不知其得姓之始也敬瑭爲人沉厚寡言明宗愛之妻以女是爲永寧公主由是常隸明宗帳下號左射軍莊宗已得魏梁將劉鄩急攻清平莊宗馳救之兵未及陣爲鄩所掩敬瑭以十餘騎横槊馳擊取之以旋莊宗拊其背而壯之手啗以酥啗酥夷狄所重由是名動軍中十五年莊宗戰於胡柳前鋒周德威戰死敬瑭以左射軍從明宗復擊敗梁兵明宗戰胡盧套楊村爲梁兵所敗敬瑭常脫明宗於危趙在禮之亂明宗討之至魏而兵變明宗初欲自歸于天子明己所以不反者敬瑭獻計曰豈有軍變於外上將獨無事者乎且猶豫者兵家大忌不如速行願得騎兵三百先

攻汴州夷門天下之要害也得之可以成事明宗然之與之驍騎三百渡黎陽爲前鋒明宗遂入汴莊宗自洛後至不得入而兵皆潰去莊宗西還明宗以敬瑭爲前鋒趣汜水且收其散卒莊宗遇弑明宗入立拜敬瑭保義軍節度使賜號竭忠建策興復功臣兼六軍諸衛副使在陝爲政以廉聞是時諸侯多不奉法鄧州陶玘亳州李鄴皆以贓汚論死明宗下詔書褒廉吏晉州安崇阮洛州張萬進耀州孫岳等以諷天下而以敬瑭爲首天成二年十月從幸汴州爲御營使拜宣武軍節度使侍衛親軍馬步軍都指揮使六軍副使如故改賜耀忠匡定保節功臣三年四月徙鎭天雄拜同中書門下平章事與唐尹五月拜駙馬都尉董璋反東川爲行營都招討使不克而還復兼六軍諸衛副使徙鎭河陽三城未行而契丹吐渾突厥皆入寇是時秦王從榮統六軍敬瑭疑其必及禍不欲爲其副乃自請行及制出不落副使輒復辭行明宗數責大臣問誰可行者范延光趙延壽等卒以敬瑭爲請乃拜河東節度使大同彰國振武威塞等軍蕃漢馬步軍總管落六軍副使乃行明年明宗崩愍帝卽位加中書令三

月徙鎮成德清泰元年五月復鎮太原來朝京師潞王從珂反於鳳翔愍帝出奔遇敬瑭于道敬瑭殺帝從者百餘人幽帝于衛州而去廢帝即位疑敬瑭必反

天福元年五月徙鎮天平敬瑭果不受命謂其屬曰先帝授吾太原使老焉今無故而遷是疑吾反也且太原地險而粟多吾當內檄諸鎮外求援於契丹可乎桑維翰劉知遠等共以爲然乃上表論廢帝不當立請立許王從益爲明宗嗣廢帝下詔削奪敬瑭官爵命張敬達等討之敬瑭求援於契丹九月契丹耶律德光入自鴈門與唐兵戰敬達大敗敬瑭夜出北門見耶律德光約爲父子十一月丁酉皇帝即位（於廢帝本紀書契丹立晉據所見也於此書皇帝即位以自立爲文原其心也晉高祖之反無契丹之助亦必自立蓋其志在於爲帝故使自任其惡也）國號晉以幽涿薊檀順瀛漠蔚朔雲應新嬀儒武寰州入于契丹己亥大赦改元掌書記桑維翰爲翰林學士尚書禮部侍郎知樞密使事閏月丙寅翰林學士承旨尚書戶部侍郎趙瑩爲門下侍郎桑維翰爲中書侍郎同中書門下平章事兼樞密使甲戌趙德鈞及其子延壽叛于唐來降契

丹鏁之以歸己卯次河陽節度使萇從簡叛于唐來降是日廢帝猶在辛巳至自太原盧文紀姚顗罷甲申大赦殺張延朗劉延朗赦房暠十二月乙酉如河陽追降王從珂爲庶人王從珂從晉人本語丁亥司空馮道兼門下侍郎同中書門下平章事己丑曹州指揮使石重立殺其刺史鄭玩辛卯御札求直言癸巳鎮州牙內都虞候祕瓊逐其節度副使李彥珂同州裨將門鐸殺其將楊漢賓庚子天平軍節度使王建立殺其副使李彥贇旱

二年春正月癸亥安遠軍節度使盧文進叛降於吳丁卯天雄軍節度使范延光殺齊州防禦使祕瓊戊寅兵部侍郎李崧爲中書侍郎同中書門下平章事樞密使封唐宗室子爲公及隋酅公爲二王後以周介公備三恪唐宗室子史失其名書之以見二王後三恪猶存不必著其人也二月丁酉契丹使皇太子解里來三月庚辰如汴州夏四月丁亥赦因蠲民租賦趙瑩使于契丹辛卯宣武軍節度使楊光遠進助國錢契丹使宮苑使李可與來五月壬戌御札求直言丁丑追尊祖考爲皇帝妣爲皇后高祖璟謚曰孝安廟號靖祖祖妣秦氏謚曰孝安元曾祖彬謚曰孝簡廟

號肅祖祖妣安氏謚曰孝簡恭祖昱謚曰孝平廟號睿祖祖妣來氏謚曰孝平獻考紹雍謚曰孝元廟號獻祖妣何氏謚曰孝元懿六月癸未契丹使夷離畢來天雄軍節度使范延光反丁酉傳箭于義成軍節度使符彥饒丁未楊光遠爲魏州四面行營都部署東都巡檢張從賓反留守判官李遐死之奉國都指揮使侯益護聖都指揮使杜重威討之從賓寇河陽殺皇子重乂寇河南殺皇子重信秋七月從賓陷汜水關殺巡檢使宋廷浩壬子右衛大將軍尹暉叛奔于吳不克伏誅右監門衛大將軍婁繼英叛降于張從賓義成軍亂殺戍將侍衛馬步軍都指揮使白奉進甲寅戍將奉國指揮使馬萬執符彥饒歸于京師命殺之于赤岡（彥饒雖有縱軍之罪被誣以反而見殺故不書誅曰命殺嫌萬擅殺）乙卯楊光遠爲魏州行營都招討使辛酉杜重威克汜水關（張從賓投河死故不書伏誅）壬申楊光遠克博州丙子安州屯防指揮使王暉殺其節度使周環右衛上將軍李金全討之（金全未至而暉走見殺故不書暉反不書克安州不書暉誅）八月丙申靜難軍節度使安叔千進添都馬乙巳赦非死罪囚及張從賓符彥饒王暉餘黨九月楊光遠進粟冬十月辛巳禁造甲兵

三年春二月戊戌諸鎮皆進物以助國殘民以獻其上君臣同欲賄賂公行至此而不勝其多矣故總言諸鎮此後不復書矣三月壬戌回鶻可汗王仁美使翟全福來丁丑禁私造銅器秋七月辛酉以皇業錢作受命寶作寶不必書皇業錢者私錢也天子畜私錢故書八月戊寅馮道及左僕射劉昫爲契丹冊禮使壬午澶州刺史馮暉降丙戌許御署官選己丑蠲水旱民稅辛丑歸伶官于契丹高祖以父事契丹其有所求不曰與而曰歸者若輸之也九月己酉赦范延光初延光請降高祖不許延光遂堅壁攻之久不克卒悔而赦之故不書降己未歸靜鞭官劉守威金吾勘契官王殷司天雞叫學生殷暉于契丹于闐使馬繼榮來回鶻使李萬金來己巳赦魏州蠲民稅是月宣徽南院使劉處讓爲樞密使冬十月戊寅契丹使中書令韓頻來奉冊曰英武明義皇帝庚辰升汴州爲東京以洛陽爲西京雍州爲晉昌軍戊子右金吾衛大將軍馬從斌使于契丹己未契丹使梅里來戊戌大赦庚子封李聖天爲大寶于闐國王十一月辛亥升廣晉府爲鄴都壬戌除鑄錢令十二月丙子封子重貴爲鄭王

四年春正月盜發唐愍皇帝墓愍帝附于明宗徽陵域中無陵名故曰墓晉高祖即位追謚爲愍皇帝五代諸帝謚號不可爲

（法皆不足道惟愍帝宜書者嫌嘗降爲鄂王也而國亡禮闕舊史實錄皆無奏諡上册月日故雖當書而不得因事而見於此爾）辛亥澶州防禦使張從恩爲樞密副使旌表深州民李自倫門閭三月乙巳回鶻使其都督拽里敦來丙辰頒調元曆靈州戍將王彥忠以懷遠城反己未彥忠降供奉官齊延祚殺之夏四月辛巳封回鶻可汗王仁美爲奉化可汗甲申廢樞密使秋七月丙辰復禁鑄錢閏月壬申桑維翰罷八月己亥朔河決博平西戎寇涇州彰義軍節度使張彥澤敗之執其首領野離羅蝦獨九月丁丑契丹使粘木孤來癸未封李從益爲郇國公以奉唐後丙戌高麗王建使其廣評侍郎邢順來冬十二月乙亥立唐高祖太宗莊宗明宗愍帝廟于西京戊子契丹使遙折來吐蕃罷延族來附

五年春正月丁卯朔德音除民公私債己丑回鶻使石海金來夏四月甲子契丹興化王來五月丙戌安遠軍節度使李金全叛附于唐六月癸卯李昇遣其將李承裕入于安州金全奔于唐安遠軍節度使馬全節及承裕戰敗之丁巳克安州承裕奔于雲夢全節執而殺之秋八月丁酉閱稼于西郊己未西京留

守楊光遠殺太子太師范延光九月丁卯翰林學士承旨戶部侍郎和凝爲中書侍郎同中書門下平章事辛巳閱稼于沙臺冬十月丁未契丹使舍利來十一月丙子冬至始用二舞

六年春正月戊寅封唐叔虞爲興安王臺駘爲昌寧公二月戊申停買宴錢三月除民二年至四年以前稅見稅斂重而民不堪夏四月己未契丹使述括來五月吐渾首領白承福來秋七月壬午突厥使薛同海來八月壬辰如鄴都開封尹鄭王重貴留守東京宣徽南院使張從恩東京內外兵馬都監壬寅大赦甲寅光祿卿張澄使于契丹九月乙亥前安國軍節度使楊彥詢使于契丹丁丑吐渾使白可久來河決中都入于沓河冬十月河決滑濮鄆澶州山南東道節度使安從進反十一月丁丑西京留守高行周爲南面軍前都部署以討之十二月丙戌朔鄭王重貴爲廣晉尹徙封齊王先鋒都指揮使郭海金及安從進戰于唐州敗之成德軍節度使安重榮反天平軍節度使杜重威爲鎮州行營招討使丙申契丹遣使者來戊戌杜重威及安重榮戰于宗城敗之

七年春正月丁巳克鎮州安重榮伏誅赦廣晉庚午契丹使逹剌來三月歸德軍節度使安彥威塞決河于滑州閏月天興蝗食麥夏五月乙巳尊皇太妃劉氏爲皇太后高祖所生母也六月丙辰吐渾使念醜漢來乙丑皇帝崩于保昌殿年五十二

五代史卷八

五代史卷八考證

晉高祖紀六年河決中都入于沓河冬十月河決滑濮鄆澶州○臣文清按朱子綱目書河決者十有六而五代居其九皆朱梁決河爲二以疏河漲之罪也然梁本紀失載附記於此

五代史卷八考證

五代史卷九

宋 歐陽修 撰

晉本紀第九

出帝父敬儒高祖兄也爲唐莊宗騎將早卒高祖以其子重貴爲子高祖六子五皆早死而重睿幼故重貴得立重貴少而謹厚善騎射高祖使博士王震教以禮記久之不能通大義謂震曰此非我家事也高祖爲契丹所立謀以一子留守太原契丹使盡出諸子自擇之指重貴曰此眼大者可也遂拜金紫光祿大夫行太原尹北京留守知河東節度事天福二年九月詔拜左金吾衛上將軍三年冬爲開封尹封鄭王加太尉同中書門下平章事六年高祖幸鄴留守東京已而爲廣晉尹徙封齊王

七年六月乙丑高祖崩皇帝卽位于柩前庚午使左驍衛將軍石德超以御馬二撲祭于相州之西山（夷狄之禮也）如京師使李仁廓使于契丹契丹使梅里來丙子馮道爲大行皇帝山陵使門下侍郞竇貞固爲副太常卿崔棁爲禮儀使戶

部侍郎呂琦爲鹵簿使御史中丞王易簡爲儀仗使舊史實錄無橋道頓遞使疑不置或闕書漢高祖亦然己卯四方館使宋崇節右金吾衛大將軍梁言使于契丹秋七月壬辰皇祖母劉氏崩輟視朝三日高祖所生母也高祖時尊爲皇太后矣其崩也喪葬不用后禮見恩禮之薄不書曰皇太后者於帝爲祖母也曰崩正其名也丁酉使石德超撲馬于相州之西山前已備見故文省庚子大赦甲辰契丹使通事來八月戊午高行周克襄州安從進自焚死故不書伏誅庚申天平軍節度使景延廣義成軍節度使李守貞彰德軍節度使郭謹進錢粟助作山陵甲子契丹使郎五來庚午葬皇祖母於魏縣癸酉契丹使其客省使張九思來九月辛丑李守貞爲大行皇帝山陵都部署冬十月己未契丹使舍利來庚午回鶻遣使者來十一月契丹使大卿來庚寅葬聖文章武孝皇帝于顯陵陵在河南壽安縣五代之亂至此七君而不得其死者五明宗雖善終而愍帝不克葬至廢帝時始克葬故皆不書至此始見子得葬其父故幷祔廟詳書之己亥牛羊使董殷使于契丹庚子祔高祖神主于太廟辛丑蠲高祖靈車所過民租之半十二月庚午北京留守劉知遠進百頭穹廬穹廬夷狄之用也契丹于越使令骨支來辛未又使野里已來丙子于闐使都督劉再昇來沙州曹元深瓜州曹元忠皆遣使者附

再昇以來旱蝗

八年春正月契丹于越使烏多奧來二月壬子景延廣爲御營使己未如東京赦廣晉府因庚申次澶州赦因乙丑至自鄴都庚午寒食望祭顯陵于南莊焚御衣紙錢（焚衣野祭之類皆閭巷人之事也用之天子見禮樂壞甚）三月己卯朔趙瑩罷晉昌軍節度使桑維翰爲侍中辛丑引進使太府卿孟承誨使于契丹蝗夏四月庚午董殷使于契丹供奉官張福率威順軍捕蝗于陳州五月泰寧軍節度使安審信捕蝗于中都丁亥追封皇伯敬儒爲宋王癸卯馮道罷甲辰以旱蝗大赦六月庚戌祭蝗于皐門癸亥供奉官七人帥奉國軍捕蝗于京畿辛未括借民粟殺藏粟者秋七月甲午冊皇太后丁酉射于南莊契丹使梅里等來甲辰供奉官李漢超帥奉國軍捕蝗于京畿八月丁未朔募民捕蝗易以粟辛亥檢民青苗九月戊寅尊秦國夫人安氏爲皇太妃丙申幸大年莊及景延廣第冬十月戊申立馮氏爲皇后（馮氏於帝爲叔母）壬子畋于近郊幸沙臺丙寅契丹使通事劉胤來庚午括借民粟十一月己卯董殷使于契丹甲申幸八角閱馬牧乙未契丹使梅里來

戊戌齊州刺史楊承祚奔于青州辛丑高麗使其廣平侍郎金仁逢來十二月癸丑給事中邊光範登州刺史郭彥威使于契丹甲寅高麗使太相來平盧軍節度使楊光遠反淄州刺史翟進宗死之

開運元年春正月甲戌朔契丹寇滄州己卯陷貝州庚辰歸德軍節度使高行周爲北面行營都部署契丹入鴈門寇代州辛巳殿直王班使于契丹至于鄴都不得進而復（晉自高祖以父事契丹甚謹而歲時遣使舊史實錄皆不書至出帝立使者旁午不絕不可勝數故其官卑者皆略而不書班以不得進故書）大饑壬午前靜難軍節度使李周留守東京景延廣爲御營使乙酉北征丙戌契丹寇黎陽辛卯講武于澶州契丹屯于元城趙延壽寇南樂甲午劉知遠爲幽州道行營招討使括馬丙申契丹寇黎陽辛丑劉知遠及契丹偉王戰于秀容敗之博州刺史周儒叛降于契丹二月戊申前軍都虞候李守貞及契丹戰于馬家渡敗之癸丑北面行營都虞候馬全節及契丹戰于北平敗之三月癸酉及契丹戰于戚城契丹去（戰而兩各傷失收兵徐去晉不能追故以自去爲文）己丑冀州刺史白從暉及契丹戰于衡水敗之癸巳籍民爲武定軍夏四月契丹陷德州沿河

巡檢使梁進敗之取德州甲寅至自澶州赦京師己未馬全節及契丹戰于定豐敗之辛酉率借民財五月戊寅李守貞討楊光遠丁亥鄴都留守張從恩爲貝州行營都部署辛卯李守貞爲青州行營都部署六月克淄州丙午復置樞密使丁未侍中桑維翰爲中書令充樞密使丙辰河決滑州環梁山入于汶濟秋七月辛未朔大赦改元己丑太子太傅劉昫守司空兼門下侍郎同中書門下平章事八月辛丑朔劉知遠爲北面行營都統順德軍節度使杜威爲都招討使戊辰旌表陳州項城民史仁翔門閭九月丙子契丹寇遂城樂壽代州刺史白文珂及契丹戰于七里烽敗之冬十月庚戌武寧軍節度使趙在禮爲北面行營副都統鄴都留守馬全節爲副招討使十二月己亥朔射兔于皐門丁巳楊承勳囚其父光遠以降殺之出帝已許其不死已而命李守貞殺之故不書伏誅閏月乙酉德音赦青州囚契丹寇恆州

二年春正月契丹陷秦州壬子馬全節及契丹戰于榆林兩軍皆潰戊午幸南莊張從恩留守東都辛酉高行周爲御營使乙丑北征契丹去二月己巳幸黎

陽橫海軍節度使田武爲東北面行營都部署以備契丹(日以備契丹嫌契丹己去而命將)丙
子大閱于戚城丙戌閱馬於鐵丘丙申端明殿學士尚書戶部侍郎馮玉爲戶
部尚書樞密使三月戊戌契丹陷祁州刺史沈斌死之丁未畋于戚城庚戌馬
全節克秦州辛亥易州戍將孫方諫及契丹諧里戰于狼山敗之甲寅杜威克
滿城乙卯克遂城庚申杜威及契丹戰于陽城敗之追奔至于衞村又敗之夏
四月戊寅勞旋于戚城己卯勞旋于王莽河甲申至自澶州赦左右軍因庚寅
大賞軍功五月丙申朔大赦丙午幸南莊六月丁卯射于繁臺幸杜威第旱秋
八月甲子朔廢二舞丙寅和凝罷馮玉爲中書侍郎同中書門下平章事辛未
閱馬于茂澤陂丁丑括馬九月己亥閱馬于萬龍岡幸李守貞第冬十月丁丑
高麗使其廣評侍郎韓玄珪禮賓卿金廉等來戊寅射兔于硯臺戊子高麗使
其兵部侍郎劉崇規內軍卿朴藝言來十一月戊戌封王武爲高麗國王己巳
射兔于皐門幸沙臺十二月丁丑臘畋于郊丁亥桑維翰罷開封尹趙瑩爲中
書令李崧守侍中樞密使

三年春二月丙子回鶻使突厥陸來壬午射鴨于板橋幸南莊夏六月孫方諫以狼山叛附于契丹丙寅契丹寇邊己丑李守貞爲行營都部署義成軍節度使皇甫遇爲副河決魚池大饑羣盜起秋七月大雨水河決楊劉朝城武德八月辛酉河溢歷亭九月河決澶滑懷州辛丑行營馬軍排陣使張彥澤及契丹戰于新興敗之癸卯劉知遠及契丹戰于朔州敗之大雨霖河決臨黃冬十月河決衞州丙寅河決原武辛未杜威爲北面行營都招討使李守貞爲兵馬都監十一月永靜軍節度使梁漢璋及契丹戰于瀛州敗績契丹寇鎭定十二月己未杜威軍于中渡壬戌奉國都指揮使王清及契丹戰于滹沱敗績死之（戰將歿于陣守將歿于城而不書死者以其志未可知也或欲走而不得或欲降而未暇遽以被殺爾若不走不降而死節明者自書死如清是已）杜威李守貞張彥澤以其軍叛降于契丹庚午射兔于沙臺壬申張彥澤犯京師殺開封尹桑維翰契丹滅晉（出帝雖存而晉則亡矣故書滅）

嗚呼余書封子重貴爲鄭王又書追封皇伯敬儒爲宋王者豈無意哉禮兄弟之子猶子也重貴書子可矣敬儒出帝父也書曰皇伯者何哉出帝立不以正

而絶其所生也蓋出帝於高祖得爲子而不得爲後者高祖自有子也方高祖
疾病抱其子重睿寘於馮道懷中而託之出帝豈得立邪晉之大臣既違禮廢
命而立之以謂出帝爲高祖子則得立爲敬儒子則不得立於是深諱其所生
而絶之以欺天下爲眞高祖子也禮曰爲人後者爲其父母服使高祖無子出
帝得爲後而立以正則不待絶其所生以爲欺也故余書曰追封皇伯敬儒爲
宋王者以見其立不以正而滅絶天性臣其父而爵之以欺天下也

五代史卷九

五代史卷九考證

晉出帝紀丁亥追封皇伯敬儒爲宋王〇臣會汾按敬儒即帝本生父從唐舊制亦無稱皇伯之禮義見總論內

五代史卷九考證

宋　歐　陽　修　撰

漢本紀第十

高祖睿文聖武昭肅孝皇帝姓劉氏初名知遠其先沙陀部人也其後世居于太原知遠弱不好弄嚴重寡言面紫色目多白睛凜如也與晉高祖俱事明宗爲偏將明宗及梁人戰德勝晉高祖馬甲斷梁兵幾及知遠以所乘馬授之復取高祖馬殿而還高祖德之高祖留守北京以知遠爲押衙潞王從珂反愍帝出奔高祖自鎮州朝京師遇愍帝于衛州止傳舍知遠遣勇士石敢袖鐵楇侍高祖以虞變高祖與愍帝議事未決左右欲兵之知遠擁高祖入室敢與左右格鬭而死知遠即率兵盡殺愍帝左右留帝傳舍而去廢帝入立高祖復鎮河東已而有隙高祖將舉兵知遠與桑維翰密爲高祖謀畫贊成之高祖即位於太原以知遠爲侍衛親軍都虞候領保義軍節度使契丹耶律德光送高祖至潞州臨決指知遠曰此都軍甚操剌世俗謂勇猛爲操剌錄其本語無大故勿棄之天福二年

遷侍衞馬步軍都指揮使領忠武軍節度使已而以杜重威代知遠領忠武徙知遠領歸德知遠恥與重威同制杜門不出高祖怒欲罷其兵職宰相趙瑩以爲不可高祖乃遣端明殿學士和凝就第宣諭知遠乃受命五年徙鄴都留守九月朝京師高祖幸其第六年拜河東節度使北京留守七年高祖崩知遠從高祖起太原有佐命功自出帝立與契丹絶盟用兵北方常疑知遠勳位已高幸晉多故而有異志每優尊之拜中書令封太原王幽州道行營招討使又拜北面行營都統開運二年四月封北平王三年五月加守太尉然王未嘗出兵契丹寇澶州別遣偉王攻鴈門王敗之于秀容八月殺吐渾白承福等族取其貲鉅萬𫏋馬數千

四年契丹犯京師出帝北遷王遣牙將王峻奉表契丹耶律德光呼之爲兒賜以木枴一木枴虜法貴之如中國几杖非優大臣不可得峻持枴歸虜人望之皆辟道峻還爲王言契丹必不能有中國乃議建國二月戊辰河東行軍司馬張彥威等上牋勸進辛未皇帝卽位稱天福十二年天福晉高祖年號也天福止八年改元開運至此四

[年矣漢雖建國而未有國號又稱晉年號捨開運而追續天福爲十二年初無義理但書其實爾]磁州賊首梁暉取相州來歸[變來降曰來歸哀斯人也是時天下無主得其主則往歸之與乎叛于彼而來於此者異矣漢高祖非有德之君惶惶斯人之無所歸者猶得而歸也故曰歸]武節都指揮使史弘肇取代州殺其刺史王暉晉州將藥可儔殺其守將駱從朗及括錢使諫議大夫趙熙來歸辛巳陝州留後趙暉潞州留後王守恩來歸三月丙戌朔蠲河東雜稅辛卯延州軍亂逐其節度使周密壬辰丹州指揮使高彥詢以其州來歸壬寅契丹遯[聞漢起太原畏而去故與自去異其文遯者退避之稱]以其將蕭翰爲宣武軍節度使守汴州夏四月己未右都押衙楊邠爲樞密使蕃漢兵馬都孔目官郭威權樞密副使契丹陷相州殺梁暉癸亥立魏國夫人李氏爲皇后甲子河東節度判官蘇逢吉觀察推官蘇禹珪爲中書侍郎同中書門下平章事乙丑侍衛親軍步軍都指揮使史弘肇取潞州戊辰奉國指揮使武行德以河陽來歸史弘肇取澤州丙子契丹耶律德光卒于欒城契丹入于鎮州五月甲午太原尹劉崇爲北京留守丙申如東京蕭翰遯歸于契丹以郇國公李從益知南朝軍國事戊申次絳州刺史李從朗來歸六月丙辰次河陽殺李從益及

其母于京師甲子至自太原戊辰改國號漢高祖初建國無國號蓋其制詔皆無明文故闕不書然稱天福十二年則國仍號晉可知但無明據故愼於所疑爾此書改國號漢則未改之前宜有所稱此可以推知也赦罪人蠲民稅于闐遣使者來是夏劉昫薨秋閏七月乙丑禁造契丹服器天雄軍節度使杜重威反杜重威於晉出帝時避出帝名去重至漢而復之天平軍節度使高行周爲鄴都行營都部署以討之庚辰追尊祖考爲皇帝妣爲皇后高祖湍諡曰明元廟號文祖祖妣李氏諡曰明貞曾祖昂諡曰恭僖廟號德祖祖妣楊氏諡曰恭惠祖僎諡曰昭憲廟號翼祖祖妣李氏諡曰昭穆考琠諡曰章聖廟號顯祖妣安氏諡曰章懿以漢高皇帝爲高祖光武皇帝爲世祖皆不祧八月護聖指揮使白再榮逐契丹以鎭州來歸丙申安國軍節度使薛懷讓殺契丹之將劉鐸入于邢州九月甲戌吏部尚書竇貞固守司空兼門下侍郎翰林學士中書舍人李濤爲中書侍郎同中書門下平章事庚辰北征冬十月甲申次韋城赦河北十一月壬申杜重威降十二月癸巳至自鄴都乾祐元年春正月乙卯大赦改元己未更名暠丁丑皇帝崩于萬歲殿年五十四

隱皇帝高祖第二子承祐也高祖即位拜右衛上將軍大內都點檢魏王承訓長而賢高祖愛之方屬以爲嗣承訓薨高祖不豫悲哀疾劇乃以承祐屬諸將相宰相蘇逢吉曰皇子承祐未封王請亟封之未及封而高祖崩祕不發喪殺杜重威

乾祐元年二月辛巳封承祐周王是日皇帝即位于柩前壬辰右衛大將軍鳳翔巡檢使王景崇及蜀人戰于大散關敗之癸巳大赦三月壬戌竇貞固爲大行皇帝山陵使吏部侍郎段希堯爲副太常卿張昭爲禮儀使兵部侍郎盧價爲鹵簿使御史中丞邊蔚爲儀仗使丁丑李濤罷護國軍節度使李守貞反陷潼關夏四月辛巳陝州兵馬都監王玉克潼關壬午永興軍將趙思綰叛附于李守貞客省使王峻帥師屯于關西峻不命爲將又不令討賊但令以兵實關西下文乃見命將楊邠爲中書侍郎兼吏部尚書同中書門下平章事郭威爲樞密使鎮寧軍節度使郭從義爲永興軍兵馬都部署戊子保義軍節度使白文珂爲河中兵馬都部署河決原武五月己未回鶻遣使者來乙亥魏州內黃民武進妻一產三男子河決

滑州魚池旱蝗秋七月戊申朔彰德軍節度使王繼弘殺其判官張易鸜鵒食蝗丙辰禁捕鸜鵒庚申郭威同中書門下平章事癸亥契丹鄭州刺史王彥徽來奔庚午殺成德軍副使張鵬乙亥王景崇叛附于李守貞八月壬午郭威討李守貞九月西面行營都虞候尚弘遷及趙思綰戰敗績冬十月甲申吐蕃使斯漫篤蘭氈藥斯來十一月甲寅殺太子太傅李崧滅其族壬申葬睿文聖武昭肅孝皇帝于睿陵在河南告成縣十二月己卯彰武軍節度使高允權殺太子太師致仕劉景巖

二年隱帝即位至此宜改元而不改元具周顯德二年注而帝名承祐年名乾祐舉國臣民共稱而不改避當時莫大之失本紀無譏者但書其實後世自見也春正月乙巳朔赦因二月丙子蠲民紐配租夏五月李守貞之將周光遜降乙丑趙思綰降六月辛卯回鶻首領楊彥珣來西涼府遣使者來蝗秋七月丁巳郭威殺華州留後趙思綰于京兆甲子克河中守貞自焚死故不書伏誅八月郭從義殺前永興巡檢喬守温丙戌郭威使來獻俘冬十月契丹寇趙魏羣臣進添都馬契丹陷內丘己丑郭威及宣徽南院使王峻伐契丹十一月契丹遯

三年春正月西面行營都部署趙暉克鳳翔景崇自焚死故不書伏誅丙午郭威進添都馬壬子趙暉獻馘俘二月甲戌旌表穎州汝陰民麴温門閭三月己酉寒食望祭于南御園夏四月壬午郭威以樞密使爲天雄軍節度使六月癸卯河決原武秋八月達靼來附冬十一月丙子殺楊邠及侍衛親軍都指揮使史弘肇三司使王章皆滅其族郭威反庚辰義成軍節度使宋延渥叛附于威壬午威犯封丘泰寧軍節度使慕容彥超軍于七里店癸未勞軍于北郊甲申勞軍于劉子陂慕容彥超及郭威戰敗績開封尹侯益叛降于威郭允明反乙酉皇帝崩年二十周廣順元年葬之許州陽翟縣號穎陵爲賊所葬故不書蘇逢吉自殺漢亡自隱帝崩後四十二日周太祖始卽位而斷自帝崩書漢亡者見帝崩而漢已亡矣其太后臨朝湘陰公嗣立皆周所假託非誠實所以破其姦故書曰漢亡見周之立遲也遲而難於自立則猶有自媿之心焉

嗚呼人君卽位稱元年常事爾古不以爲重也孔子未修春秋其前固已如此雖暴君昏主妄庸之史其記事先後遠近莫不以歲月一二數之乃理之自然也其謂一爲元亦未嘗有法蓋古人之語爾古謂歲之一月亦不云一而曰正月國語言六呂曰元間大呂周易列六爻曰初九大抵古人言數多不云一不獨謂年爲元也及後世曲學之士始謂孔子書元年爲春秋大

法遂以改元爲重事自漢以後又名年以建元而正僞紛雜稱號遂多不勝其紀也五代亂世也其事無法而不合於理者多矣皆不足道也至其年號乖錯以惑後世則不可以不明初梁太祖以乾化二年遇弒明年末帝已誅友珪黜其鳳曆之號復稱乾化三年尚爲有說至漢高祖建國黜晉出帝開運四年復稱天福十二年者何哉蓋以其愛憎之私爾方出帝時漢高祖居太原常憤憤下視晉而晉亦陽優禮之幸而未見其隙及契丹滅晉漢未嘗有赴難之意出帝已北遷方陽以兵聲言追之至土門而還及其卽位改元而黜開運之號則其用心可知矣蓋其於出帝無復君臣之義而幸禍以爲利者其素志也可勝歎哉夫所謂有諸中必形於外者其見於是乎

五代史卷十

五代史卷十一

宋　歐　陽　修　撰

周本紀第十一

太祖聖神恭肅文武孝皇帝姓郭氏邢州堯山人也父簡事晉爲順州刺史劉仁恭攻破順州簡見殺子威少孤依潞州人常氏潞州留後李繼韜募勇敢士爲軍卒威年十八以勇力應募爲人負氣好使酒繼韜特奇之威嘗游于市市有屠者常以勇服其市人威醉呼屠者使進几割肉割不如法叱之屠者披其腹示之曰爾勇者能殺我乎威卽前取刀刺殺之一市皆驚威頗自如爲吏所執繼韜惜其勇陰縱之使亡已而復召置麾下繼韜叛晉附于梁後莊宗滅梁繼韜誅死其麾下兵悉隸從馬直威以通書算補爲軍吏好讀閫外春秋略知兵法後爲侍衛軍吏漢高祖爲侍衛親軍都虞候尤親愛之後高祖所臨鎭嘗以威從契丹滅晉漢高祖起兵太原卽皇帝位拜威樞密副使

乾祐元年正月高祖疾大漸以隱帝託威及史弘肇等隱帝卽位拜威樞密使

是歲三月河中李守貞永興趙思綰鳳翔王景崇相次反隱帝遣白文珂郭從義常思等分討之久皆無功隱帝謂威曰吾欲煩公可乎威對曰臣不敢請亦不敢辭惟陛下命乃加拜威同中書門下平章事使西督諸將威居軍中延見賓客褒衣博帶及臨陣行營幅巾短後與士卒無異上所賜予與諸將會射恣其所取其餘悉以分賜士卒將士皆懽樂威至河中自柵其城東思柵其南文珂柵其西調五縣十二萬人築連壘以護三柵諸將皆以謂守貞窮寇破在旦夕不宜勞人如此威不聽已而守貞數出兵擊壞連壘威輒補之守貞輒復出擊每出必有亡失久之城中兵食俱盡威曰可矣乃治攻具爲期日四面攻之破其羅城守貞與妻子自焚死思綰景崇相次降隱帝勞威以玉帶加檢校太師兼侍中威辭曰臣事先帝見功臣多矣未嘗以玉帶賜之因言臣幸得率行伍假漢威靈以破賊者豈特臣之功皆將相之賢有以安朝廷撫內外而饋餉以時故臣得以專事征伐隱帝以威爲賢於是悉召楊邠史弘肇蘇逢吉禹珪竇貞固王章等皆賜以玉帶威乃受又推功大臣請加爵賞於是加貞固司空

逢吉司徒禹珪邠左右僕射已而又曰此特漢廷親近之臣耳漢諸宗室天下方鎮外暨荆浙湖南皆未及也由是濫賞遍于天下是冬契丹寇邊威以樞密使北伐至魏州契丹遯三年二月師還四月拜威鄴都留守天雄軍節度使仍以樞密使之鎮宰相蘇逢吉以謂樞密使不可以藩鎮兼領與史弘肇等固爭久之卒以樞密使行詔河北諸州皆聽威節度隱帝與李業等謀已殺史弘肇等詔鎮寧軍節度使李弘義殺侍衛步軍指揮使王殷于澶州又詔侍衛馬軍指揮使郭崇殺威及宣徽使王峻于魏詔書先至澶州弘義恐事不果反以詔書示殷殷與弘義遣人告威已而詔殺威峻使者亦馳騎至威匿詔書召樞密使院吏魏仁浦謀於臥內仁浦勸威反教威倒用留守印更爲詔書詔威誅諸將校以激怒之將校皆憤然效用十一月丁丑威遂舉兵渡河隱帝遣開封尹侯益保大軍節度使張彥超客省使閻晉卿等率兵拒威又遣內養鸗脫覘威所嚮鸗脫爲威所得威乃附脫奏請縛李業等送軍中隱帝得威奏以示業等業等皆言威反狀已白乃悉誅威家屬于京師庚辰威至滑州義成軍節度使

宋延渥叛于漢來降壬午犯封丘甲申及泰寧軍節度使慕容彥超戰于劉子陂彥超敗奔于兗州郭允明反弒隱帝于趙村丙戌威入京師縱火大掠戊子率百官朝太后于明德門請立嗣君太后下令文武百寮六軍將校議擇賢明以承大統庚寅威率百官詣明德門請立泰寧軍節度使贇爲嗣遣太師馮道迎贇于徐州辛卯請太后臨朝聽政以王峻爲樞密使翰林學士尚書兵部侍郎范質爲副使十二月甲午朔威北伐契丹軍于滑州癸丑至澶州而旋王峻遣郭崇以騎兵七百逆劉贇于宋州殺之其將鞏延美楊温爲贇守徐州戊午次皐門漢宰相竇貞固蘇禹珪來勸進庚申太后制以威監國

廣順元年春正月丁卯皇帝卽位大赦改元國號周己巳上漢太后尊號曰昭聖皇太后戊寅漢劉崇自立于太原吳蜀諸國自立皆絶而不書此書與其不屈于周語在十國年譜論己卯馮道爲中書令二月辛丑西州回鶻使都督來丁未契丹使裊骨支來癸丑寒食望祭于蒲池蒲池佛寺名也丁巳尚書左丞田敏使于契丹回鶻使摩尼來三月甲戌武寧軍節度使王彥超克徐州鞏延美楊温不書死之語在贇傳夏四月甲午立夫人董氏爲

德妃五月辛未追尊祖考爲皇帝妣爲皇后高祖璟謚曰睿和廟號信祖祖妣張氏謚曰睿恭曾祖諶謚曰明憲廟號僖祖祖妣申氏謚曰明孝祖蘊謚曰翼順廟號義祖祖妣韓氏謚曰翼敬考謚曰章肅廟號慶祖妣王氏謚曰章德六月辛亥范質及戶部侍郎判三司李穀爲中書侍郎同中書門下平章事竇貞固蘇禹珪罷癸丑范質參知樞密院事丁巳宣徽北院使翟光鄴爲樞密副使秋七月戊寅幸王峻第八月壬寅契丹來歸趙瑩之喪冬十月丙午漢人來討討加有罪漢之於周義所得討攻自晉州云自晉州者見漢兵當誅罪人于京師自晉州而入耳攻城無得失不書此書者許漢來討十一月王峻及建雄軍節度使王彥超拒之十二月慕容彥超反

二年春正月甲子侍衞步軍都指揮使曹英爲兗州行營都部署庚午高麗王昭使其廣評侍郎徐逢來二月庚寅府州防禦使折德扆克岢嵐軍三月丁巳朔寒食望祭于郊戊辰內客省使鄭仁誨爲樞密副使翟光鄴罷夏五月庚申東征李穀留守東都鄭仁誨爲大內都點檢癸亥次曹州赦流罪以下囚乙亥克兗州彥超投井死故不書伏誅壬午赦兗州六月乙酉朔幸曲阜祠孔子庚子至自兗州

秋九月乙丑太僕少卿王演使于高麗契丹寇邊

三年春正月乙卯麟州刺史楊重訓叛于漢來附閏月丙戌回鶻使獨呈相温來二月甲子貶王峻爲商州司馬三月甲申封榮爲晉王不書子者榮於禮不得爲子不書子則當書其本姓又不書者周人所共諱丙戌鄭仁誨罷己丑棣州團練使王仁鎬爲右衛大將軍樞密副使夏六月大雨水秋七月契丹盧臺軍使張藏英來奔九月吐渾党富達等來冬十月庚申馮道爲奉迎神主使十一月癸未党項使吳帖磨五等來十二月戊申四廟神主至自西京迎之于西郊祔于太廟壬申殺天雄軍節度使王殷乙亥享于太廟

顯德元年春正月丙子朔有事于南郊大赦改元羣臣上尊號曰聖明文武仁德皇帝戊寅罷鄴都丙戌鎮寧軍節度使鄭仁誨爲樞密使壬辰端明殿學士戶部侍郎王溥爲中書侍郎同中書門下平章事王仁鎬罷是日皇帝崩于滋德殿年五十一書是日連上文嫌無崩日

五代史卷十一

五代史卷十二

宋　歐陽修　撰

周本紀第十二

世宗睿武孝文皇帝本姓柴氏邢州龍岡人也柴氏女適太祖是爲聖穆皇后后兄守禮子榮幼從姑長太祖家以謹厚見愛太祖遂以爲子太祖後稍貴榮亦壯而器貌英奇善騎射略通書史黃老性沉重寡言太祖爲漢樞密使榮爲左監門衛將軍太祖鎮天雄榮領貴州刺史天雄軍牙內都指揮使乾祐三年冬周兵起魏犯京師留榮守魏太祖入立拜澶州刺史鎮寧軍節度使檢校太傅同中書門下平章事榮素爲樞密使王峻所忌廣順三年正月來朝不得留既而峻有罪誅三月拜榮開封尹封晉王是冬卜以來年正月朔旦有事于南郊而太祖遇疾不能視朝者久之

顯德元年正月丙子郊僅而成禮卽以王判內外兵馬事壬辰太祖崩祕不發喪丙申發喪皇帝卽位于柩前（於書封晉王正其非子矣其餘假竊嗣君之禮不待譏貶而可知故皆無異辭）右監門

衛大將軍魏仁浦爲樞密副使二月庚戌回鶻遣使者來丁卯馮道爲大行皇帝山陵使太常卿田敏爲禮儀使兵部尚書張昭爲鹵簿使御史中丞張煦爲儀仗使開封少尹權判府事王敏爲橋道頓遞使漢人來討攻自潞州三月辛巳大赦癸未鄭仁誨留守東京乙酉如潞州以攻漢（不曰伐曲在周不可以大小爲言故用兩相攻爲文）壬辰次澤州閱兵于北郊癸巳及劉旻戰于高原敗之（與其不屈于周不與其稱帝故書姓名）追及于高平又敗之丁酉幸潞州己亥侍衛馬軍都指揮使樊愛能步軍都指揮使何徽伏誅壬寅天雄軍節度使符彥卿爲河東行營都部署夏四月乙卯葬神聖文武恭肅孝皇帝于嵩陵（在鄭州新鄭縣）汾州防禦使董希顏叛于漢來附丙辰遼州刺史張漢超叛于漢來附辛酉取嵐憲州壬戌立衛國夫人符氏爲皇后取石沁州乙丑馮道薨庚午赦潞州流罪以下囚如太原忻州監軍李勍殺其刺史趙皐叛于漢來附五月丙子代州守將鄭處謙叛于漢來附契丹救漢丁酉回鶻使因難敵略來符彥卿及契丹戰于忻口敗績先鋒都指揮使史彥超死之六月乙巳班師乙丑次新鄭遂拜嵩陵庚午至自太原秋七月庚辰閱稼

于南御莊癸巳樞密院直學士工部侍郎景範爲中書侍郎同中書門下平章事魏仁浦爲樞密使冬十月甲辰殺左羽林大將軍孟漢瓊

二年五代亂世以嗣君卽位者五而改元不依古者四梁末帝晉出帝卽位踰年宜改元而不改又明年然後改漢隱帝周世宗皆仍稱先帝年號終其世不改而本紀無譏者但書其實自見其失也春二月御札求直言夏五月辛未宣徽南院使向訓鳳翔節度使王景伐蜀甲戌大毀佛寺禁民親無侍養而爲僧尼及私自度者秋九月丙寅朔頒銅禁閏月癸丑向訓克秦州冬十月辛未取成州戊寅高麗使王子太相融來取階州十一月乙未朔李穀爲淮南道行營都部署以伐唐戊申王景克鳳州十二月丙戌鄭仁誨薨

三年春正月增築京城庚子向訓留守東京壬寅南征辛亥侍衞親軍都指揮使李重進及唐人戰于正陽敗之甲寅重進爲淮南道行營都招討使二月丙寅幸下蔡浮橋壬申克滁州甲戌李景來求成不答壬午景使其臣鍾謨來奉表丙戌取揚州辛卯取泰州三月庚子內外馬步軍都軍頭袁彥爲竹龍都部署是月取光舒常州書是月見取三州不同日夏四月常泰州復入于唐五月乙卯至自淮

南赦京師囚六月壬申德音赦淮南囚秋七月皇后崩揚光舒滁州復入于唐
八月乙丑課民種禾及韭九月丙午端明殿學士左散騎常侍王朴爲尚書戶
部侍郎樞密副使冬十月辛酉葬宣懿皇后于懿陵十一月庚寅廢諸祠不在
祀典者乙巳殺李景之臣孫晟（書殺景臣而不書晟死蓋已深罪周殺忠臣則臣之死節自著）
四年春正月己丑朔赦非死罪囚二月甲戌王朴留守東京乙亥南征三月丁
未克壽州（不書劉仁贍降事見死節傳蓋仁贍實不降故書周自克之爾克者難取之名也壽雖取則見仁贍之節著不書死之者仁贍自以病死
以其守節至死故列之死節傳）夏四月己巳至自壽州己卯放降卒八百歸于蜀癸未追冊彭
城郡夫人劉氏爲皇后五月丙申殺密州防禦使侯希進秋八月乙亥李穀罷
王朴爲樞密使癸未蜀人來歸我濮州刺史胡立冬十月己巳王朴留守東京
三司使張美爲大內都點檢壬申南征十二月乙卯泗州守將范再遇叛于唐
以其州來降庚申濠州團練使郭廷謂以其州來降（身居其地而來降者書附再遇廷謂雖以地降既降
而不居其地故不書附而書降廷謂不書叛事見南唐世家）丁丑取泰州
五年春正月丁亥取海州壬辰取靜海軍丁未克楚州守將張彥卿鄭昭業死

之（自四年十二月辛酉攻之彥卿等堅守四十餘日乃克之其不走不降可知故予其死本紀書死者十餘人宋令詢及李遐彥卿昭業皆以事跡不完不能立傳然所貴者死爾本紀著其大節可矣）二月甲寅取雄州丁卯如揚州癸酉如瓜州三月壬午朔如泰州丁亥復如揚州辛卯幸迎鑾己亥克淮南十有四州以江爲界（并前所得通十四州耳書之見其本志所止）三月辛亥李景來買宴夏四月庚申祔五室神主于新廟壬申至自淮南回鶻達靼遣使者來六月辛未放降卒四千六百于唐秋七月乙酉水部員外郎韓彥卿市銅于高麗丁亥頒均田圖九月占城國王釋利因德縵使莆訶散來冬十月丁酉括民租十一月庚戌作通禮正樂十二月丙戌罷州縣課戶俸戶

六年春正月高麗王昭遣使者來辛酉女真使阿辨來三月己酉甘州回鶻來獻玉却之庚申王朴薨丙寅宣徽南院使吳延祚留守東京癸酉停給銅魚甲戌北征是月吳延祚爲左驍衛上將軍樞密使夏四月壬辰取乾寧軍辛丑取益津關以爲霸州癸卯取瓦橋關以爲雄州（州縣廢置不書此書重復中國故地世宗下三關瓦橋益津以建州及見淤口關上置寨故舊史實錄皆闕不書遂不見其取得時日今信安軍是也）五月乙巳朔取瀛州（復中國故地甲故不書契丹

戊至自雄州六月癸未立皇后符氏符氏無國爵不曰立符氏爲皇后嫌同於不正也蓋其位先定而後娶故書曰立皇后符氏文理宜然無褒貶也封子宗訓爲梁王宗誼燕國公戊子占城使蕭訶散來己丑范質王溥參知樞密院事魏仁浦同中書門下平章事癸巳皇帝崩于滋德殿年三十九

恭皇帝世宗第四子宗訓也世宗卽位大臣請封皇子爲王世宗謙抑久之及北取三關遇疾還京師始封宗訓梁王時年七歲

顯德六年六月癸巳世宗崩甲午皇帝卽位于柩前癸卯范質爲大行皇帝山陵使翰林學士竇儼爲禮儀使兵部尚書張昭爲鹵簿使御史中丞邊歸讜爲儀仗使宣徽南院使判開封府事昝居潤爲橋道頓遞使秋七月丁未戶部尚書李濤爲山陵副使度支郎中盧億爲判官八月庚寅封弟熙讓爲曹王熙謹紀王熙誨蘄王壬寅高麗遣使者來九月丙寅左驍衛大將軍戴交使于高麗冬十一月壬寅葬睿武孝文皇帝于慶陵在鄭州管城縣高麗遣使者來

七年春正月甲辰遜于位

宋興五代之亡所書不同隨事爲文爾梁亡見唐之速漢亡見周之遲也唐歟天下以討賊周歟天下以立贇故書梁亡見唐之立速則知其志不在於討賊也漢亡見周之立遲則知立贇者僞也唐亡無辭莊宗之弑唐已亡矣而明宗又稱唐愍帝之奔唐又亡矣而廢帝又稱唐其亡也不可以屢書故不書也晉亡曰契丹滅晉明言以深戒周曰遜于位遜順也能順乎天命也

嗚呼五代本紀備矣備謂喪亂之事無所不有君臣之際可勝道哉梁之友珪反唐戕克寧而殺存乂從璨則父子骨肉之恩幾何其不絕矣太妃薨而輟朝立劉氏馮氏爲皇后則夫婦之倫幾何其不乖而不至於禽獸矣寒食野祭而焚紙錢居喪改元而用樂殺馬延及任圜則禮樂刑政幾何其不壞矣至於賽雷山傳箭而撲馬則中國幾何其不夷狄矣可爲亂世也歟而世宗區區五六年閒取秦隴平淮右復三關威武之聲震懾夷夏而方內延儒學文章之士考制度修通禮定正樂議刑統其制作之法皆可施於後世其爲人明達英果議論偉然卽位之明年廢天下佛寺三千三百三十六是時中國乏錢乃詔悉毀天下銅佛像以鑄錢嘗曰吾聞佛說以身世爲妄而以利人爲急使其眞身尙在苟利於世猶欲割截況此銅像豈有所惜哉由是羣臣皆不敢言嘗夜讀書見唐元稹均

田圖慨然歎曰此致治之本也王者之政自此始乃詔頒其圖法使吏民先習知之期以一歲大均天下之田其規爲志意豈小哉其伐南唐問宰相李穀以計策後克淮南出穀疏使學士陶穀爲贊而盛以錦囊嘗置之坐側其英武之材可謂雄傑及其虛心聽納用人不疑豈非所謂賢主哉其北取三關兵不血刃而史家猶譏其輕社稷之重而僥倖一勝於倉卒殊不知其料彊弱較彼我而乘述律之殆得不可失之機此非明於決勝者孰能至哉誠非史氏之所及也

五代史卷十二

五代史卷十二考證

周世宗紀冬十月甲辰殺左羽林大將軍孟漢瓊○監本脫瓊字今增正

三年壬寅南征辛亥侍衛親軍都指揮使李重進及唐人戰于正陽敗之○臣文清按朱子綱目書周主自將伐唐大敗唐兵斬其將劉彥貞又載世宗親征淮南命李重進先赴正陽唐兵救之重進退保正陽世宗亟遣重進引兵趣淮上彥貞至重進度淮逆戰大敗彥貞斬之是敗唐人于淮上非正陽也且此與南唐世家俱未言有斬將事與綱目異未知孰是

丁亥頒均田圖○臣宗萬按紀頒均田圖示重民事也但周廣順三年正月罷戶部營田務顯德六年二月又減行苗使所奏羨田三萬八千頃此二事爲朱子綱目所予而本紀獨不載故以類從而綴于此

五代史卷十二考證

五代史卷十三

宋　歐　陽　修　撰

嗚呼梁之惡極矣自其起盜賊至於亡唐其遺毒流于天下天下豪傑四面並起孰不欲戡刃於其胷然卒不能少挫其鋒以得志梁之無敵於天下可謂虎狼之彊矣及其敗也困於一二女子之娛至於洞胷流腸刲若羊豕禍生父子之間乃知女色之能敗人矣自古女禍大者亡天下其次亡家其次亡身身苟免矣猶及其子孫雖遲速不同未有無禍者也然原其本末始不起於忽微易坤之初六曰履霜堅冰至家人之初九曰閑有家悔亡其言至矣可不戒哉梁之家事詩所謂不可道者也至於唐晉以後親疎適庶亂矣作家人傳

梁家人傳第一

梁太祖母曰文惠皇后王氏單州單父人也其生三子長曰廣王全昱次曰朗王存其次太祖后少寡攜其三子傭食蕭縣人劉崇家太祖壯而無賴縣中皆厭苦之崇患太祖慵惰不作業數加笞責獨崇母憐之時時自爲櫛沐戒家人

曰朱三非常人也宜善遇之黄巢起太祖與存俱亡爲盜從巢攻廣州存戰死

居數歲太祖背巢降唐反以破巢遂鎭宣武乃遣人以車馬之蕭縣迎后於崇

家使者至門后惶恐走避謂劉氏曰朱三落魄無行作賊死矣何以至此邪使

者具道太祖所以然后乃驚喜泣下與崇母俱載以歸封晉國太夫人太祖置

酒太夫人前舉觴爲壽歡甚太祖啓曰朱五經平生讀書不登一第有子爲節

度使無忝於先人矣后惻然良久曰汝能至此可謂英特然行義未必如先人

也太祖莫知其故后曰朱二與汝俱從黄巢獨死蠻嶺其孤皆在午溝汝今富

貴獨不念之乎太祖泣涕謝罪乃悉召存諸子以歸太祖剛暴多殺戮后每誡

之多賴以全活大順二年秋后疾卜者曰宜還故鄉乃歸卒於午溝太祖卽位

立四廟追尊皇考爲文穆皇帝后曰文惠皇后

太祖元貞皇后張氏單州碭山縣渠亭里富家子也太祖少以婦聘之生末帝

太祖貴封魏國夫人后賢明精悍動有禮法雖太祖剛暴亦嘗畏之太祖每以

外事訪之后言多中太祖時時暴怒殺戮后嘗救護人賴以獲全太祖嘗出兵

行至中途后意以爲不然馳一介召之如期而至郴王友裕攻徐州破朱瑾於石佛山瑾走友裕不追太祖大怒奪其兵友裕惶恐與數騎亡山中久之自匿於廣王后陰使人教友裕脫身自歸友裕晨馳入見太祖拜伏庭中泣涕請死太祖怒甚使左右捽出將斬之后聞之不及履走庭中持友裕泣曰汝束身歸罪豈不欲明非反乎太祖意解乃免太祖已破朱瑾納其妻以歸后迎太祖於封丘太祖告之后遽見瑾妻瑾妻再拜后亦拜悽然泣下曰兗鄆與司空同姓之國昆仲之閒以小故興干戈而使吾姒至此若不幸汴州失守妾亦如此矣言已又泣太祖爲之感動乃送瑾妻爲尼后常給其衣食司空太祖時檢校官也天福元年后以疾卒太祖卽位追冊爲賢妃初葬開封縣潤色鄉末帝立追諡曰元貞皇太后祔于宣陵后已死太祖始爲荒淫卒以及禍云

昭儀陳氏宋州人也少以色進太祖已貴嬪妾數百而昭儀專寵太祖嘗疾昭儀與尼數十人晝夜爲佛法未嘗少懈太祖以爲愛己尤寵之開平三年度爲尼居宋州佛寺

昭容李氏亦以色進尤謹愿未嘗去左右太祖病晝寢方寤忽棟折獨李氏侍側遽牽太祖衣太祖驚走棟折寢上太祖德之拜昭容皆不知其所終

末帝德妃張氏其父歸霸事太祖爲梁功臣帝爲王時以婦聘之帝即位將冊妃爲后妃請待帝郊天而帝卒不得郊貞明五年妃病甚帝遽冊爲德妃其夕薨年二十四

次妃郭氏父歸厚事梁爲登州刺史妃少以色進梁亡莊宗入宮梁故妃妾皆號泣迎拜賀王友雍妃石氏有色莊宗召之石氏慢罵莊宗殺之次以召妃妃懼而聽命已而度爲尼賜名誓正居于洛陽初莊宗之入汴也末帝登建國樓謂控鶴指揮使皇甫麟曰晉吾世讎也不可俟彼刀鋸卿可盡我命無使我落讎人之手麟與帝相持慟哭是夕進刃於帝麟亦自剄莊宗入汴命河南張全義葬其尸藏其首於太社晉天福三年詔太社先藏罪人首級許親屬收葬乃出末帝首遺右衞將軍安崇阮與妃同葬之妃卒洛陽

太祖二兄曰全昱曰存八子長曰友裕次曰友珪友璋友貞友雍友徽友孜其

一養子曰友文開平元年五月乙酉封友文爲博王友珪郢王友璋福王友貞均王友雍賀王友徽建王友裕前卽位卒追封郴王而康王友孜末帝卽位封友璋初爲壽州團練使押左右番殿直監豐德庫友珪時爲鄆州留後末帝時爲忠武軍節度使徙鎭武寧及友雍友徽皆不知其所終

廣王全昱太祖卽位封太祖與仲兄存俱亡爲盜全昱獨與其母猶寄食劉崇家太祖已貴乃與其母俱歸宣武領嶺南西道節度使以太師致仕太祖將受禪有司備禮前殿全昱視之顧太祖曰朱三爾作得否太祖燕居宮中與諸王飲博全昱酒酣取骰子擊盆而迸之呼太祖曰朱三爾碭山一百姓遭逢天子用汝爲四鎭節度使於汝何負而滅唐家三百年社稷吾將見汝赤其族矣安用博爲太祖不悅罷會全昱亦不樂在京師常居碭山故里三子皆封王友諒衡王友能惠王友誨邵王乾化元年升宋州爲宣武軍以友諒爲節度使友諒進瑞麥一莖三穗太祖怒曰今年宋州大水何用此爲乃罷友諒居京師太祖臥病全昱來視疾與太祖相持慟哭太祖爲釋友諒使與東歸貞明二年全昱

以疾薨徙衡王友諒嗣封廣王友能爲宋滑二州留後陳州刺史所至爲不法姦人多依倚之而陳俗好淫祠左道其學佛者自立一法號曰上乘晝伏夜聚男女雜亂妖人母乙董乙聚衆稱天子建置官屬友能初縱之乙等攻劫州縣末帝發兵擊滅之自康王友孜謀反伏誅末帝始疎斥宗室宗室皆反仄貞明四年友能以陳州兵反犯京師至陳留兵敗還走陳州後數月降末帝赦之降爲房陵侯友誨爲陝州節度使欲以州兵爲亂末帝召還京師與友諒友能皆被幽囚梁亡莊宗入汴皆見殺朗王存初與太祖俱從黃巢攻廣州存戰死存子友寧友倫友寧字安仁幼聰敏喜慍不形於色太祖以爲軍校善用弓劍遷衙內制勝都指揮使龔州刺史太祖圍鳳翔遣友寧東備宣武王師範襲梁圍齊州友寧引兵擊之奪馬千匹斬首數千級太祖奉昭宗還京師拜友寧建武軍節度使賜號迎鑾毅勇功臣太祖復遣攻師範圍博昌屠之清河爲之不流戰于石樓兵敗友寧墜馬見殺友倫幼亦明敏通論語小學曉音律存已死太祖以友倫爲元從馬軍指揮使表右威武將軍燕人攻魏內黃友倫以前鋒夜

渡河奪馬千匹李罕之以潞州降梁晉人攻潞友倫以兵入潞州取罕之以歸累遷檢校司空領藤州刺史太祖圍鳳翔晉人襲梁友倫以兵三萬至礬山晉人乃却友倫西會太祖於鳳翔昭宗還長安拜友倫寧遠軍節度使太祖東歸留友倫宿衞伺察昭宗所爲友倫擊鞠墜馬死太祖大怒以兵七萬至河中昭宗涕泣不知所爲將奔太原不果宰相崔胤遣人止太祖太祖以爲友倫胤等殺之奏請誅胤等昭宗未從乃遣友諒至京師以兵圍開化坊殺胤及京兆尹鄭元規皇城使王建勳飛龍使陳班閤門使王建襲客省使王建乂前左僕射張濬太祖卽位已封宗室中書上議故皇兄存皇姪建武軍節度使友寧寧遠軍節度使友倫皆當封於是追封存朗王友寧安王友倫密王

郴王友裕字端夫幼善騎射從太祖征伐能以寬厚得士卒心太祖與晉圍黃鄴於西華鄴卒荷矟登城罵敵晉王使胡騎連射不能中太祖顧友裕一發中之軍中皆大讙呼晉王喜遺友裕良弓百矢太祖鎮宣武以爲衙內都指揮使景福元年太祖攻鄆友裕以先鋒次斗門鄆兵夜擊之友裕敗走太祖從後來

不知友裕之敗也前軍遇敵多死太祖至村落間始與友裕相得是時朱宣在濮州太祖乃遣友裕先以二百騎前太祖後至與友裕相失太祖卒與敵遇敗而走敵兵追之甚急前至大溝幾不免賴溝中有積薪馬乃得過梁將李璠等死者十餘人冬友裕取濮州遂圍時溥於徐州朱瑾以兵二萬救溥友裕敗瑾于石佛山瑾走都虞候朱友恭譏之太祖以爲瑾可追而友裕不追太祖大怒奪其兵屬龐師古以友裕屬吏使者誤致書於友裕友裕惶恐不知所爲賴張皇后教之得免權知許州許州近蔡苦於大寇居民殘破友裕招撫流散增戶三萬餘遷諸軍都指揮使與平兗鄆還領許州崔洪奔淮南友裕引兵定蔡州市不易肆太祖兼鎮護國軍以友裕爲留後遷忠武軍節度使太祖攻鳳翔未下去攻邠州友裕破靈臺良原下隴州楊崇本以邠州降後崇本復叛太祖遣友裕攻之屯于永壽友裕以疾卒

博王友文字德明本姓康名勤幼美風姿好學善談論頗能爲詩太祖養以爲子太祖領四鎮以友文爲度支鹽鐵制置使太祖用兵四方友文征賦聚斂以

供軍費太祖卽位以故所領宣武宣義天平護國四鎭征賦置建昌宮總之以友文爲使封博王太祖幸西都友文留守東京庶人友珪者太祖初鎭宣武略地宋亳間與逆旅婦人野合而生也長而辯黠多智博王友文多材藝太祖愛之而年又長太祖卽位嫡嗣未立心嘗屬友文太祖自張皇后崩無繼室諸子在鎭皆邀其婦入侍友文妻王氏有色尤寵之太祖病久王氏與友珪妻張氏嘗專房侍疾太祖病少間謂王氏曰吾知終不起汝之東都召友文來吾與之決蓋心欲以後事屬之乃謂敬翔曰友珪可與一郡趣使之任乃以友珪爲萊州刺史太祖素剛暴既病而喜怒難測是時左降者必有後命友珪大懼其妻張氏曰官家以傳國寶與王氏使如東都召友文君今受禍矣夫婦相對而泣左右勸友珪曰事急計生何不早自爲圖友珪乃易服微行入左龍虎軍見統軍韓勍計事勍夜以牙兵五百隨友珪雜控鶴衞士而入夜三鼓斬關入萬春門至寢中侍疾者皆走太祖惶駭起呼曰我疑此賊久矣恨不早殺之逆賊忍殺父乎友珪親吏馮廷諤以劍犯太祖太祖旋柱而走劍擊柱者三太祖憊仆

于牀廷諤以劍中之洞其腹腸胃皆流友珪以裀褥裹之瘞之寢中祕喪四日乃出府庫大賚羣臣及諸軍遣受旨丁昭浦矯詔馳至東都殺友文又下詔曰朕艱難創業踰三十年託于人上忽焉六載中外協力期于小康豈意友文陰畜異圖將行大逆昨二日夜甲士突入大內賴郢王友珪忠孝領兵勦戮保全朕躬然而疾恙震驚彌所危殆友珪克平兇逆厥功靡倫宜委權主軍國然後發喪乾化二年六月既望友珪於柩前即皇帝位拜韓勍忠武軍節度使以末帝爲汴州留後河中朱友謙爲中書令友謙不受命而懷州龍驤軍三千刦其將劉重霸據懷州自言討賊三年正月友珪祀天於洛陽南郊改元曰鳳曆太祖外孫袁象先與駙馬都尉趙巖等謀與末帝討賊二月象先以禁兵入宮友珪與妻張氏趨北垣樓下將踰城以走不果使馮廷諤進刃其妻及己廷諤亦自殺末帝即位復友文官爵廢友珪爲庶人

康王友孜目重瞳子嘗竊自負以爲當爲天子貞明元年末帝德妃薨將葬友孜使刺客夜入寢中末帝方寐夢人害己既寤聞榻上寶劍鎗然有聲躍起抽

劍曰將有變邪乃索寢中得刺客手殺之遂誅友孜明日謂趙巖張漢傑曰幾與卿輩不相見由此遂疏弱宗室而信任趙張以至於敗云

嗚呼春秋之法是非與奪之際難矣哉或問梁太祖以臣弒君友珪以子弒父一也與弒即位踰年改元春秋之法皆以君書而友珪不得列于本紀何也且父子之惡均而奪其子是與其父也豈春秋之旨哉予應之曰梁事著矣其父之惡不待與奪其子而後彰然末帝之志不可以不伸也春秋之法君弒而賊不討者國之臣子任其責予於友珪之事所以伸討賊者之志也

五代史卷十三

五代史卷十四

宋　歐陽修撰

唐家人傳第二

太祖正室劉氏代北人也其次妃曹氏太原人也太祖封晉王劉氏封秦國夫人自太祖起兵代北劉氏常從征伐爲人明敏多智略頗習兵機常教其侍妾騎射以佐太祖太祖東追黃巢還軍過梁館于封禪寺梁王邀太祖入城置酒上源驛夜半以兵攻之太祖左右有先脫歸者以難告夫人夫人神色不動立斬告者陰召大將謀保軍以還遲明太祖還軍與夫人相響慟哭因欲舉兵擊梁夫人曰公本爲國討賊今梁事未暴而遽反兵相攻天下聞之莫分曲直不若斂軍還鎮自訴于朝太祖從之其後太祖擊劉仁恭敗歸梁遣氏叔琮康懷英等連歲攻晉圍太原晉兵屢敗太祖憂窘不知所爲大將軍李存信等勸太祖亡入北邊收兵以圖再舉太祖然之入以語夫人夫人問誰爲此謀者曰存信也夫人罵曰存信代北牧羊兒耳安足與計成敗邪且公嘗笑王行瑜棄邠

州走卒爲人擒今乃自爲此乎昔公亡奔達靼幾不能自脫賴天下多故乃得南歸今屢敗之兵散亡無幾一失其守誰能從公北邊其可至乎太祖大悟乃止已而亡兵稍稍復集夫人無子性賢不妬忌常爲太祖言曹氏相當生貴子宜善待之而曹氏亦自謙退因相得甚歡曹氏封晉國夫人後生子是謂莊宗太祖奇之曹氏由是專寵太祖性暴怒多殺人左右無敢言者惟曹氏從容諫譬往往見聽及莊宗立事曹氏尤謹其救趙破燕取魏博與梁戰河上十餘歲嘗馳歸省其母至三四人皆稱其孝莊宗卽位册尊曹氏爲皇太后而以嫡母劉氏爲皇太妃太妃往謝太后太后有慚色太妃曰願吾兒享國無窮使吾獲沒于地以從先君幸矣復何言哉莊宗滅梁入洛使人迎太后歸洛居長壽宮而太妃獨留晉陽同光三年五月太妃薨七月太后崩謚曰貞簡葬于坤陵而太妃無謚葬魏縣太妃與太后甚相愛其送太后于洛也涕泣而別歸而相思慕遂至不起太后聞之欲馳至晉陽視疾及其卒也又欲自往葬之莊宗泣諫羣臣交章請留乃止而太后自太妃卒悲哀不飲食逾月亦崩

莊宗神閔敬皇后劉氏魏州成安人也莊宗正室曰衞國夫人韓氏其次燕國夫人伊氏其次后也初封魏國夫人后父劉叟黃鬚善醫卜自號劉山人后生五六歲晉王攻魏掠成安裨將袁建豐得后納之晉宮貞簡太后教以吹笙歌舞既笄甚有色莊宗見而悅之莊宗已爲晉王太后幸其宮置酒爲壽自起歌舞太后歡甚命劉氏吹笙佐酒酒罷去留劉氏以賜莊宗先時莊宗攻梁軍於夾城得符道昭妻侯氏寵專諸宮宮中謂之夾寨夫人莊宗出兵四方常以侯氏從軍其後劉氏生子繼岌莊宗以爲類己愛之由是劉氏寵益專自下魏博戰河上十餘年獨以劉氏從劉氏多智善迎意承旨其佗嬪御莫得進見其父聞劉氏已貴詣魏宮上謁莊宗召袁建豐問之建豐曰臣始得劉氏於成安北塢時有黃鬚丈人護之乃出劉叟示建豐建豐曰是也然劉氏方與諸夫人爭寵以門望相高因大怒曰妾去鄉時略可記憶妾父不幸死於亂兵妾時環尸慟哭而去此田舍翁安得至此因命笞劉叟于宮門莊宗已即皇帝位欲立劉氏爲皇后而韓夫人正室也伊夫人位次在劉氏上以故難其事而未發宰相

豆盧革樞密使郭崇韜希旨上章言劉氏當立莊宗大悅同光二年四月己卯皇帝御文明殿遣使冊劉氏爲皇后皇后受冊乘重翟車鹵簿鼓吹見於太廟韓夫人等皆不平之乃封韓氏爲淑妃伊氏爲德妃莊宗自滅梁志意驕怠宦官伶人亂政后特用事於中自以出於賤微踰次得立以爲佛力又好聚斂分遣人爲商賈至於市肆之閒薪芻果茹皆稱中宮所賣四方貢獻必分爲二一以上天子一以入中宮宮中貨賄山積惟寫佛書饋賂僧尼而莊宗由此亦佞佛有胡僧自于闐來莊宗率皇后及諸子迎拜之僧遊五臺山遣中使供頓所至傾動城邑又有僧誠惠自言能降龍嘗過鎭州王鎔不爲之禮誠惠怒曰吾有毒龍五百當遣一龍揭片石常山之人皆魚鼈也會明年滹沱大水壞鎭州關城人皆以爲神莊宗及后率諸子諸妃拜之誠惠安坐不起由是士無貴賤皆拜之獨郭崇韜不拜也是時皇太后及皇后交通藩鎭太后稱誥令皇后稱教命兩宮使者旁午於道許州節度使溫韜以后佞佛因請以私第爲佛寺爲后薦福莊宗數幸郭崇韜元行欽等私第常與后俱其後幸張全義第酒酣命

后拜全義爲養父全義日遣姬妾出入宮中問遺不絶莊宗有愛姬甚有色而生子后心患之莊宗燕居宮中元行欽侍側莊宗問曰爾新喪婦其復娶乎吾助爾聘后指愛姬請曰帝憐行欽何不賜之莊宗不得已佯諾之后趣行欽拜謝行欽再拜起顧愛姬肩輿已出宮矣莊宗不樂稱疾不食者累日同光三年秋大水兩河之民流徙道路京師賦調不充六軍之士往往殍踣乃預借明年夏秋租稅百姓愁苦號泣于路莊宗方與后荒于畋遊十二月己卯獵畋于白沙后率皇子後宮畢從歷伊闕宿龕澗癸未乃還是時大雪軍士寒凍金槍衞兵萬騎所至責民供給壞什器徹廬舍而焚之縣吏畏恐亡竄山谷明年三月客星犯天庫有星流于天棓占星者言御前當有急兵宜散積聚以禳之宰相請出庫物以給軍莊宗許之后不肯曰吾夫婦得天下雖因武功蓋亦有天命命既在天人如我何宰相論于延英后於屏間耳屬之因取粧奩及皇幼子滿喜置帝前曰諸侯所貢給賜已盡宮中所有惟此耳請鬻以給軍宰相惶恐而退及趙在禮作亂出兵討魏始出物以賚軍軍士負而詬曰吾妻子已餓死得

此何爲莊宗東幸汴州從駕兵二萬五千及至萬勝不得進而還軍士離散所失大半至罌子谷道路隘狹莊宗見從官執兵仗者皆以好言勞之曰適報魏王平蜀得蜀金銀五十萬當悉給爾等對曰陛下與之太晚得者亦不感恩莊宗泣下因顧內庫使張容哥索袍帶以賜之容哥對曰盡矣軍士叱容哥曰致吾君至此皆由爾輩因抽刀逐之左右救之而免容哥曰皇后惜物不以給軍而歸罪於我事若不測吾身萬段矣乃投水而死郭從謙反莊宗中流矢傷甚臥絳霄殿廊下渴欲得飲后令宦者進飧酪不自省視莊宗崩后與李存渥等焚嘉慶殿擁百騎出師子門后於馬上以囊盛金器寶帶欲於太原造寺爲尼在道因與存渥姦及至太原乃削髮爲尼明宗入立遣人賜后死晉天福五年追諡曰神閔敬皇后自唐末喪亂后妃之制不備至莊宗時後宮之數尤多有昭儀昭容昭媛出使御正侍真懿才咸一瑤芳懿德宣一等其餘名號不可勝記莊宗遇弑後宮皆散走朱守殷入宮選得三十餘人號國夫人夏氏以嘗幸於莊宗守殷不敢留明宗立悉放莊宗時宮人還其家獨夏氏無所歸乃以河

陽節度使夏魯奇同姓也因以歸之後嫁契丹突厥李贊華贊華性酷毒喜殺人婢妾微過常加刲灼夏氏懼求離婚乃削髮爲尼以卒而韓淑妃伊德妃皆居于太原晉高祖反時爲契丹所虜

唐自朱邪得姓而爲李氏得國而爲晉得天下而爲唐其始出於夷狄而終以亂亡故其世次不可詳見其可見者曰太祖四弟八子五孫三世而絕太祖四弟曰克讓克脩克恭克寧皆不知其父母名號

克讓少善騎射爲振武軍校從討王仙芝以功拜金吾衛將軍留京師李氏自憲宗時以部族歸唐唐處之河西嘗遣一子宿衛京師賜第於親仁坊其後太祖起兵雲中殺唐守將段文楚唐發兵討太祖遣王處存以兵圍親仁坊捕宿衛子克讓克讓與其僕何相温石的歷等十餘騎彎弧躍馬突圍而出處存以千餘人追至渭橋克讓等射殺百餘人追兵乃止克讓奔于鴈門明年太祖復歸唐克讓還宿衛京師黃巢犯長安克讓守潼關爲賊所敗奔于南山匿佛寺爲寺僧所殺

克脩字崇遠從討龐勛以功拜朔州刺史太祖鎮鴈門以爲奉誠軍使從入關討黃巢爲先鋒遷左營軍使潞州孟方立遷于邢州晉取潞州表克脩昭義軍節度使數出山東擊方立又與李罕之攻寇懷孟之間其後太祖自將擊方立還軍過潞克脩性儉嗇供饋甚薄太祖大怒詬而笞之克脩慚憤發疾卒二子嗣弼嗣肱嗣弼爲涿州刺史天祐十一年契丹攻破涿州嗣弼歿于虜嗣肱少有膽略從周德威數立戰功爲馬步軍都虞候李存審敗梁軍于胡壁嗣肱獲梁將一人梁太祖圍蓨縣嗣肱從存審救蓨梁軍解去嗣肱功爲多超拜蔚州刺史鴈門以北都知兵馬使累遷澤代二州刺史新州王郁叛晉亡入契丹山後諸州皆叛嗣肱取嬀儒武三州拜新州刺史山北都團練使同光元年春卒于官

克恭初爲決勝軍使克脩卒以克恭代爲昭義軍節度使克脩爲人簡儉潞人素安其政且哀其見笞以死而克恭橫暴多不法又不習軍事由是潞人皆怨克恭選後院勁兵五百人獻于太祖行至銅鞮其將馮霸以其徒叛太祖遣李

元審討之戰于沁水元審大敗被傷奔入潞州牙將安居受亦叛殺克恭及元審使人召霸霸不受命居受懼而出奔行至長子爲野人所殺傳首于霸霸乃入潞州自稱留後以附于梁

克寧爲人仁孝居諸兄弟中最賢事太祖小心不懈太祖與赫連鐸李可舉戰雲蔚間後奔達靼入破黃巢克寧未嘗不從行太祖鎮太原以爲內外都制置蕃漢都知兵馬使檢校太保振武軍節度使軍中之事無大小皆決克寧太祖病召莊宗侍側屬張承業與克寧曰以亞子累公等太祖崩莊宗告於克寧曰兒年孤稚未通庶政雖有先王之命恐不足以當大事叔父勳德俱高先王嘗任以政矣敢以軍府煩季父以待兒之有立克寧曰吾兄之命以兒屬我誰敢易之因下而北面再拜稱賀莊宗乃卽晉王位初太祖起於雲朔之間所得驍勇之士多養以爲子而與英豪戰爭卒就霸業諸養子之功爲多故尤寵愛之衣服禮秩如嫡諸養子麾下皆有精兵恃功自恣自先王時常見優假及新王立年少或託疾不朝或見而不拜養子存顥存實告克寧曰兄亡弟及古之道

也以叔拜姪理豈安乎人生富貴當自取之克寧曰吾家三世父慈子孝先王
土宇苟有所歸吾復何求也克寧妻孟氏素剛悍存顥等各遣其妻入說孟氏
數以迫克寧克寧仁而無斷惑於羣言遂至於禍都虞候李存質得罪於克寧
克寧殺之而與張承業李存璋有隙又求兼領大同軍節度使於是幸臣史敬
鎔見太后告克寧與存顥謀執王及太后以降梁莊宗召承業存璋告之曰季
父所爲如此奈何然骨肉不可自相魚肉吾當避賢路以紓禍於吾家承業等
請誅克寧乃伏兵於府置酒大會克寧旣至執而殺之
太祖子八人莊宗長子也次曰存美存霸存禮存渥存乂存確存紀同光三年
十二月辛亥詔封存美等七人爲王葢存霸存渥存紀與莊宗同母存美存乂
存確存禮不知其母名氏號位存美封邕王存霸永王存禮薛王存渥申王存
乂睦王存確通王存紀雅王存乂歷建雄保大二軍節度使娶郭崇韜女是時
魏州妖人楊千郎用事自言有墨子術能役使鬼神化丹砂水銀莊宗頗神之
拜千郎檢校尚書郎賜紫其妻出入宮禁承恩寵而士或因之以求官爵存乂

及存渥等往往朋淫于其家及崇韜被族莊宗遣宦官陰察外議以爲如何而宦官因欲盡誅崇韜親黨以絕後患乃誣言存乂過千郎家酒酣攘臂號泣爲婦翁稱冤言甚怨望莊宗大怒以兵圍其第而族之并誅千郎存霸歷昭義天平河中三軍節度使存渥義成天平二軍節度使皆居京師食其俸祿而已趙在禮作亂乃遣存霸於河中李嗣源兵反嚮京師莊宗再幸汜水徙存霸北京留守存渥河中節度使宣麻未訖郭崇謙反攻興教門存渥從莊宗拒賊莊宗中流矢崩存渥與劉皇后同奔于太原行至風谷爲部下所殺存霸聞京師亂亦自河中奔太原比至麾下皆散走惟使下康從弁不去存霸乃翦髮衣僧衣謁符彥超曰願爲山僧冀公庇護彥超欲留之爲軍衆所殺存紀存確聞郭從謙反奔于南山匿民家明宗詔河南府及諸道諸王出奔所至送赴闕如不幸物故者收瘞以聞存紀等所匿民家以告安重誨重誨謂霍彥威曰二王逃難主上尋求恐其失所今上既監國典喪此禮如何彥威曰上性仁慈不可聞奏宜密爲之所以安人情乃卽民家殺之存美素病風居太原與存禮皆不知其

所終

莊宗五子長曰繼岌其次繼潼繼嵩繼蟾繼嶢繼岌母曰劉皇后其四皆不著其母名號莊宗卽位繼岌爲北都留守判六軍諸衞事遷檢校太尉同中書門下平章事豆盧革爲相建言唐故事皇子皆爲宮使因以鄴宮爲興聖宮以繼岌爲使同光三年封魏王是歲伐蜀以繼岌爲西南面行營都統郭從韜爲都招討使工部尙書任圜翰林學士李愚皆參軍事九月戊申將兵六萬自鳳翔入大散關軍無十日之糧而所至州鎭皆迎降遂食其粟至興州蜀將程奉璉以五百騎降因以其兵脩閣道以過唐軍王衍將兵萬人屯利州分其半逆戰于三泉爲先鋒康延孝所敗衍懼斷吉柏江浮橋奔歸成都唐軍自文州閒道以入十月己酉繼岌至綿州衍上牋請降丙辰入成都王衍乘竹輿至昇仙橋素衣牽羊草索繫首肉袒銜璧輿櫬羣臣衰絰徒跣以降繼岌下而取璧崇韜解縛焚櫬自出師至降衍凡七十五日兵不血刃自古用兵之易未有如此然繼岌雖爲都統而軍政號令一出崇韜初莊宗遣宦者供奉官李從襲監中軍

高品李廷安呂知柔爲典謁從龔等素惡崇韜又見崇韜專任軍事益不平之及破蜀蜀之貴臣大將自王宗弼以下皆爭以蜀寶貨妓樂奉崇韜父子而魏王所得匹馬束帛唾壺麈柄而已崇韜日決軍事將吏賓客趨走盈庭而都統府唯大將晨謁衙門闃然由是從龔等不勝其憤已而宗弼率蜀人見繼岌請留崇韜鎮蜀從龔等因言崇韜有異志勸繼岌爲備繼岌謂崇韜曰陛下倚侍中如衡華尊之廟堂之上期以一天下而制四夷必不棄元老於蠻夷之地此事非予敢知也莊宗聞崇韜欲留蜀亦不悅遣宦者向延嗣趣繼岌班師延嗣至成都崇韜不出迎及見禮益慢延嗣怒從龔等因告延嗣崇韜有異志恐危魏王延嗣還具言之劉皇后涕泣請保全繼岌莊宗遣宦官馬彥珪往視崇韜去就是時兩川新定孟知祥未至所在盜賊亡聚山林崇韜方遣任圜等分出招集恐後生變故師未卽還而彥珪將行見劉皇后曰臣見延嗣言蜀中事勢已不可禍機之作間不容髮安能三千里往復稟命乎劉皇后以彥珪語告莊宗莊宗曰傳言未審豈可便令果決皇后不得請因自爲教與繼岌使殺崇韜

明年正月崇韜留任圜守蜀以待知祥之至崇韜期班師有日彥珪至蜀出皇后教示繼岌繼岌曰今大軍將發未有釁端豈可作此負心事從襲等泣曰今有密敕王苟不行使崇韜知之則吾屬無類矣繼岌曰上無詔書徒以皇后手教安能殺招討使從襲等力爭繼岌不得已而從之詰旦從襲以都統命召崇韜繼岌登樓以避之崇韜入升階繼岌從者李環撾碎其首繼岌遂班師二月軍至泥溪先鋒康延孝叛據漢州繼岌遣任圜討平之四月辛卯至興平聞明宗反兵入京師繼岌欲退保鳳翔至武功李從襲勸繼岌馳趨京師以救內難行至渭河西都留守張籛斷浮橋繼岌不得渡乃循河而東至渭南左右皆潰從襲謂繼岌曰大事已去福不可再王宜自圖繼岌徘徊泣下謂李環曰吾道盡途窮子當殺我環遲疑久之謂繼岌乳母曰吾不忍見王王若無路求生當踣面以俟繼岌面榻而臥環縊死之任圜從後至葬繼岌于華州之西南繼岌少病閹無子明宗已卽位圜率征蜀之師二萬至京師明宗撫慰久之問圜繼岌何在圜具言繼岌死狀同光三年詔以皇子繼嵩繼潼繼蟾繼嶢皆爲光祿

大夫檢校司徒蓋其皆幼故不封當莊宗遇弑時太祖子孫在者十有一人明宗入立其四人見殺其餘皆不知其所終太祖之後遂絕梁唐家人傳皆先兄弟而後諸子兄弟之子各從其父此理之常也至莊宗七弟所書事迹不以長幼爲次者各因其死之先後而書之便於述事爾無定法也

五代史卷十四

珍倣宋版印

五代史卷十五

宋　歐　陽　修　撰

唐家人傳第三

明宗三后一妃和武憲皇后曹氏生晉國公主昭懿皇后夏氏生秦王從榮愍帝宣憲皇后魏氏潞王從珂母也淑妃王氏許王從益之慈母也曹氏夏氏皆不見其世家夏氏無封爵明宗未卽位前卒明宗天成元年封楚國夫人曹氏爲淑妃追封夏氏晉國夫人長興元年立淑妃爲皇后而夏氏所生二子皆已王乃追冊爲皇后諡曰昭懿

魏氏鎭州平山人也初適平山民王氏生子十歲矣明宗爲騎將掠平山得其子母以歸居數年魏氏卒葬太原其子是爲潞王從珂明宗時從珂已王乃追封魏氏爲魯國夫人廢帝卽位追尊魏氏爲皇太后議建陵寢而太原石敬瑭反乃於京師河南府東立寢宮淸泰三年六月丙寅遣工部尙書崔儉奉上皇太后寶冊諡曰宣憲

淑妃王氏邠州餅家子也有美色號花見羞少賣梁故將劉鄩爲侍兒鄩卒王氏無所歸是時明宗夏夫人已卒方求別室有言王氏於安重誨者重誨以告明宗而納之王氏素得鄩金甚多悉以遺明宗左右及諸子婦人人皆爲王氏稱譽明宗益愛之而夫人曹氏爲人簡質常避事由是王氏專寵明宗卽位議立皇后而曹氏當立曹氏謂王氏曰我素多病而性不耐煩妹當代我王氏曰后帝匹也至尊之位誰敢干之乃立曹氏爲皇后王氏爲淑妃妃事皇后亦甚謹每帝晨起盥櫛服御皆妃執事左右及罷朝帝與皇后食妃侍食徹乃退未嘗少懈皇后心亦益愛之然宮中之事皆主於妃明宗病妃與宦者孟漢瓊出納左右遂專用事殺安重誨秦王從榮皆與焉劉鄩諸子皆以妃故封拜官爵愍帝卽位冊尊皇后爲皇太后妃爲皇太妃初明宗後宮有生子者命妃母之是爲許王從益從益乳母司衣王氏見明宗已老而秦王握兵心欲自託爲後計乃曰兒思秦王是時從益已四歲又數教從益自言求見秦王明宗遣乳嫗將兒往來秦府遂與從榮私通從榮因使王氏伺察宮中動靜從榮已死司衣

王氏以謂秦王實以兵入宮衞天子而以反見誅出怨言愍帝聞之大怒賜司衣王氏死而事連太妃由是心不悅欲遷之至德宮以太后素善妃懼傷其意而止然待之甚薄廢帝入立嘗置酒妃院妃舉酒曰願辭皇帝爲比丘尼帝驚問其故妃曰小兒處偶得命若大人不容則死之日何面見先帝因泣下廢帝亦爲之悽然待之頗厚石敬瑭兵犯京師廢帝聚族將自焚妃謂太后曰事急矣宜少回避以俟姑夫太后曰我家至此何忍獨生妹自勉之太后乃與帝俱焚死而妃與許王從益及其妹匿於鞠院以免晉高祖立妃自請爲尼不可乃遷于至德宮晉遷都汴以妃子母俱東置於宮中高祖皇后事妃如母天福四年九月癸未詔以郇國三千戶封唐許王從益爲郇國公以奉唐祀服色旌旗一依舊制太常議立莊宗明宗愍帝三室以至德宮爲廟詔立高祖太宗爲五廟使從益歲時主祠出帝卽位妃母子俱還洛陽契丹犯京師趙延壽所尚明宗公主已死耶律德光乃爲延壽娶從益妹是爲永安公主公主不知其母爲誰素亦養於妃妃至京師主婚禮德光見明宗畫像焚香再拜顧妃曰明宗與

我約爲弟兄爾吾嫂也已而靳之曰今日乃吾婦也乃拜從益爲彰信軍節度使從益辭不之官與妃俱還洛陽德光北歸留蕭翰守汴州漢高祖起太原翰欲北去乃使人召從益委以中國從益子母逃於徽陵域中以避使者使者迫之以東遂以從益權知南朝軍國事從益御崇元殿翰率契丹諸將拜殿上晉羣臣拜殿下羣臣入謁太妃妃曰吾家子母孤弱爲翰所迫此豈福邪禍行至矣乃以王松趙上交爲左右丞相李式翟光鄴爲樞密使燕將劉祚爲侍衞親軍都指揮使翰留契丹兵千人屬祚而去漢高祖擁兵而南從益遣人召高行周武行德等爲拒行周等皆不至乃與王松謀以燕兵閉城自守妃曰吾家亡國之餘安敢與人爭天下乃遣人上書迎漢高祖高祖聞其嘗召行周而不至遣郭從義先入京師殺妃母子妃臨死呼曰吾家母子何罪何不留吾兒使每歲寒食持一盂飯洒明宗墳上聞者悲之從益死時年十七

愍帝哀皇后孔氏父循橫海軍節度使后有賢行生四子愍帝卽位立爲皇后未及冊命而難作愍帝出奔后病子幼皆不能從廢帝入立后及四子皆見殺

晉高祖立追謚曰哀

明宗四子曰從璟從榮從厚從益從璟初名從審爲人驍勇善戰而謙退謹敕從莊宗戰數有功爲金槍指揮使明宗軍變于魏莊宗謂從璟曰爾父於國有大功忠孝之心朕自明信今爲亂軍所逼爾宜自往宣朕意毋使自疑從璟馳至衞州爲元行欽所執將殺之從璟呼曰我父爲亂軍所逼公等不亮其心我亦不能至魏願歸衞天子行欽釋之莊宗憐其言賜名從璟以爲己子從莊宗如汴州將士多亡於道獨從璟不去左右或勸其逃禍從璟不聽莊宗聞明宗已渡黎陽復欲遣從璟通問行欽以爲不可遂殺之明宗卽位贈太保

嗚呼無父烏生無君烏以爲生而世之言曰爲忠孝者不兩全夫豈然哉君父人倫之大本忠孝臣子之大節豈其不相爲用而又相害者乎抑私與義而已耳蓋以其私則兩害以其義則兩得其父以兵攻其君爲其子者從父乎從君乎曰身從其居志從其義可也身居君所則從君居父所則從父其從於君者必辭其君曰子不可以射父願無與兵焉則又號泣而呼其父曰盍捨兵而歸

吾君乎君敗則死之父敗則終喪而事君其從於父者必告之曰君不可以射也盍捨兵而歸吾君乎君敗則死之父敗則待罪於君君赦己則終喪而事之古之知孝者莫如舜知義者莫如孔孟其於君臣父子之際詳矣使其不幸而遭焉其亦如是而已矣從璟之於莊宗知所從而得其死矣哀哉

秦王從榮天成元年以檢校司徒兼御史大夫拜天雄軍節度使同中書門下平章事三年徙鎮河東長興元年拜河南尹兼判六軍諸衛事從璟死從榮於諸皇子次最長又握兵柄然其爲人輕雋而鷹視頗喜儒學爲歌詩多招文學之士賦詩飲酒故後生浮薄之徒日進諛佞以驕其心自將相大臣皆患之明宗頗知其非而不能裁制從榮嘗侍側明宗問曰爾軍政之餘習何事對曰有暇讀書與諸儒講論經義爾明宗曰經有君臣父子之道然須碩儒端士乃可親之吾見先帝好作歌詩甚無謂也汝將家子文章非素習必不能工傳於人口徒取笑也吾老矣於經義雖不能曉然尚喜屢聞之其餘不足學也是歲秋封從榮秦王故事諸王受封不朝廟而有司希旨欲重其禮乃建議曰古者因

禘嘗而發爵祿所以示不敢專今受大封而不告廟非敬順之道也於是從榮朝服乘輅車具鹵簿至朝堂受冊出載冊以車朝于太廟京師之人皆以爲榮三年加兼中書令有司又言故事親王班宰相下今秦王位高而班下不稱於是與宰相分班而居右四年加尚書令食邑萬戶太僕少卿何澤上書請立從榮爲皇太子是時明宗已病得澤書不悅顧左右曰羣臣欲立太子吾當養老於河東乃召大臣議立太子事大臣皆莫敢可否從榮入白曰臣聞姦人言欲立臣爲太子臣實不願也明宗曰此羣臣之欲爾從榮出見范延光趙延壽等曰諸公議欲立吾爲太子是欲奪吾兵柄而幽之東宮耳延光等患之乃加從榮天下兵馬大元帥有司又言元帥或統諸道或專一面自前世無天下大元帥之名其禮無所考按請自節度使以下凡領兵職者皆具櫜鞬以軍禮庭參其兼同中書門下平章事者初見亦如之其後許如客禮凡元帥府文符行天下皆用帖文升班在宰相上從榮大宴元帥府諸將皆有頒給控鶴捧聖嚴衛指揮使人馬一匹絹十疋其諸軍指揮使人絹十疋都頭已下七疋至三疋又

請嚴衛捧聖千人爲牙兵每入朝以數百騎先後張弓挾矢馳走道上見者震懾從榮又命其寮屬及四方游士試作征淮檄陳己所以平一天下之意言事者請爲諸王擇師傅以加訓導宰相難其事因請從榮自擇從榮乃請翰林學士崔梲刑部侍郎任贊爲元帥判官明宗曰學士代予言不可也從榮出而恚曰任以元帥而不得請屬寮非吾所諭也將相大臣見從榮權位益隆而輕脫如此皆知其禍而莫敢言者惟延光延壽陰有避禍意數見明宗涕泣求解樞密二人皆引去而從榮之難作十一月戊子雪明宗幸宮西士和亭得傷寒疾己丑從榮與樞密使朱弘昭馮贇入問起居於廣壽殿帝不能知人王淑妃告曰從榮在此又曰弘昭等在此皆不應從榮等去乃遷於雍和殿宮中皆慟哭至夜半後帝蹶然自興於榻而侍疾者皆去顧殿上守漏宮女曰夜漏幾何對曰四更矣帝即唾肉如肺者數片溺涎液斗餘守漏者曰大家省事乎曰吾不知也有頃六宮皆至曰大家還魂矣因進粥一器至旦疾少愈而從榮稱疾不朝初從榮尙忌宋王從厚賢於己而懼不得爲嗣其平居驕矜自得及聞人道

宋王之善則愀然有不足之色其入問疾也見帝已不知人旣去而聞宮中哭聲以謂帝已崩矣乃謀以兵入宮使其押衙馬處鈞告弘昭等欲以牙兵入宿衞問何所可以居者弘昭等對曰宮中皆王所可居王自擇之因私謂處鈞曰聖上萬福王宜竭力忠孝不可草草處鈞具以告從榮從榮還遣處鈞語弘昭等曰爾輩不念家族乎弘昭贇及宣徽使孟漢瓊等入告王淑妃以謀之曰此事須得侍衞兵馬爲助乃召侍衞指揮使康義誠謀於竹林之下義誠有子在秦王府未敢決其謀謂弘昭曰僕爲將校惟公所使爾弘昭大懼明日從榮遣馬處鈞告馮贇曰吾今日入居興聖宮又告義誠義誠許諾贇卽馳入內見義誠及弘昭漢瓊等坐中興殿閤議事贇責義誠曰主上所以畜養吾徒者爲今日爾今安危之機閒不容髮柰何以子故懷顧望使秦王得至此門主上安所歸乎吾輩復有種乎漢瓊曰賤命不足惜吾自率兵拒之卽入見曰從榮反兵已攻端門宮人相顧號泣明宗問弘昭等曰實有之乎對曰有之明宗以手指天泣下良久曰義誠自處置毋令震動京師潞王子重吉在側明宗曰吾與爾

父起微賤至取天下數救我於危窘從榮得何氣力而作此惡事爾亟以兵守諸門重吉即以控鶴兵守宮門是日從榮自河南府擁兵千人以出從榮寮屬甚衆而正直之士多見惡其尤所惡者劉贊王居敏而所昵者劉陟高輦從榮兵出與陟輦並轡耳語行至天津橋南指日景謂輦曰明日而今誅王居敏矣因陣兵橋北下據胡牀而坐使人召康義誠而端門已閉叩左掖門亦閉而於門隙中見捧聖指揮使朱弘實率騎兵從北來即馳告從榮從榮驚懼索鐵厭心自調弓矢皇城使安從益率騎兵三百衝之從榮兵射之從益稍却弘實騎兵五百自左掖門出方渡河而後軍來者甚衆從榮乃走歸河南府其判官任贊已下皆走出定鼎門牙兵劫嘉善坊而潰從榮夫妻匿牀下從益殺之明宗聞從榮已死悲咽幾墮于榻絕而蘇者再馮道率百寮入見明宗曰吾家事若此慚見羣臣君臣相顧泣下沾襟從榮二子尚幼皆從死後六日而明宗崩

明宗兄弟皆不見于世家而有姪四人曰從璨從璋從溫從敏從璨初爲右衛大將軍安重誨用事自諸王將相皆下之從璨爲人剛猛不能少屈而性倜儻

珍倣宋版印

輕財好施重誨忌之明宗幸汴州以從璨爲大內皇城使嘗於會節園飲酒酣戲登御榻重誨奏其事貶房州司戶參軍賜死重誨見誅詔復其官贈太保

從璋字子良少善騎射莊宗時將兵戍常山聞明宗兵變于魏乃亦起兵據邢州明宗卽位以爲捧聖左廂都指揮使改皇城使領饒州刺史拜彰國軍節度使徙鎭義成明宗幸汴州從璋欲率民爲貢獻其從事諫以爲不可從璋怒引弓欲射之坐罷爲右驍衞上將軍居久之出鎭保義徙河中長興四年夏封洋王晉高祖立從鎭威勝降封隴西郡公從璋爲人貪鄙自鎭保義始折節自修在南陽頗有遺愛天福二年卒年五十一

從温字德基初爲北京副留守歷安國忠武義武成德武寧五節度使封兗王晉高祖立復爲忠武軍節度使從温爲人貪鄙多作天子器服以自僭宗族賓客諫之不聽其妻關氏大呼于牙門曰從温欲反而造天子服器從温大恐乃悉毀之明宗諸子八人至晉出帝時六已亡歿惟從温從敏在太后常曰吾惟有一兄豈可繩之以法從温由此益驕嘗誣親吏薛仁嗣等爲盜悉籍沒其家

貲數千萬仁嗣等詣闕自訴事下有司從温具伏出帝懼傷太后意釋之而不問開運二年徙河陽三城卒于官是時從璋子重俊爲虢州刺史坐贓亦以太后故罪其判官高獻而已重俊復爲商州刺史坐與其妹姦及殺其僕孫漢榮掠其妻賜死

從敏字叔達爲人沉厚寡言善騎射初從莊宗爲馬步軍都指揮使兼行軍司馬明宗入立遷皇城使保義軍節度使與討王都歷鎮横海義武成德歸德保義昭義河陽封涇王漢高祖時爲西京留守封秦國公周廣順元年卒贈中書令謚曰恭惠

五代史卷十五

五代史卷十五考證

秦王從榮傳弘昭贊及宣徽使孟漢瓊等○監本闕瓊字今從下文增入又次行乃召侍衛指揮使康義誠句召訛盈今改正

五代史卷十五考證

五代史卷十六

宋 歐陽修 撰

唐家人傳第四

廢帝皇后劉氏父茂威應州渾元人也后爲人彊悍廢帝素憚之初封沛國夫人廢帝卽位立爲皇后其弟延皓少事廢帝爲牙將廢帝卽位拜宮苑使宣徽南院使淸泰二年爲樞密使天雄軍節度使延皓爲人素謹厚及貴而改節以后故用事受賕掠人園宅在鄴不恤軍士軍士皆怨捧聖都虞候張令昭以其屯駐兵逐延皓延皓走相州是時石敬瑭已反方用兵而令昭之亂作令昭乃閉城遣其副使邊仁嗣請己爲節度使廢帝以令昭爲右千牛衞將軍權知天雄軍府事已而遣范延光討之令昭敗走邢州追至沙河斬之屯駐諸軍亂者三千餘人皆死有司請以延皓行軍法廢帝以后故削其官爵而已

廢帝二子曰重吉重美一女爲尼號幼澄皆不知其所生廢帝鎭鳳翔重吉爲控鶴指揮使與尼俱留京師控鶴親兵也愍帝卽位不欲重吉掌親兵乃出重

吉爲亳州團練使居幼澄於禁中又徙廢帝北京廢帝自疑乃反愍帝遣人殺重吉于宋州幼澄亦死

重美幼而明敏如成人廢帝即位自左衛上將軍領成德軍節度使兼河南尹判六軍諸衛事改領天雄軍節度使同中書門下平章事封雍王石敬瑭反廢帝欲北征重美謂宜持重固請毋行廢帝心憚敬瑭初不欲往聞重美言以爲然而劉延皓與劉延朗等迫之不已廢帝遂如河陽留重美守京師京師震恐居民皆出城以藏竄門者禁止之重美曰國家多難不能與民爲主而欲禁其避禍可乎因縱民出及晉兵將至劉皇后積薪于地將焚其宮室重美曰新天子至必不露坐但他日重勞民力取怨身後耳后以爲然廢帝自焚后及重美與俱死

嗚呼家人之道不可以不正也夫禮者所以別嫌而明微也甚矣五代之際君君臣臣父父子子之道乖而宗廟朝廷人鬼皆失其序斯可謂亂世者歟自古未之有也唐一號而三姓周一號而二姓唐太祖莊宗爲一家明宗愍帝爲一

家廢帝爲一家周太祖爲一家世宗爲一家別其家而同其號者何哉唐從其號見其盜而有也周從其號與之也而別其家者昭穆親疏之不可亂也號可同家不可以不別所以別嫌而明微也梁博王友文之不別何哉著禍本也梁太祖之禍自友文始存之所以戒也

五代史卷十六

五代史卷十七

宋　　歐　陽　修　撰

晉家人傳第五

高祖皇后李氏唐明宗皇帝女也后初號永寧公主清泰二年封魏國長公主自廢帝立常疑高祖必反三年公主自太原入朝千春節辭歸留之不得廢帝醉語公主曰爾歸何速欲與石郎反邪既醒左右告之廢帝大悔公主歸以語高祖高祖由是益不自安高祖卽位公主當爲皇后天福二年三月有司言皇太妃尊號已正請上寶冊太妃高祖庶母劉氏也高祖以宗廟未立謙抑未遑七年夏五月高祖已病乃詔尊太妃爲皇太后然卒不奉冊而高祖崩故后訖高祖世亦無冊命出帝天福八年七月冊尊皇后爲皇太后太后爲人彊敏高祖常嚴憚之出帝馮皇后用事太后數訓誡之出帝不從乃及于敗開運三年十二月耶律德光已降晉兵遣張彥澤先犯京師以書遺太后具道已降晉軍且曰吾有梳頭妮子竊一藥囊以奔于晉今皆在否吾戰陽城時亡奚車一乘

在否又問契丹先爲晉獲者及景延廣桑維翰等所在太后與帝聞彥澤至欲
自焚嬖臣薛超勸止之及得德光所與書乃滅火出上苑中帝召當直學士范
質謂曰杜郎一何相負昔先帝起太原時欲擇一子留守謀之北朝皇帝皇帝
以屬我我素以爲其所知卿爲我草奏具言之庶幾活我子母質爲帝草降表
曰孫男臣重貴言頃者唐運告終中原失馭數窮否極天缺地傾先人有田一
成有衆一旅兵連禍結力屈勢孤翁皇帝救患摧剛興利除害躬擐甲胄深入
寇場犯露蒙霜度鴈門之險馳風擊電行中冀之誅黃鉞一麾天下大定勢凌
宇宙義感神明功成不居遂與晉祚則翁皇帝有大造於石氏也旋屬天降鞠
凶先君即世臣遵承遺旨纂紹前基諒闇之初荒迷失次凡有軍國重事皆委
將相大臣至於擅繼宗祧既非稟命輕發文字輒敢抗尊自啓釁端果貽赫怒
禍至神惑運盡天亡十萬師徒望風束手億兆黎庶延頸歸心臣負義包羞貪
生忍耻自貽顚覆上累祖宗偷度朝昏苟存視息翁皇帝若惠顧疇昔稍霽雷
霆未賜靈誅不絕先祀則百口荷更生之德一門銜無報之恩雖所願焉非敢

望也臣與太后妻馮氏於郊野面縛俟罪次又爲太后表曰晉室皇太后新婦李氏妾言張彥澤傅住兒等至伏蒙皇帝阿翁降書安撫者妾伏念先皇帝頃在并汾適逢屯難危同累卵急若倒懸智勇俱窮朝夕不保皇帝阿翁發自冀北親抵河東跋履山川踰越險阻立平巨孽遂定中原救石氏之覆亡立晉朝之社稷不幸先皇厭代嗣子承祧不能繼好息民而反虧恩辜義兵戈屢動駟馬難追戚實自貽咎將誰執今穹旻震怒中外攜離上將牽羊六師解甲妾舉宗負釁視景偷生惶惑之中撫問斯至明宣恩旨曲示含容慰諭丁寧神爽飛越豈謂已垂之命忽蒙更生之恩省罪責躬九死未報今遣孫男延煦延寶奉表請罪陳謝以聞德光報曰可無憂管取一吃飯處四年正月丁亥朔德光入京師帝與太后肩輿至郊外德光不見館于封禪寺遣其將崔延勳以兵守之其時雨雪寒凍皆苦飢太后使人謂寺僧曰吾嘗於此飯僧數萬今日豈不相憫邪僧辭以虜意難測不敢獻食帝陰祈守者乃稍得食辛卯德光降帝爲光祿大夫檢校太尉封負義侯遷於黃龍府德光使人謂太后曰吾聞重貴不從

母教而至于此可求自便勿與俱行太后答曰重貴事妾甚謹所失者違先君之志絶兩國之歡然重貴此去幸蒙大惠全生保家母不隨子欲何所歸於是太后與馮皇后皇弟重睿皇子延煦延寶等舉族從帝而北以宫女五十宦者三十東西班五十醫官一控鶴官四御厨七茶酒司三儀鸞司三六軍士二十人從衞以騎兵三百所經州縣皆故晉將吏有所供饋不得通路旁父老爭持羊酒爲獻衞兵擁隔不使見帝皆涕泣而去自幽州行十餘日過平州出榆關行砂磧中飢不得食遣宫女從官採木實野蔬而食又行七八日至錦州虜人迫帝與太后拜阿保機畫象帝不勝其辱泣而呼曰薛超誤我不令我死又行五六日過海北州至東丹王墓遣延煦拜之又行十餘日渡遼水至渤海國鐵州又行七八日過南海府遂至黃龍府是歲六月契丹國母徙帝太后於懷密州州去黃龍府西北一千五百里行過遼陽二百里而國母爲永康王所囚永康王遣帝太后還止遼陽稍供給之明年四月永康王至遼陽帝白衣紗帽與太后皇后詣帳中上謁永康王止帝以常服見帝伏地雨泣自陳過咎永康王

使人扶起之與坐飲酒奏樂而永康王帳下伶人從官望見故主皆泣下悲不自勝爭以衣服藥餌爲遺五月永康王上陘取帝所從行宦者十五人東西班十五人及皇子延煦而去永康王妻兄禪奴愛帝小女求之帝辭以尚幼永康王馳一騎取之以賜禪奴陘虜地尤高涼虜人常以五月上陘避暑八月下陘至八月永康王下陘太后自馳至霸州見永康王求於漢兒城側賜地種牧以爲生永康王以太后自從行十餘日遣與延煦俱還遼陽明年乃漢乾祐二年其二月徙帝太后於建州自遼陽東南行千二百里至建州節度使趙延暉避正寢以館之去建州數十里外得地五千餘頃帝遣從行者耕而食之明年三月太后寢疾無醫藥嘗仰天而泣南望戟手罵杜重威李守貞等曰使死者無知則已若其有知不赦爾於地下八月疾亟謂帝曰我死焚其骨送范陽佛寺無使我爲虜地鬼也遂卒帝與皇后宮人宦者東西班皆被髮徒跣扶舁其柩至賜地焚其骨穿地而葬焉周顯德中有中國人自契丹亡歸者言見帝與皇后諸子皆無恙後不知其所終

安太妃代北人也不知其世家爲敬儒妻生出帝封秦國夫人出帝立尊爲皇太妃妃老而失明從出帝北遷自遼陽徙建州卒於道中臨卒謂帝曰當焚我爲灰南向颺之庶幾遺魂得反中國也既卒砂磧中無草木乃毁奚車而焚之載其燼骨至建州李太后亦卒遂幷葬之

出帝皇后馮氏定州人也父濛爲州進奏吏居京師以巧佞爲安重誨所喜以爲鄴都副留守高祖留守鄴都得濛懽甚乃爲重胤娶濛女後封吳國夫人重胤早卒后寡居有色出帝悅之高祖崩梓宮在殯出帝居喪中納之以爲后是日以六宮仗衞太常鼓吹命后至西御莊見于高祖影殿羣臣皆賀帝顧謂馮道等曰皇太后之命與卿等不任大慶羣臣出帝與皇后酣飲歌舞過梓宮前醊而告曰皇太后之命與先帝不任大慶左右皆失笑帝亦自絶倒顧謂左右曰我今日作新女壻何似皇后與左右皆大笑聲聞于外后既立專內寵封拜宮官尙宮知客等皆爲郡夫人又用男子李彥弼爲皇后宮都押衙其兄玉執政內外用事晉遂以亂契丹犯京師暴帝之惡于天下曰納叔母於中宮亂人

倫之大典后隨帝北遷哀帝之辱數求毒藥欲與帝俱飲以死而藥不可得後不知其所終

晉氏始出夷狄而微終爲夷狄所滅故其宗室次序本末不能究見其可見者曰高祖二叔父一兄六弟七子二孫而有略有詳非惟禍亂多故而失其事實抑亦無足稱焉者然粗存其見者以備其闕云二叔父曰萬友萬詮兄曰敬儒弟曰敬威敬德敬殷敬贇敬暉重胤子曰重貴重信重義重英重胤重睿重杲孫曰延煦延寶孝平皇帝生孝元皇帝萬友萬詮孝元皇帝生高祖萬友生敬威敬贇萬詮生敬暉而敬儒敬德敬殷重胤皆不知其於高祖爲親疏也高祖孝元皇帝第二子也而敬儒爲兄疑其長子也則於高祖屬長而親然贈官反最後於諸弟而高祖世獨不得追封此又可疑也重胤高祖弟也亦不知其爲親疏然高祖愛之養以爲子故於名加重而下齒諸子高祖叔兄與弟敬殷子重進皆前卽位卒而敬威敬德重胤重英高祖反時死高祖少子曰馮六未名而卒而舊說以重睿爲幼子者非也石氏世事軍中萬友萬詮職卑不見天福

二年正月萬友自故金紫光祿大夫檢校司徒兼御史大夫上柱國贈太師萬詮亦自金紫光祿大夫檢校司空兼御史大夫上柱國贈太傅出帝天福八年五月追封皇叔祖萬友爲秦王萬詮加贈太師追封趙王

敬威字奉信唐廢帝時爲彰聖右第三都指揮使領常州刺史聞高祖舉兵太原謂人曰生而有死人孰能免吾兄方舉大事吾不可偷生取辱見笑一時遂自殺敬德時爲沂州馬步軍指揮使以高祖反誅天福三年正月贈敬威敬德皆爲太傅幷贈敬殷以檢校太子賓客亦贈太傅而不及敬儒七年正月追封敬威廣王敬德福王敬殷通王皆贈太尉敬儒始以故金紫光祿大夫檢校尚書左僕射兼御史大夫上柱國贈太傅而獨不得封出帝天福八年五月加贈三皇叔皆爲太師而皇伯敬儒始追封宋王亦加贈太師

敬贇字德和少無賴竄身民閒高祖使人求得之補太原牙將即位以爲飛龍皇城使累遷曹州防禦使天福五年冬拜河陽三城節度使敬贇性貪暴高祖爲擇賢佐吏輔之而敬贇亦憚高祖嚴未嘗敢犯法歲餘徙鎮保義出帝時加

同中書門下平章事始漸驕恣帝常遣使者至必問曰小姪安否陝人苦其暴虐召還京師以其皇叔不能責也斥其元從都押衙蘇彥存鄭温遇以警之契丹犯邊敬贇從出帝幸澶淵使以兵備汶陽守麻家渡未嘗見敵皆無功開運元年七月復出爲威勝軍節度使歲餘出帝以曹州爲威信軍授敬贇節度使在曹貪暴尤甚久之召還張彥澤兵犯京師敬贇夜走踰城東垣墮沙濠溺死時年四十九

韓王敬暉字德昭爲人厚重剛直勇而多智高祖尤愛之高祖時爲曹州防禦使以廉儉見稱卒于官贈太傅天福八年加贈太師追封韓王子曦嗣

高祖李皇后生楚王重信其諸子皆不知其母當高祖起太原重英爲右衛將軍重胤爲皇城副使居京師聞高祖舉事匿民家井中捕得誅之并族民家天福二年正月高祖爲二子發哀皆贈爲太保并贈重進以故左金吾衛將軍贈太保七年正月皆加贈太傅追封重英號王重胤鄭王重進夔王出帝天福八年五月皆加贈太師

楚王重信字守孚爲人敏悟多智而好禮天福二年二月以左驍衛上將軍拜河陽三城節度使有善政高祖下詔褒之是歲范延光反詔前靈武節度使張從賓發河陽兵討延光從賓亦反重信見殺時年二十高祖欲贈重信太保大臣引漢故事皇子無爲三公者高祖曰此兒爲善被禍吾哀之甚自我而已豈有例邪乃贈太尉七年正月加贈太師追封沂王出帝天福八年五月易封楚王

壽王重義字弘理爲人好學頗知兵法高祖即位拜左驍衛大將軍高祖幸汴州以爲東都留守張從賓反攻河南見殺時年十九贈太傅天福七年正月加贈太尉追封壽王出帝天福八年五月加贈太師皆無子

重睿爲人貌類高祖高祖臥疾宰相馮道入見臥內重睿尚幼高祖呼出使拜道於前因以宦者抱持寘道懷中高祖雖不言左右皆知其以重睿託道也高祖崩晉大臣以國家多事議立長君而景延廣已陰許立出帝重睿遂不得立出帝以重睿爲檢校太保開封尹以左散騎常侍邊蔚權知開封府事開運二

年五月拜重睿雄武軍節度使歲餘徙鎭忠武皆不之鎭契丹滅晉重睿從出帝北遷後不知其所終

陳王重杲高祖幼子也小字馮六未名而卒贈太傅追封陳王賜名重杲出帝天福八年五月加贈太師

延煦延寶高祖諸孫也出帝以爲子開運二年秋以延煦爲鄭州刺史延煦少不能視事以一宦者從之又選尙書郎路航參知州事宦者遂專政事每詬辱航出帝召航還已而徙延煦齊州防禦使三年拜鎭寧軍節度使是時河北用兵天下旱蝗民餓死者百萬計而諸鎭爭爲聚斂趙在禮所積鉅萬爲諸侯王之最出帝利其貲乃以延煦娶在禮女在禮獻絹三千疋前後所獻不可勝數三年五月遣宗正卿石光贊以聘幣一百五十床迎于其第出帝宴在禮萬歲殿所以賜予甚厚君臣窮極奢侈時人以爲榮在禮謂人曰吾此一婚其費千萬十一月徙延煦鎭保義自延煦爲齊州防禦使而延寶代爲鄭州刺史及契丹滅晉出帝與皇太后遣延煦延寶齎降表玉璽金印以歸契丹而延寶時亦

爲威信軍節度使矣契丹得璽以爲製作非工與前史所傳者異命延煦等還報求真璽出帝以狀答曰頃王從珂自焚於洛陽玉璽不知所在疑已焚之先帝受命命玉工製此璽在位羣臣皆知之乃已後延煦等從帝北還不知其所終

嗚呼古之不幸無子而以其同宗之子爲後者聖人許之著之禮經而不諱也而後世闇闍鄙俚之人則諱之諱則不勝其欺與僞也故其苟偷竊取嬰孩襁褓諱其父母而自欺以爲我生之子曰不如此則不能得其一志盡愛於我而其心必二也而爲其子者亦自諱其所生而絶其天性之親反視以爲叔伯父以此欺其九族而亂其人鬼親疎之序凡物生而有知未有不愛其父母者使是子也能忍而真絶其天性歟曾禽獸之不若也使其不忍而外陽絶之是大僞也夫闇闍鄙俚之人之慮於事者亦已深矣然而苟竊欺僞不可以爲法者小人之事也惟聖人則不然以謂人道莫大於繼絶此萬世之通制而天下之公行也何必諱哉所謂子者未有不由父母而生者也故爲人後者必有所生

之父有所後之父此理之自然也何必諱哉其簡易明白不苟不竊不欺不僞可以爲通制而公行者聖人之法也又以謂爲人後者所承重故加其服以斬而不絕其所生之親者天性之不可絕也然而恩有屈於義故降其服以朞服外物也可以降而父母之名不可改故著於經曰爲人後者爲其父母服自三代以來有天下國家者莫不用之而晉氏不用也出帝之於敬儒絕其父道臣而爵之非特以其義不當立不得已而絕之蓋亦習見閭閻鄙俚之所爲也五代干戈賊亂之世也禮樂崩壞三綱五常之道絕而先王之制度文章掃地而盡於是矣如寒食野祭而焚紙錢天子而爲閭閻鄙俚之事者多矣而晉氏起於夷狄以篡逆而得天下高祖以耶律德光爲父而出帝於德光則以爲祖而稱孫於其所生父則臣而名之是豈可以人理責哉

五代史卷十七

五代史卷十七考證

晉家人傳高祖二叔父一兄六弟七子二孫○臣宗萬按本傳高祖弟曰敬威敬德敬殷敬贇敬暉重允凡六子曰重貴重信重義重英重允重睿重杲凡七傳又云重允高祖弟也亦不知其爲親疎然高祖愛之養以爲子故于名加重而下齒諸子若然則重允已不在弟列而高祖止五弟矣如謂名稱亦未順便當舍子從弟而高祖止六子今傳乃以一重允而兩列其名誤矣

五代史卷十七考證

五代史卷十八

宋　歐陽修　撰

漢家人傳第六

高祖皇后李氏晉陽人也其父爲農高祖少爲軍卒牧馬晉陽夜入其家刦取之高祖已貴封魏國夫人生隱皇帝開運四年高祖起兵太原賞軍士帑藏不足充欲斂於民后諫曰方今起事號爲義兵民未知惠而先奪其財殆非新天子所以救民之意也今後宮所有請悉出之雖其不足士亦不以爲怨也高祖爲改容謝之高祖卽位立爲皇后高祖崩隱帝册尊爲皇太后帝年少數與小人郭允明後贊李業等游戲宮中后數切責之帝曰國家之事外有朝廷非太后所宜言也太常卿張昭聞之上疏諫帝請親近師傅延問正人以開聰明帝益不省其後帝卒與允明等謀議遂至於亡初帝與允明等謀誅楊邠史弘肇等議已定入白太后太后曰此大事也當與宰相議之李業從旁對曰先皇帝平生言朝廷大事勿問書生太后深以爲不可帝拂衣而去曰何必謀於閨門

邠等死周高祖起兵嚮京師慕容彥超敗於劉子陂帝欲出自臨兵太后止之曰郭威本吾家人非其危疑何肯至此今若按兵無動以詔諭威威必有說則君臣之際庶幾尚全帝不從以出遂及於難周太祖入京師舉事皆稱太后誥已而議立湘陰公贇爲天子贇未至太祖乃請太后臨朝已而太祖出征契丹軍士擁之以還太祖請事太后爲母太后誥曰侍中功烈崇高德聲昭著翦除禍亂安定邦家謳歌有歸歷數攸屬所以軍民推戴億兆同歡老身未終殘年屬此多難惟以衰朽託於始終載省來牋如母見待感認深意涕泗橫流於是遷后於太平宮上尊號曰昭聖皇太后顯德元年春崩（隱帝舊史實錄皆無皇后帝立三年崩時年二十蓋未嘗立后也）

高祖二弟三子弟曰崇曰信子曰承訓承祐承勳崇子曰贇高祖愛之以爲己子乾祐元年拜贇徐州節度使承訓早卒追封魏王承祐次立是謂隱帝承勳爲開封尹周太祖已敗漢兵于北郊隱帝遇弒太祖入京師以謂漢大臣必相推戴及見宰相馮道等道殊無意太祖不得已見道猶下拜道受太祖拜如平

時徐勞之曰公行良苦太祖意色皆沮以謂漢大臣未有推立己意又難於自立因白漢太后擇立漢嗣而宗室河東節度使崇等在者四人乃爲太后誥曰河東節度使崇許州節度使信皆高祖之弟徐州節度使贇開封尹承勳皆高祖之子文武百辟其擇嗣君以承天統於是周太祖與王峻入見太后言開封尹承勳高祖皇帝之子宜立太后以承勳久病不任爲嗣太祖與羣臣請見承勳視起居太后命以臥榻舁承勳出見羣臣羣臣視之信然乃共奏曰徐州節度使贇高祖愛之以爲子宜立爲嗣乃遣太師馮道率羣臣迎贇道揣周太祖意不在贇謂太祖曰公此舉由衷乎太祖指天爲誓道既行謂人曰吾平生不爲繆語人今繆語矣道見贇傳太后意召之贇行至宋州太祖自澶州爲兵士擁還京師王峻慮贇左右生變遣侍衞馬軍指揮使郭崇以兵七百騎衞贇崇至宋州贇登樓問崇所以來之意崇曰澶州軍變懼未察之遣崇護衞非惡意也贇召崇崇不敢進馮道出與崇語崇乃登樓見贇已而奪贇部下兵太祖以書召道先歸留其副趙上交王度奉贇入朝太后道乃先還贇謂道曰寡人此

來所恃者以公三十年舊相是以不疑道默然贇客將賈正等數目道欲圖之贇曰勿草草事豈出於公邪道已去郭崇幽贇于外館殺賈正及判官董裔牙內都虞候劉福孔目官夏昭度等太祖已監國太后乃下誥曰比者樞密使郭威志安宗社議立長君以徐州節度使贇高祖近親立爲漢嗣乃自藩鎮召赴京師雖誥命已行而軍情不附天道在北人心靡東適當改卜之初俾膺分土之命贇可降授開府儀同三司檢校太師上柱國封湘陰公贇以幽死初贇自徐州入也以都押衙鞏庭美教練使楊溫守徐州庭美等聞贇不得立乃閉城拒命太祖拜王彥超徐州節度使下詔諭定美等許以刺史升詔贇赦庭美等廣順元年三月彥超克徐州庭美等皆見殺承勳廣順元年以疾卒追封陳王

嗚呼予既悲湘陰公贇之事又嘉鞏庭美楊溫之所爲贇於漢非嫡長特以周氏移國畏天下而難之故假贇以伺間爾當是之時天下當知贇之必不立也然庭美溫區區爲贇守孤城以死其始終之迹何媿於死節之士哉然予考於實錄二人之死狀不明夫二人之事固知其無所成其所重者死爾然史氏不

著不知其何以死也當王彥超之攻徐州也周嘗遣人招庭美等予得其詔書四皆言庭美等嘗已送款於周後懼罪而復叛然庭美等款狀亦不見是皆不可知也夫史之闕文可不慎哉其疑以傳疑則信者信矣予固嘉二人之忠而悲其志然不得列於死節之士者惜哉

蔡王信高祖之從弟也高祖鎮太原以信爲興捷軍都指揮使領義成軍節度使徙領許州高祖寢疾隱帝當立爲嗣楊邠等受顧命不欲信在京師乃遣信就鎮信涕泣而去信所至黷貨好行殺戮軍士有犯法者信召其妻子對之刲剔支解使自食其肉血流盈前信命樂飲酒自如也楊邠等死信大喜謂其僚佐曰吾嘗謂天無眼而使我鬱鬱於此者三年矣主上孤立幾落賊手諸公可以勸我一杯矣已而聞難作信憂不能食周太祖軍變於澶州王峻遣前申州刺史馬鐸以兵巡檢許州信乃自殺周太祖卽位追封蔡王傳先贊而後信亦便於述事爾

五代史卷十八考證

漢高祖皇后李氏傳帝年少素與小人郭允明後贊李業等游戲宮中○後贊係人名自有傳併見史弘肇傳中或以爲官名者誤也

蔡王信傳周太祖卽位追封蔡王注傳先贇而後信亦便于述事耳○述監本訛實今從南本改正

五代史卷十八考證

五代史卷十九

宋　歐陽修　撰

周家人傳第七

太祖一后三妃聖穆皇后柴氏邢州堯山人也與太祖同里遂以歸焉太祖微時喜飲博任俠不拘細行后常諫止之太祖狀貌奇偉后心知其貴人也事之甚謹及太祖卽位后已先卒乃下詔故夫人柴氏追冊爲皇后謚曰聖穆

淑妃楊氏鎭州真定人也父弘裕真定少尹妃幼以色選入趙王宮事王鎔鎔爲張文禮所殺鎭州亂妃亦流寓民間後嫁里人石光輔居數年光輔死太祖柴夫人卒聞妃有色而賢遂娶之爲繼室太祖方事漢高祖於太原天福中妃卒遂葬太原之近郊太祖卽位廣順元年九月追冊爲淑妃拜妃弟廷璋爲右飛龍使廷璋辭曰臣父老矣願以授之太祖曰吾方思之豈忘爾父耶卽召弘裕弘裕老不能行乃就其家拜金紫光祿大夫真定少尹太祖崩葬嵩陵一后三妃皆當陪葬而太原未克世宗詔有司營嵩陵之側爲虛墓以俟顯德元年

世宗已敗劉旻於高平遂攻太原太原閉壁被圍乃還妃喪而葬之

貴妃張氏鎮州真定人也祖記成德軍節度判官檢校兵部尚書父同芝事趙王王鎔爲諮呈官官至檢校工部尚書鎔死鎮州亂莊宗遣幽州符存審以兵討張文禮禆將武從諫館於妃家見妃尚幼憐之而從諫家在太原遂以妃歸爲其子婦久之太祖事漢高祖於太原楊夫人卒而武氏子亦卒乃納妃爲繼室太祖貴累封吳國夫人太祖以兵入京師漢遣劉銖戮其家妃與諸子皆死

太祖即位追冊爲貴妃

德妃董氏鎮州靈壽人也祖文廣唐深州錄事參軍父光嗣趙州昭慶尉妃幼穎悟始能言聞樂聲知其律呂年七歲鎮州亂其家失之爲潞州牙將所得寘諸褚中以歸潞將妻嘗生女輒不育得妃憐之養以爲子過於所生居五六年妃家悲思其兄瑀求之人間莫知所在潞將仕于京師遇瑀欣然歸之時年十三瑀以嫁里人劉進超進超亦仕晉爲內職契丹犯闕進超殁于虜中妃嫠居洛陽漢高祖自太原入京師太祖從過洛陽聞妃有賢行聘之太祖建國中宮

虛位遂冊爲德妃廣順三年卒年三十九妃兄三人瑀官至太子左贊善大夫玄之自明皆至刺史初帝舉兵于魏漢以兵圍帝第時張貴妃與諸子青哥意哥姪守筠奉超定哥皆被誅青哥意哥不知其母誰氏太祖卽位詔故第二子青哥贈太尉賜名侗第三子意哥贈司空賜名信皇姪守筠贈左領軍衞將軍以筠聲近榮爲世宗避更名守愿奉超贈左監門衞將軍定哥贈左千牛衞將軍賜名遜世宗顯德四年夏四月癸未詔曰禮以緣情恩以悼往矧在友于之列尤鍾惻愴之情故皇弟贈太保侗贈司空信景運初啓天年不登俾予終鮮實動予懷侗可贈太傅追封郯王信司徒杞王又詔曰故皇從弟贈左領軍衞將軍守愿贈左監門衞將軍奉超贈左千牛衞將軍遜等頃因季世不享遐齡每念非辜難忘有慟守愿可贈左衞大將軍奉超右衞大將軍遜右武衞大將軍

五代史卷二十

宋　歐陽修　撰

周家人傳第八

周太祖聖穆皇后柴氏無子養后兄守禮之子以爲子是爲世宗守禮字克讓以后族拜銀青光祿大夫檢校吏部尚書兼御史大夫世宗卽位加金紫光祿大夫檢校司空光祿卿致仕居于洛陽終世宗之世未嘗至京師而左右亦莫敢言第以元舅禮之而守禮亦頗恣橫嘗殺人于市有司以聞世宗不問是時王溥汪晏王彥超韓令坤等同時將相皆有父在洛陽與守禮朝夕往來惟意所爲洛陽人多畏避之號十阿父守禮卒年七十二官至太傅

嗚呼父子之恩至矣孟子言舜爲天子而瞽叟殺人則棄天下竊負之而逃以謂天下可無舜不可無至公舜可棄天下不可刑其父此爲世立言之說也然事固有不得如其意者多矣蓋天子有宗廟社稷之重百官之衞朝廷之嚴其不幸有不得竊而逃則如之何而可予讀周史見守禮殺人世宗寢而不問蓋

進任天下重矣而子於其父亦至矣故寧受屈法之過以申父子之道其所以合於義者蓋知權也君子之於事擇其輕重而處之耳失刑輕不孝重也刑者所以禁人爲非孝者所以教人爲善其意一也孰爲重刑一人未必能使天下無殺人而殺其父滅天性而絶人道孰爲重權其所謂輕重者則天下雖不可棄而父亦不可刑也然則爲舜與世宗者宜如何無使瞽叟守禮至於殺人則可謂孝矣然而有不得如其意則擇其輕重而處之焉世宗之知權明矣夫

世宗三皇后貞惠皇后劉氏不知其世家蓋微時所娶也世宗爲左監門衛將軍得封彭城縣君世宗從太祖于魏后留京師太祖舉兵漢誅太祖家屬后見殺太祖卽位追封彭城郡夫人世宗顯德四年夏四月始詔彭城郡夫人劉氏追冊爲皇后有司謚曰貞惠陵曰惠陵宣懿皇后符氏其祖秦王存審父魏王彥卿后世王家出於將相之貴爲人明果有大志初適李守貞子崇訓守貞事漢爲河中節度使已挾異志有術者善聽人聲以知吉凶守貞出其家人使聽之術者聞后聲驚曰此天下之母也守貞益自負曰吾婦猶爲天下母吾取天

下復何疑哉於是決反而漢遣周太祖討之逾年攻破其城崇訓知不免手自殺其家人次以及后后走匿以帷幔自蔽崇訓惶遽求后不得遂自殺漢兵入其家后儼然坐堂上顧軍士曰郭公與吾王父有舊汝輩無犯我軍士見之不敢迫太祖聞之以謂一女子能使亂兵不敢犯奇之爲加慰勉以歸彥卿后感太祖不殺拜太祖爲父其母以后夫家滅亡而獨脫死兵刃之間以爲天幸欲使削髮爲尼后不肯曰死生有命天也何必妄毀形髮爲太祖於后有恩而世宗性特英銳聞后如此益奇之及劉夫人卒遂納以爲繼室世宗卽位冊爲皇后世宗辨急多暴怒而後常追悔每怒左右后必從容伺顏色漸爲解說世宗意亦隨解由是益重之世宗征淮后以帝不宜親行切諫止之世宗不聽師久無功遭大暑雨后以憂成疾而崩議者以方用兵請殺喪禮於是百官朝臨于西宮三日而釋服帝亦七日而釋葬于新鄭陵曰懿陵後立皇后符氏后妹也

國初遷西宮號周太后

世宗子七人長曰宜哥次三皆未名次曰恭皇帝次曰熙讓次曰熙謹次曰熙

誨皆不知其母爲誰氏宜哥與其二皆爲漢誅太祖卽位詔賜皇孫名誼贈左驍衞大將軍誠左武衞大將軍諴左屯衞大將軍顯德三年羣臣請封宗室世宗以謂爲國日淺恩信未及於人而須功德大成慶流于世而後議之可也明年夏四月癸未先封太祖諸子又詔曰父子之道聖賢不忘再思天閼之端愈動悲傷之抱故皇子左驍衞大將軍誼左武衞大將軍誠左屯衞大將軍諴等載惟往事有足傷懷宜增一字之封仍贈三台之秩誼可贈太尉追封越王誠太傅吳王諴太保韓王而皇子在者皆不封六年北復三關遇疾還京師六月癸未皇子宗訓特進左衞上將軍封梁王而宗讓亦拜左驍衞上將軍封燕國公後十日而世宗崩梁王卽位是爲恭皇帝其年八月宗讓更名熙讓封曹王熙謹熙誨皆前未封爵遂拜熙謹右武衞大將軍封紀王熙誨左領軍衞大將軍封蘄王皇朝乾德二年十月熙謹卒熙讓熙誨不知其所終

嗚呼至公天下之所共也其是非曲直之際雖父愛其子亦或有所不得私焉當周太祖舉兵于魏漢遺劉銖誅其家族於京師酷毒備至後太祖入立遣人

責銖銖辭不屈太祖雖深恨之然以銖辭直終不及其家也及追封妻子之被殺者其言深自隱痛之而已不敢有非漢之辭焉蓋知其曲在己也故略存其辭以見周之有媿於其心者矣

五代史卷二十

五代史卷二十一

宋 歐陽修 撰

嗚呼孟子謂春秋無義戰予亦以謂五代無全臣無者非無一人蓋僅有之耳余得死節之士三人焉其仕不及于二代者各以其國繫之作梁唐晉漢周臣傳其餘仕非一代不可以國繫之者作雜傳夫入于雜誠君子之所羞而一代之臣未必皆可貴也覽者詳其善惡焉

梁臣傳第九

敬翔字子振同州馮翊人也自言唐平陽王暉之後少好學工書檄乾符中舉進士不中乃客大梁翔同里人王發爲汴州觀察支使遂往依焉久之發無所薦引翔客益窘爲人作牋刺傳之軍中太祖素不知書翔所作皆俚俗語太祖愛之謂發曰聞君有故人可與俱來翔見太祖太祖問曰聞子讀春秋春秋所記何等事翔曰諸侯爭戰之事耳太祖曰其用兵之法可以爲吾用乎翔曰兵者應變出奇以取勝春秋古法不可用於今太祖大喜補以軍職非其所好乃

以爲館驛巡官太祖與蔡人戰汴郊翔時時爲太祖謀畫多中太祖欣然以謂得翔之晚動靜輒以問之太祖奉昭宗自岐還長安昭宗召翔與李振升延喜樓勞之拜翔太府卿初太祖常侍殿上昭宗意衞兵有能擒之者乃佯爲鞋結解以顧太祖太祖跪而結之而左右無敢動者太祖流汗浹背由此稀復進見昭宗遷洛陽宴崇勳殿酒半起使人召太祖入内殿將有所託太祖益懼辭以疾昭宗曰卿不欲來可使敬翔來太祖遽麾翔出翔亦佯醉去太祖已破趙匡凝取荆襄遂攻淮南翔切諫以謂新勝之兵宜持重以養威太祖不聽兵出光州遭大雨幾不得進進攻壽州不克而多所亡失太祖始大悔恨歸而忿躁殺唐大臣幾盡然益以翔爲可信任梁之篡弑翔之謀爲多太祖即位以唐樞密院故用宦者乃改爲崇政院以翔爲使遷兵部尚書金鑾殿大學士翔爲人深沉有大略從太祖用兵三十餘年細大之務必關之翔亦盡心勤勞晝夜不寐自言惟馬上乃得休息而太祖剛暴難近有所不可翔亦未嘗顯言微開其端太祖意悟多爲之改易太祖破徐州得時溥寵姬劉氏愛幸之劉氏故尚讓妻

數爲宗權所困太祖乃拜珍淄州刺史募兵於淄青珍偏將張仁遇白珍曰軍中有犯令者請先斬而後白珍曰偏將乃欲專殺邪立斬仁遇以徇軍軍中皆感悅珍得所募兵萬餘以歸太祖大喜曰賊在吾郊若踐吾麥奈何今珍至吾事濟矣且賊方息兵養勇度吾兵少而未知珍來謂吾不過堅守而已宜出其不意以擊之乃出兵擊敗晊等宗權由此敗亡而梁軍威大振以得珍兵故也珍從太祖攻朱宣取曹州執其刺史丘弘禮又取濮州刺史朱裕奔于鄆州太祖乃還汴留珍攻鄆州珍去鄆二十里遣精兵挑之鄆人不出朱裕詐爲降書陰使人召珍約開門爲內應珍信之夜率其兵叩鄆城門朱裕登陴開門內珍軍珍軍已入甕城而垂門發鄆人從城上礫石以投之珍兵皆死甕城中珍僅以身免太祖不之責也魏博軍亂囚樂彥貞太祖遣珍救魏珍破黎陽臨河李固分遣聶金范居實等略澶州殺魏豹子軍二千於臨黃珍威振河朔魏人殺彥貞珍乃還梁攻徐州遣珍先攻下豐縣又敗時溥於吳康與李唐賓等屯蕭縣唐賓者陝州陝人也初爲尚讓偏將與太祖戰尉氏門爲太祖所敗唐賓乃

降梁梁兵攻掠四方唐賓常與珍俱與珍威名略等而驍勇過之珍戰每小却唐賓佐之乃大勝珍常私迎其家置軍中太祖疑珍有異志遣唐賓伺察之珍與唐賓不協唐賓不能忍夜走還宣武珍單騎追之交訴太祖前太祖兩惜其材爲和解之珍屯蕭縣聞太祖將至戒軍中治館廐以待唐賓部將嚴郊治廐失期軍吏督之郊訴于唐賓唐賓以讓珍珍怒拔劍而起唐賓拂衣就珍珍卽斬之遣使者告唐賓反使者晨至梁敬翔恐太祖暴怒不可測乃匿使者至夜而見之謂雖有所發必須明旦冀得少緩其事而圖之既夕乃引珍使者入見太祖大驚然已夜矣不能有所發翔因從容爲太祖畫明日佯收唐賓妻子下獄因如珍軍去蕭一舍珍迎謁太祖命武士執之諸將霍存等十餘人叩頭救珍太祖大怒舉胡牀擲之曰方珍殺唐賓時獨不救之邪存等退珍遂縊死

龐師古曹州南華人也初名從梁太祖鎮宣武初得馬五百匹爲騎兵乃以師古將之從破黃巢秦宗權皆有功太祖攻時溥未下留兵屬師古守之師古取其宿遷進屯呂梁溥以兵二萬出戰師古敗之斬首二千級孫儒逐楊行密取

揚州淮南大亂太祖遣師古渡淮攻儒爲儒所敗是時朱珍李唐賓已死師古與霍存分將其兵郴王友裕攻徐州朱瑾以兵救時溥友裕敗溥於石佛山瑾收餘兵去太祖以友裕可追而不追奪其兵以屬師古師古攻破徐州斬溥太祖表師古徐州留後梁兵攻鄆州臨濟水師古徹木爲橋夜以中軍先濟朱宣走中都見殺太祖已下兗鄆乃遣師古與葛從周攻楊行密于淮南師古出清口從周出安豐師古自其微時事太祖爲人謹甚未嘗離左右及爲將出兵必受方略以行軍中非太祖命不妄動師古營清口地勢卑或請就高爲柵師古以非太祖命不聽淮人決水浸之請者告曰淮南決河上流水至矣師古以爲搖動士卒立斬之已而水至兵不能戰遂見殺

嗚呼兵之勝敗豈易言哉梁兵彊於天下而吳人號爲輕弱然師古再舉擊吳輒再敗以死其後太祖自將出光山攻壽春然亦敗也蓋自高駢死唐以梁兼統淮南遂與孫楊爭凡三十年間三舉而三敗以至彊遭至弱而如此此其不可以理得也兵法固有以寡而敗衆以弱而勝彊者顧吳豈足以知之哉豈非

適與其機會邪故曰兵者凶器戰者危事也可不慎哉

葛從周字通美濮州鄄城人也少從黃巢巢敗降梁從太祖攻蔡州太祖墜馬從周扶太祖復騎與敵步鬬傷面身被數瘡偏將張延壽從旁擊之從周得與太祖俱去太祖盡黜諸將獨用從周延壽爲大將秦宗權掠地頳亳及梁兵戰于焦夷從周獲其將王涓一人從朱珍收兵淄青遇東兵輒戰珍得兵歸從周功爲多張全義襲李罕之於河陽罕之奔晉召晉兵以攻全義乞兵於梁太祖遣從周丁會等救之敗晉兵於沇河潞州馮霸殺晉守將李克恭以降梁太祖遣從周入潞州晉兵攻之從周不能守走河陽太祖攻魏從周與丁會先下黎陽臨河會太祖於內黃敗魏兵於永定橋從丁會攻宿州以水浸其城遂破之太祖攻朱瑾于兗州未下留從周圍之瑾閉壁不出從周詐言救兵至陽避之高吳夜半潛還城下瑾以謂從周已去乃出兵收外壕從周掩擊之殺千餘人晉攻魏魏人求救太祖遣侯言救魏言築壘于洹水太祖怒言不出戰遣從周代言從周至軍益閉壘不出而鑿三闇門以待晉兵攻之從周以精兵自闇門

出擊敗晉兵晉王怒自將擊從周從周雖大敗而梁兵擒其子落落送于魏斬之遂從攻鄆州擒朱宣於中都又攻兗州走朱瑾太祖表從周兗州留後以兗鄆兵攻淮南出安豐會龐師古于清口從周行至濠州聞師古死遽還至渒河將渡而淮兵追之從周亦大敗是時晉兵出山東攻相衞太祖遣從周略地山東下洺州斬其刺史邢善益又下邢州走其刺史馬師素又下磁州殺其刺史袁奉滔五日而下三州太祖乃表從周兼邢州留後劉仁恭攻魏已屠貝州羅紹威求救于梁從周會太祖救魏入于魏州燕兵攻館陶門從周以五百騎出戰曰大敵在前何可返顧使閉門而後戰破其八柵燕兵走追至于臨清擁之御河溺死者甚衆太祖以從周爲宣義行軍司馬太祖遣從周攻劉守文于滄州以蔣暉監其軍守文求救于其父仁恭仁恭以燕兵救之暉語諸將曰吾王以我監諸將今燕兵來不可迎戰宜縱其入城聚食倉廩使兩困而後取之諸將頗以爲然從周怒曰兵在上將豈監軍所得言且暉之言乃常談爾勝敗之機在吾心暉豈足以知之乃勒兵逆仁恭于乾寧戰于老鴉堤仁恭大敗斬首

三萬餘級獲其將馬愼交等百餘人馬三千匹是時守文亦求救於晉晉爲攻邢洺以牽之從周遽還敗晉兵于青山遂從太祖攻鎭州下臨城王鎔乞盟太祖表從周泰寧軍節度使從氏叔琮攻晉太原不克梁兵西攻鳳翔青州王師範遣其將劉鄩襲兗州從周家屬爲鄩所得厚遇之而不殺太祖還自鳳翔乃遣從周攻鄩從周卒招降鄩太祖卽位拜左金吾衛上將軍以疾致仕拜右衛上將軍居于偃師末帝卽位拜昭義軍節度使封陳留郡王食其俸于家卒贈太尉

霍存洛州曲周人也少從黃巢巢敗存乃降梁存爲將驍勇善騎射秦宗權攻汴存以三千人夜破張晊柵又以騎兵破秦賢殺三千人敗晊於赤岡從朱珍掠淄青龐師古攻時溥皆有功朱珍與李唐賓俱死乃以龐師古代珍存代唐賓以攻溥溥敗碭山存獲其將石君和等五十人梁攻宿州葛從周引水浸之丁會與存戰城下遂下之從攻潞州與晉人遇戰馬牢川存入則當其前出則爲其殿晉人却遂東攻魏取淇門殺三千人梁得曹州太祖以存爲刺史兼諸

軍都指揮使梁攻鄆州朱瑾來救梁諸將或勸太祖縱瑾入鄆耗其食堅壁勿戰以此可俱斃太祖曰瑾來必與時溥俱不若遣兵邀之存伏兵蕭縣已而瑾果與溥俱出迯離存發伏擊之遂敗瑾等於石佛山存中流矢卒太祖已卽位閱騎兵於繁臺顧諸將曰使霍存在豈勞吾親閱邪諸君寧復思之乎佗日語又如此

張存敬譙郡人也爲人剛直有膽勇少事梁太祖爲將善因危窘出奇計李罕之與晉人攻張全義於河陽太祖遣存敬與丁會等救之罕之解圍去太祖以存敬爲諸軍都虞候太祖攻徐兗以存敬爲行營都指揮使從葛從周攻滄州敗劉仁恭於老鵶堤還攻王鎔於鎮州入其城中取其馬牛萬計遷宋州刺史復從諸將攻幽州存敬取其瀛漠祁景四州梁攻定州與王處直戰懷德驛大敗之枕尸十餘里梁已下鎮定乃遣存敬攻王珂于河中存敬出含山下晉絳二州珂降于梁太祖表存敬護國軍留後復徙宋州刺史未至卒于河中贈太傅存敬子仁穎仁愿仁愿有孝行存敬卒事其兄仁穎出必告反必面如事父

之禮仁愿曉法令事梁唐晉常爲大理卿卒贈祕書監

符道昭蔡州人也爲秦宗權騎將宗權敗道昭流落無所依後依鳳翔李茂貞茂貞愛之養以爲子名繼遠梁攻茂貞道昭與梁兵戰屢敗乃歸梁太祖表道昭秦州節度使以亂不果行太祖爲元帥初開府而李周彝以鄜州降以爲左司馬擇右司馬難其人及得道昭乃授之羅紹威將誅其牙兵惡魏兵彊未敢發求梁爲助太祖乃悉發魏兵使攻燕而遣馬嗣勳助紹威誅牙兵牙兵已誅魏兵在外者聞之皆亂魏將左行遷據歷亭史仁遇據高唐以叛道昭等從太祖悉破之道昭爲將勇於犯敵而少成算每戰先發多敗而周彝等繼之乃勝開平元年與康懷英等攻潞州築夾城爲蚰蜒塹以圍之逾年不能下晉兵攻破夾城道昭戰死

劉捍開封人也爲人明敏有威儀善擯贊太祖初鎮宣武以爲客將使從朱珍募兵淄青太祖北攻鎮州與王鎔和遣捍見鎔鎔軍未知梁意方嚴兵捍馳一騎入城中諭鎔以太祖意鎔乃聽命梁兵攻定州降王處直捍復以一騎入慰

城中太祖圍鳳翔遣捍入見李茂貞計事唐昭宗召見問梁軍中事稱旨賜以錦袍拜登州刺史賜號迎鑾毅勇功臣梁兵攻淮南遣捍先之淮口築馬頭下浮橋以渡梁兵太祖出光山攻壽州又使捍作浮橋于淮北以渡歸師拜宋州刺史太祖即位遷左天武指揮使元從親軍都虞候左龍虎統軍出爲佑國軍留後同州劉知俊反以賂誘捍將吏執捍而去知俊械之送于李茂貞見殺太祖哀之贈捍太傅

寇彥卿字俊臣開封人也世事宣武軍爲牙將太祖初就鎮以爲通引官累遷右長直都指揮使領洺州刺史羅紹威將誅牙軍太祖遣彥卿之魏計事彥卿陰爲紹威計畫乃悉誅牙軍彥卿身長八尺隆準方面語音如鐘工騎射好書史善伺太祖意動作皆如旨太祖嘗曰敬翔劉捍寇彥卿皆天爲我生之其愛之如此賜以所乘愛馬一丈烏太祖圍鳳翔以彥卿爲都排陣使彥卿乘烏馳突陣前太祖目之曰真神將也初太祖與崔胤謀欲遷都洛陽而昭宗不許其後昭宗奔于鳳翔太祖以兵圍之昭宗既出明年太祖以兵至河中遣彥卿奉

表迫請還都彥卿因悉驅徙長安居人以東人皆拆屋爲栰浮渭而下道路號哭仰天大罵曰國賊崔胤朱温使我至此昭宗亦顧瞻陵廟徬徨不忍去謂其左右爲俚語云紇干山頭凍死雀何不飛去生處樂相與泣下沾襟昭宗行至華州遣人告太祖以何皇后有娠願留華州待冬而行太祖大怒顧彥卿曰汝往趣官家來不可一日留也彥卿復馳至華即日迫昭宗上道太祖即位拜彥卿感化軍節度使歲餘召爲左金吾衞大將軍充金吾衙仗使彥卿晨朝至天津橋民梁現不避道前驅捽現投橋上石欄以死彥卿見太祖自首太祖惜之詔彥卿以錢償現家以贖罪御史司憲崔沂劾奏彥卿請論如法太祖不得已責授彥卿左衞中郎將復拜襄州防禦使還河陽節度使太祖遇弒彥卿出太祖畫像事之如生嘗對客語先朝必涕泗交下末帝即位徙鎮威勝彥卿明敏善事人而怙寵作威好誅殺多猜忌卒于鎮年五十七

五代史卷二十一考證

葛從周傳潞州馮霸殺晉守將李克恭以降梁〇恭閣本作修

五代史卷二十一考證

五代史卷二十二

宋 歐陽修 撰

梁臣傳第十

康懷英兗州人也事朱瑾爲牙將梁兵攻瑾瑾出略食豐沛間留懷英守城懷英卽以城降梁瑾遂奔于吳太祖得懷英大喜後從氏叔琮攻趙匡凝下鄧州梁兵攻李茂貞于岐以懷英爲先鋒至武功擊殺岐兵萬餘人太祖喜曰邑名武功眞武功也以名馬賜之是時李周彝以鄜坊兵救岐屯于三原懷英擊走之因取其翟州而還岐兵屯奉天懷英柵其東北夜半岐兵攻之懷英以爲夜中不欲驚它軍獨以三千人出戰遲明岐兵解去身被十餘瘡李茂貞與梁和昭宗還京師賜懷英迎鑾毅勇功臣楊行密攻宿州太祖遣懷英擊走之表宿州刺史遷保義軍節度使丁會以潞州叛梁降晉太祖命懷英爲招討使將行太祖戒之語甚切懷英惶恐以謂潞州期必得乃築夾城圍之晉遣周德威屯于亂柳數攻夾城懷英不敢出戰太祖乃以李思安代懷英將降懷英爲都虞

候久之思安亦無功太祖大怒罷思安以同州劉知俊爲招討使知俊未至軍太祖自至澤州爲懷英等軍援且督之已而晉王李克用卒莊宗召周德威還太原太祖聞晉有喪德威去亦歸洛陽而諸將亦少弛莊宗謂德威曰晉之所以能敵梁而彼所憚者先王也今聞吾王之喪謂我新立未能出兵其意必怠宜出其不意以擊之非徒解圍亦足以定霸也乃與德威等疾馳六日至北黃碾會天大昏霧伏兵三垂岡直趨夾城攻破之懷英大敗亡大將三百人懷英以百騎遁歸詣闕請死太祖曰去歲與兵太陰虧食占者以爲不利吾獨違之而致敗非爾過也釋之以爲右衛上將軍劉知俊叛奔于岐以懷英爲保義軍節度使西路副招討使知俊以岐兵圍靈武太祖遣懷英攻邠寧以牽之懷英取寧慶衍三州還至昇平知俊掩擊之懷英大敗徙鎮感化其後朱友謙叛附于晉以懷英討之與晉人戰白徑嶺懷英又大敗徙鎮永平卒于鎮

劉鄩密州安丘人也少事青州王敬武敬武卒子師範立棣州刺史張蟾叛師範遣指揮使盧洪討蟾洪亦叛師範僞爲好辭召洪洪至迎於郊外命鄩斬之

坐上因使鄩攻張蟾破之師範表鄩登州刺史以爲行軍司馬梁太祖西攻鳳翔師範乘梁虛陰遣人分襲梁諸州縣宅遣者謀多漏洩事不成獨鄩素好兵書有機略是時梁已破朱瑾等悉有兗鄆以葛從周爲兗州節度使從周將兵在外鄩乃使人負油鬻城中悉視城中虛實出入之所油者得羅城下水竇可入鄩乃以步兵五百從水竇入襲破之徙從周家屬外第親拜其母撫之甚有恩禮太祖已出昭宗于鳳翔引兵東還遣朱友寧攻師範從周攻鄩鄩以版輿置從周母城上母呼從周曰劉將軍待我甚厚無異於汝人臣各爲其主汝可察之從周爲之緩攻鄩乃悉簡婦人及民之老疾不足當敵者出之獨與少壯者同辛苦分衣食堅守以待外援久之外援不至人心頗離副使王彥温踰城而奔守陴者多逸鄩乃遣人陽語彥温曰副使勿多以人出非吾素遣者皆勿以行又下令城中曰吾遣從副使者得出否者皆族城中皆惑奔者乃止已而梁兵聞之果疑彥温非實降者乃斬之城下由是城守益堅師範兵已屈從周以禍福諭鄩鄩報曰俟吾主降卽以城還梁師範敗降梁鄩乃亦降從周爲具

齎裝送鄩歸梁鄩曰降將蒙梁恩不誅幸矣敢乘馬而衣裘乎乃素服乘驢歸梁太祖賜之冠帶飲之以酒鄩辭以量小太祖曰取兗州量何大乎以爲元從都押衙是時太祖已領四鎮四鎮將吏皆功臣舊人鄩一旦以降將居其上及諸將見鄩皆用軍禮鄩居自如太祖益奇之太祖卽位累遷左龍武統軍劉知俊叛陷長安太祖遣鄩與牛存節討之知俊走鳳翔太祖乃以長安爲永平軍拜鄩節度使末帝卽位領鎮南軍節度使爲開封尹楊師厚卒分相魏爲兩鎮末帝恐魏兵亂遣鄩以兵屯于魏縣魏兵果亂劫賀德倫降晉莊宗入魏鄩以謂晉兵悉從莊宗赴魏而太原可襲乃結草爲人執以旗幟以驢負之往來城上而潛軍出黃澤關襲太原晉兵望梁壘旗幟往來不知其去也以故不追鄩至樂平遇雨不克進而旋急趨臨淸爭魏積粟而周德威已先至鄩乃屯于莘縣築甬道及河以饋軍久之末帝以書責鄩曰閫外之事全付將軍河朔諸州一旦淪沒今倉儲已竭飛輓不充將軍與國同心宜思良畫鄩報曰晉兵甚銳未可擊宜待之末帝復遣問鄩必勝之策鄩曰臣無奇術請人給米十斛米盡

則敵破矣末帝大怒誚鄩曰將軍蓄米將療饑乎將破敵乎乃遣使者監督其軍鄩召諸將謀曰主上深居禁中與白面兒謀必敗人事今敵盛未可輕動諸君以爲如何諸將皆欲戰鄩乃悉召諸將坐之軍門人以河水一杯飲之諸將莫測或飲或辭鄩曰一杯之難猶若此滔滔河流可盡乎諸將皆失色是時莊宗在魏數以勁兵壓鄩營鄩不肯出而末帝又數促鄩使出戰莊宗與諸將謀曰劉鄩學六韜喜以機變用兵本欲示弱以襲我今其見迫必求速戰乃聲言歸太原命符存審守魏陽爲西歸而潛兵貝州鄩果報末帝曰晉王西歸魏無備可擊乃以兵萬人攻魏城東莊宗自貝州返趨擊之鄩忽見晉軍驚曰晉王在此邪兵稍卻追至故元城莊宗與符存審爲兩方陣夾之鄩爲員陣以禦晉人兵再合鄩大敗南奔自黎陽濟河保滑州末帝以爲義成軍節度使明年河朔皆入于晉降鄩亳州團練使兗州張萬進反拜鄩兗州安撫制置使萬進敗死乃拜鄩泰寧軍節度使朱友謙叛陷同州末帝以鄩爲河東道招討使行次陝州鄩爲書以招友謙友謙不報留月餘待之尹皓段凝等素惡鄩乃譖之以

爲鄩與友謙親家故其逗留以養賊已而鄩兵數敗乃罷鄩歸洛陽酖殺之年六十四贈中書令子遂凝遂雍事唐皆爲刺史鄩妾王氏有美色鄩卒後入明宗宮中是爲王淑妃明宗晚年淑妃用事鄩二子皆被恩寵潞王從珂反於鳳翔時遂雍爲西京副留守留守王思同帥諸鎮兵討鳳翔戰敗東歸遂雍閉門不納悉封府庫以待潞王潞王前軍至者悉以金帛給之潞王見遂雍握手流涕由是事無大小皆與圖議廢帝入立拜遂雍淄州刺史以鄩兄琪之子遂清代遂雍爲西京副留守遂清歷易棣等五州刺史皆有善政還鳳州防禦使宣徽北院使判三司晉開運中爲安州防禦使以卒遂清性至孝居父喪哀毀鄉里稱之嘗爲淄州刺史迎其母母及郊遂清爲母執轡行數十里州人咸以爲榮

牛存節字贊正青州博昌人也初名禮事諸葛爽於河陽爽卒存節顧其徒曰天下洶洶當得英雄事之乃率其徒十餘人歸梁太祖存節爲人木彊忠謹太祖愛之賜之名字以爲小校張晊攻汴存節破其二寨梁攻濮州戰南劉橋范

縣存節功多李罕之圍張全義於河陽全義乞兵於梁太祖以存節故事河陽知其間道使以兵爲前鋒是時歲饑兵行乏食存節以金帛就民易乾葚以食軍擊走罕之太祖攻魏存節下魏黎陽臨河殺魏萬二千人與太祖會內黃還滑州牢城遏後指揮使梁兵攻鄆存節使都將王言藏船鄆西北隅濠中期以日午渡兵踰濠急攻之會營中火起鄆人登城望火言伏不敢動與存節失期存節獨破鄆西甕城門奪其濠橋梁兵得俱進遂破朱宣從葛從周攻淮南從周敗渒河存節收其散卒八千以歸拜亳宿二州刺史朱瑾走吳召吳兵攻徐宿存節謀曰淮兵必不先攻宿然宿溝壘素固可以禦敵乃夜以兵急趣徐州比傅徐城下瑾兵方至望其塵起驚曰梁兵已來何其速也不能攻而去已而太祖使者至授存節軍機悉與存節意合由是諸將益服其能遷潞州都指揮使太祖攻鳳翔使召存節存節爲將法令嚴整而善得士心潞人送者皆號泣累拜邢州團練使元帥府左都押衙太祖卽位拜右千牛衞上將軍從康懷英攻潞州爲行營排陣使晉兵已破夾城存節等以餘兵歸行至天井關聞晉兵

攻澤州存節顧諸將曰吾行雖不受命然澤州要害不可失也諸將皆不欲救之存節戒士卒熟息已而謂曰事急不赴豈曰勇乎舉策而先士卒隨之比至澤州州人已焚外城將降晉聞存節至乃稍定存節入城助澤人守晉人穴地道以攻之存節選勇士數十亦穴地以應之戰于隧中敵不得入晉人解去還左龍虎統軍六軍都指揮使絳州刺史遷鄜州留後同州劉知俊叛奔鳳翔乃遷存節匡國軍節度使友珪立朱友謙叛附于晉西連鳳翔存節東西受敵同州水鹹而無井知俊叛梁以渴不能守而走故友謙與岐兵合圍持久欲以渴疲之存節禱而擇地鑿井八十水皆甘可食友謙卒不能下末帝立加同中書門下平章事徙鎮天平蔣殷反徐州遣存節攻破之以功加太尉梁晉相距於河上存節病痟而梁晉方苦戰存節忠憤彌激治軍督士未嘗言病病革召歸京師將卒語其子知業曰忠孝吾子也不及其佗贈太師

張歸霸清河人也末帝娶其女是為德妃歸霸少與其弟歸厚歸弁俱從黃巢巢敗東走歸霸兄弟乃降梁秦宗權攻汴歸霸戰數有功張晊軍赤岡以騎兵

挑戰矢中歸霸歸霸拔之反以射賊一發而斃奪其馬而歸太祖從高丘望見甚壯之賞以金帛并以其馬賜之使以弓手五百人伏湟中太祖以騎數百爲遊兵過晊柵晊出兵追太祖歸霸發伏殺晊兵千人奪馬數十匹太祖攻蔡州蔡將蕭顥急擊太祖營歸霸不暇請與徐懷玉分出東南壁門合擊敗之太祖得拔營去太祖攻兗鄆取曹州使歸霸以兵數千守之與朱瑾逆戰金鄉大敗之又破濮州晉人攻魏歸霸從葛從周救魏戰洹水歸霸擒克用子落落以與魏人又破劉仁恭於內黃功出諸將右光化二年權知邢州遷萊州刺史拜左衞上將軍曹州刺史開平元年拜右龍虎統軍左驍衞上將軍二年拜河陽節度使以疾卒子漢傑事末帝爲顯官以張德妃故用事梁亡唐莊宗入汴遂族誅弟歸厚字德坤爲將善用弓槊能以少擊衆張晊屯赤岡歸厚與晊獨戰陣前晊憊而却諸將乘之晊遂大敗太祖大悅以爲騎長梁攻時溥歸厚以麾下先進九里山遇徐兵而戰梁故將陳璠叛在徐歸厚望見識之瞋目大罵馳騎直往取之矢中其左目郴王友裕攻鄆屯濮州太祖從後至友裕從柵與太祖

相失太祖卒與鄆兵遇太祖登高望之鄆兵纔千人太祖與歸厚以廳子軍直衝之戰已合鄆兵大至歸厚度不能支以數十騎衞太祖先還歸厚馬中矢僵乃持槊步鬬太祖還軍中遣張筠馳騎第取之以爲必死矣歸厚體被十餘箭得筠馬乃歸太祖見之泣曰爾在喪軍何足計乎使舁歸宣武遷右神武統軍歷洺晉絳三州刺史與晉人屢戰未嘗屈乾化元年拜鎮國軍節度使以疾卒子漢卿歸弁爲將亦善戰開平初爲滑州長劍指揮使子漢融梁亡皆族誅

王重師許州長社人也爲人沉嘿多智善劍槊秦宗權陷許州重師脫身歸梁從太祖平蔡攻兗鄆爲拔山都指揮使重師苦戰齊魯間威震鄰敵遷穎州刺史太祖攻濮州已破濮人積草焚之梁兵不得入是時重師方病金瘡臥帳中諸將強之重師遽起悉取軍中氈毯沃以水蒙之火上率精卒以短兵突入梁兵隨之皆入遂取濮州重師身被八九瘡軍士負之而還太祖聞之驚曰奈何使我得濮州而失重師乎使醫理之逾月乃愈王師範降表重師青州留後累遷佑國軍節度使同中書門下平章事居數年甚有威惠重師與劉捍故有隙

捍嘗構之太祖太祖疑之重師遣其將張君練西攻邠鳳而不先請君練兵小敗太祖以其擅發兵挫失國威將召而罪之遣劉捍代重師重師不知太祖怒己捍至重師不出迎見之青門禮又倨捍因馳白太祖言重師有二志太祖益怒貶重師溪州刺史再貶崖州司戶參軍未行賜死

徐懷玉亳州焦夷人也少事梁太祖與太祖俱起微賤懷玉爲將以雄豪自任而勇於戰陣從太祖鎭宣武爲永城鎭將秦宗權攻梁壁金隄靈昌酸棗懷玉以輕騎連擊破之俘殺五千餘人遷左長劍都虞候又破宗權於板橋赤岡拔其八柵從太祖東攻兗鄆破徐宿懷玉金創被體戰必克捷所得賞賚往往以分士卒爲梁名將本名琮太祖賜名懷玉從太祖攻魏敗魏兵黎陽遂東攻兗破朱瑾於金鄉又從龐師古攻楊行密師古敗清口懷玉獨完一軍行收散卒萬餘人以歸遷沂州刺史屬歲屢豐乃繕兵治壁爲戰守具已而王師範叛梁攻梁東境懷玉屢以州兵擊破之遷齊州防禦使天復四年以州兵西迎昭宗都洛陽遷華州觀察留後以兵屯雍州遷右羽林統軍屯于澤州晉人攻之爲

五代史卷二十二考證

劉鄩傳飲之以酒鄩辭以量小太祖曰取兗州量何大乎○大監本訛小今從閣本改正

鄩兵數敗乃罷歸洛陽酖殺之○臣文清按司馬光通鑑云密令留守張宗奭酖之丁亥卒胡三省考異莊宗實錄則云憂恚發病卒存考

五代史卷二十二考證

宋　歐陽修　撰

梁臣傳第十一

楊師厚潁州斤溝人也少事河陽李罕之罕之降晉選其麾下勁卒百人獻于晉王師厚在籍中師厚在晉無所知名後以罪奔于梁梁太祖以爲宣武軍押衙曹州刺史梁攻王師範師厚戰臨朐擒其偏將八十餘人取棣州以功拜齊州刺史太祖攻趙匡凝於襄陽遣師厚爲先鋒師厚取穀城西童山木爲浮橋渡漢水擊匡凝敗之匡凝棄城走師厚進攻荆南又走匡凝弟匡明功爲多拜山南東道節度使同中書門下平章事劉知俊叛攻陷長安劉鄩牛存節等攻之久不克師厚以奇兵傍南山入其西門降其守者遂克之晉周德威攻晉州以應知俊師厚敗之于蒙坑以功遷保義軍節度使徙鎮宣義是時梁兵攻趙久無功太祖病臥洛陽少間乃自將北擊趙師厚從太祖至洹水夜行迷失道明日攻魏縣聞敵將至梁兵潰亂不可止久之無敵乃定已而太祖疾作乃還

明年少間而晉軍攻燕燕王劉守光求援於梁太祖爲之擊趙以牽晉屯於龍花遣師厚攻棗彊三月一作日不能下太祖怒自往督戰乃破屠之進圍蓨縣晉史建瑭以輕兵夜擊梁軍梁軍大擾太祖與師厚皆棄輜重南走太祖還東都師厚留屯魏州明年太祖遇弒友珪自立師厚乘間殺魏牙將潘晏臧延範等逐出節度使羅周翰友珪因以師厚爲天雄軍節度使自太祖與晉戰河北師厚嘗爲招討使悉領梁之勁兵太祖崩師厚遂逐其帥而稍矜倨難制故時魏恃牙兵其帥得以倔彊羅紹威時牙兵盡死魏勢孤始爲梁所制師厚已得志乃復置銀槍効節軍友珪陰欲圖之召師厚入計事其吏田温等勸師厚勿行師厚曰吾二十年不負朱家今若不行則見疑而生事然吾知上爲人雖往無如我何也乃以勁兵二萬朝京師留其兵城外以十餘人自從入見友珪友珪益恐懼賜與鉅萬而還已而末帝謀討友珪間於趙巖巖曰此事成敗在招討楊公爾得其一言諭禁軍吾事立辦末帝乃遣馬慎交陰見師厚布腹心師厚猶豫未決謂其下曰方郢王弒逆時吾不能卽討今君臣之分已定無故改圖

人謂我何其下或曰友珪弒父與君乃天下之惡均王仗大義以誅賊其事易成彼若一朝破賊公將何以自處師厚大悟乃遣其將王舜賢至洛陽見袁象先計事使朱漢賓以兵屯滑州爲應末帝卒與象先殺友珪末帝卽位封師厚鄴王詔書不名事無鉅細皆以諮之然心益忌而畏之已而師厚瘍發卒末帝爲之受賀於宮中由是始分相魏爲兩鎭魏軍亂以魏博降晉梁失河北自此始

王景仁廬州合淝人也初名茂章少從楊行密起淮南景仁爲將驍勇剛悍質略無威儀臨敵務以身先士卒行密壯之梁太祖遣子友寧攻王師範于青州師範乞兵於行密行密遣景仁以步騎七千救師範師範以兵背城爲兩柵友寧夜擊其一柵柵中告急趣景仁出戰景仁按兵不動友寧已破一柵連戰不已遲明景仁度友寧兵已困乃出戰大敗之遂斬友寧以其首報行密是時梁太祖方攻鄆州聞子友寧死以兵二十萬倍道而至景仁閉壘示怯伺梁兵怠毀柵而出驅馳疾戰戰酣退坐召諸將飮酒已而復戰太祖登高望見之得青

州降人問飲酒者爲誰曰王茂章也太祖歎曰使吾得此人爲將天下不足平也梁兵又敗景仁軍還梁兵急追之景仁度不可走遣裨將李虔裕以衆一旅設伏於山下以待之留軍不行解鞍而寢虔裕疾呼曰追兵至矣宜速走虔裕以死遏之景仁曰吾亦戰於此也虔裕三請景仁乃行而虔裕卒戰死梁兵以故不能及而景仁全軍以歸景仁事行密爲潤州團練使行密死子渥自宣州入立以景仁代守宣州渥已立反求宣州故時物景仁惜不與渥怒以兵攻之景仁奔于錢鏐鏐表景仁領宣州節度使梁太祖素識景仁乃遣人召之景仁間道歸梁仍以爲寧國軍節度使加同中書門下平章事久之未有以用使參宰相班奉朝請而已開平四年以景仁爲北面招討使將韓勍李思安等兵伐趙行至魏州司天監言太陰虧不利行師太祖亟召景仁等還已而復遣之景仁已去太祖思術者言馳使者止景仁於魏以待景仁已過邢洺使者及之景仁不奉詔進營於柏鄉乾化元年正月庚寅日有食之祟政使敬翔白太祖曰兵可憂矣太祖爲之旰食是日景仁及晉人戰大敗於柏鄉景仁歸訴於太祖

太祖曰吾亦知之蓋韓勍李思安輕汝爲客而不從節度爾乃罷景仁就第後數月悉復其官爵末帝立以景仁爲淮南招討使使攻廬壽軍過獨山山有楊行密祠景仁再拜號泣而去戰于霍山梁兵敗走景仁殿而力戰以故梁兵不甚敗景仁歸京師病疽卒贈太尉

賀瓌字光遠濮州人也事鄆州朱宣爲都指揮使梁太祖攻朱瑾于兗州宣遣瓌與何懷寶柳存等以兵萬人救兗州瓌趨待賓館欲絶梁餉道梁太祖略地至中都得降卒言瓌等兵趨待賓館矣以六壬占之得斬關卦名以爲吉乃選精兵夜疾馳百里期先至待賓以逆瓌而夜黑兵失道旦至鉅野東遇瓌兵擊之瓌等大敗瓌走梁兵急追之瓌顧路窮登塚上大呼曰我賀瓌也可勿殺我太祖馳騎取之并取懷寶等數十人降其卒三千餘人是日大風揚沙蔽天太祖曰天怒我殺人少邪卽盡殺降卒三千人而縶瓌及懷寶等至兗城下以招瑾瑾不納因斬懷寶等十餘人而獨留瓌瓌感太祖不殺誓以身自效從太祖平青州以爲曹州刺史太祖卽位累遷相州刺史末帝時遷左龍虎統軍宣義軍

節度使貞明元年魏兵亂賀德倫降晉晉王入魏州劉鄩敗于故元城走黎陽貝衞洺磁諸州皆入于晉晉軍取楊劉末帝乃以瓌爲招討使與謝彥章等屯于行臺晉軍迫瓌十里而柵相持百餘日瓌與彥章有隙伏甲殺之莊宗喜曰將帥不和梁亡無日矣乃令軍中歸其老疾於鄴以輕兵襲濮州瓌自行臺躡之戰于胡柳陂晉人輜重在陣西瓌軍薄之晉軍亂斬其將周德威盡取其輜重瓌軍已勝陣無石山日暮晉軍仰攻之瓌軍下山擊晉軍瓌大敗晉遂取濮州城德勝夾河爲柵瓌以舟兵攻南柵不能得還軍行臺以疾卒年六十二贈侍中有子光圖凡言有子某者皆仕皇朝有聞

王檀字衆美京兆人也少事梁太祖爲小校尚讓攻梁戰尉氏門檀勇出諸將太祖奇之遷踏白副指揮使從朱珍募兵東方戰數有功梁與蔡兵戰板橋李重裔馬踣爲蔡兵所擒檀馳取之并獲其將一人從太祖破魏內黃還衞山都虞候復從朱珍攻徐州檀獲其將一人梁兵攻王師範檀以一軍破其密州拜密州刺史太祖卽位遷保義軍節度使潞州東北面招討使王景仁敗於柏鄉

晉兵圍邢州太祖大懼欲自將救之檀止太祖請自拒敵力戰卒全邢州以功加同中書門下平章事進封瑯琊郡王友珪立徙鎮宣化貞明元年又徙匡國是時莊宗取魏博檀以謂晉兵悉在河北乃以奇兵西出陰地襲太原不克而還徙鎮天平檀嘗招納亡盜居帳下帳下兵亂入殺檀年五十八贈太師謚曰忠毅

馬嗣勳濠州鍾離人也少事州爲客將爲人材武有辯梁太祖攻濠州刺史張遂遣嗣勳持牌印降梁楊行密攻遂遂又使嗣勳乞兵於太祖梁兵未至濠州已沒嗣勳無所歸乃留事梁太祖以爲宣武軍元從押衙太祖西攻鳳翔行至華州遣嗣勳入說韓建建卽時出降天祐二年羅紹威將誅牙軍乞兵於梁梁女嫁魏適死太祖乃遣嗣勳以長直千人爲綵輿入魏致兵器於輿中聲言助葬嗣勳館銅臺夜與魏新鄉鎮兵攻石柱門入迎紹威家屬衞之乃益取魏甲兵攻牙軍牙軍不知兵所從來莫能爲備殺其八千餘人遲明皆盡嗣勳中重瘡卒太祖卽位贈太保

王虔裕瑯琊臨沂人也爲人健勇善騎射以弋獵爲生少從諸葛爽起青棣間其後爽爲汝州防禦使率兵北擊沙陀還入長安攻黃巢爽兵敗降巢巢以爽爲河陽節度使中和三年孫儒陷河陽虔裕隨爽奔于梁是時太祖新就鎮黃巢秦宗權等兵方盛太祖數爲所窘而梁未有佗將乃以虔裕將騎兵常爲先鋒擊巢陳蔡間拔其數柵巢走梁兵躡之戰于萬勝戍巢敗而東虔裕功爲多乃表虔裕義州刺史黃巢已去秦宗權攻許鄭與梁爲敵境大小百餘戰虔裕常有功秦賢攻汴南境太祖遣虔裕拒賢於尉氏戰敗失一裨將太祖怒拘虔裕於軍中邢州孟遷降梁爲晉人所圍太祖遣虔裕以精兵百人疾馳夜破晉圍入邢州遲明立梁旗幟於城上晉人以爲救兵至乃退已而晉兵復來還執虔裕降于晉見殺

謝彥章許州人也幼事葛從周從周憐其敏慧養以爲子授之兵法從周以千錢置大盤中爲行陣偏伍之狀示以出入進退之節彥章盡得之及壯事梁太祖爲騎將是時賀瓌善用步卒而彥章與孟審澄侯温裕皆善將騎兵審澄温

裕所將不過三千彥章多而益辦彥章事末帝累遷匡國軍節度使貞明四年晉攻河北賀瓌爲北面招討使彥章爲排陣使屯于行臺彥章爲將好禮儒士雖居軍中嘗儒服或臨敵御衆肅然有將帥之威左右馳驟疾若風雨晉人望其行陣齊整相謂曰謝彥章必在此也其名重敵中如此瓌心忌之彥章與瓌行視郊外瓌指一地語彥章曰此地岡阜隆起其中坦然營柵之地也已而晉兵柵之瓌疑彥章陰以告晉益惡之彥章故與馬步都虞候朱珪有隙瓌欲速戰彥章請持重以老敵珪乃誣彥章以爲將反瓌旦享士使珪伏甲殺之審澄温裕皆見害

五代史卷二十三

珍倣宋版

五代史卷二十三考證

王檀傳從朱珍募兵東方〇從監本訛後今從閣本改正

五代史卷二十三考證

珍倣宋版印

五代史卷二十四

宋　歐陽修　撰

唐臣傳第十二

郭崇韜代州鴈門人也爲河東教練使爲人明敏能應對以幹材見稱莊宗爲晉王孟知祥爲中門使崇韜爲副使中門之職參管機要先時吳珙張虔厚等皆以中門使相繼獲罪知祥懼求外任莊宗曰公欲避事當舉可代公者知祥乃薦崇韜爲中門使甚見親信晉兵圍張文禮于鎭州久不下而定州王都引契丹入寇契丹至新樂晉人皆恐欲解圍去莊宗未決崇韜曰契丹之來非救文禮爲王都以利誘之耳且晉新破梁軍宜乘已振之勢不可遽自退怯莊宗然之果敗契丹莊宗即位拜崇韜兵部尚書樞密使梁王彥章擊破德勝唐軍東保楊劉彥章圍之莊宗登壘望見彥章爲重塹以絕唐軍意輕之笑曰我知其心矣其欲持久以弊我也即引短兵出戰爲彥章伏兵所射大敗而歸莊宗問崇韜計安出是時唐已得鄆州矣崇韜因曰彥章圍我於此其志在取鄆州

也臣願得兵數千據河下流築壘於必爭之地以應鄆州爲名彥章必來爭既分其兵可以圖也然板築之功難於卒就陛下日以精兵挑戰使彥章兵不得東十日壘成矣莊宗以爲然乃遣崇韜與毛彰將數千人夜行所過驅掠居人毀屋伐木渡河築壘於博州東晝夜督役六日壘成彥章果引兵急攻之時方大暑彥章兵熱死及攻壘不克所失大半還趨楊劉莊宗迎擊遂敗之康延孝自梁奔唐先見崇韜崇韜延之臥內盡得梁虛實是時莊宗軍朝城段凝軍臨河唐自失德勝梁兵日掠澶相黎陽衛州而李繼韜以澤潞叛入于梁契丹數犯幽涿又聞延孝言梁方召諸鎮兵欲大舉唐諸將皆憂惑以謂成敗未可知莊宗患之以問諸將諸將皆曰唐得鄆州隔河難守不若棄鄆與梁而西取衛州黎陽以河爲界與梁約罷兵毋相攻庶幾以爲後圖莊宗不悅退臥帳中召崇韜問計崇韜曰陛下興兵仗義將士疲戰爭生民苦轉餉者十餘年矣況今大號已建自河以北人皆引首以望成功而思休息今得一鄆州不能守而棄之雖欲指河爲界誰爲陛下守之且唐未失德勝時四方商賈征輸必集薪芻

糧餉其積如山自失南城保楊劉道路轉徙耗亡大半而魏博五州秋稼不稔竭民而斂不支數月此豈按兵持久之時乎臣自康延孝來盡得梁之虛實此真天亡之時也願陛下分兵守魏固楊劉而自鄆長驅擣其巢穴不出半月天下定矣莊宗大喜曰此大丈夫之事也因問司天司天言歲不利用兵崇韜曰古者命將鑿凶門而出況成算已決區區常談何足信也莊宗卽日下令軍中歸其家屬於魏夜渡楊劉從鄆州入襲汴州八日而滅梁莊宗推功賜崇韜鐵券拜侍中成德軍節度使依前樞密使莊宗與諸將以兵取天下而崇韜未嘗居戰陣徒以謀議居佐命第一之功位兼將相遂以天下爲己任遇事無所迴避而宦官伶人用事特不便也初崇韜與宦者馬紹宏俱爲中門使而紹宏位在上及莊宗卽位二人當爲樞密使而崇韜不欲紹宏在己上乃以張居翰爲樞密使紹宏爲宣徽使紹宏失職怨望崇韜因置內勾使以紹宏領之凡天下錢穀出入于租庸者皆經內勾旣而文簿繁多州縣爲弊遽罷其事而紹宏尤側目崇韜頗懼語其故人子弟曰吾佐天子取天下今大功已就而羣小交與

吾欲避之歸守鎮陽庶幾免禍可乎故人子弟對曰俚語曰騎虎者勢不得下今公權位已隆而下多怨嫉一失其勢能自安乎崇韜曰奈何對曰今中宮未立而劉氏有寵宜請立劉氏爲皇后而多建天下利害以便民者然後退而乞身天子以公有大功而無過必不聽公去是外有避權之名而內有中宮之助又爲天下所悅雖有讒間其可動乎崇韜以爲然乃上書請立劉氏爲皇后崇韜素廉自從入洛始受四方賂遺故人子弟或以爲言崇韜曰吾位兼將相祿賜巨萬豈少此邪今藩鎮諸侯多梁舊將皆主上斬袪射鈎之人也今一切拒之豈無反側且藏予私室何異公帑明年天子有事南郊乃悉獻其所藏以佐賞給莊宗已郊遂立劉氏爲皇后崇韜累表自陳請依唐舊制還樞密使於內臣而幷辭鎮陽優詔不允崇韜又曰臣從陛下軍朝城定計破梁陛下撫臣背而約曰事了與卿一鎮今天下一家俊賢並進臣憊矣願乞身如約莊宗召崇韜謂曰朝城之約許卿一鎮不許卿去欲捨朕安之乎崇韜因建天下利害二十五事施行之李嗣源爲成德軍節度使徙崇韜忠武崇韜因自陳權位已極

言甚懇至莊宗曰豈可朕居天下之尊使卿無尺寸之地崇韜辭不已遂罷其命仍爲侍中樞密使同光三年夏霖雨不止大水害民田民多流死莊宗患宮中暑濕不可居思得高樓避暑宦官進曰臣見長安全盛時大明興慶宮樓閣百數今大內不及故時卿相家莊宗曰吾富有天下豈不能作一樓乃遣宮苑使王允平營之宦官曰郭崇韜眉頭不伸常爲租庸惜財用陛下雖欲有作其可得乎莊宗乃使人問崇韜曰昔吾與梁對壘於河上雖祁寒盛暑被甲跨馬不以爲勞今居深宮蔭廣廈不勝其熱何也崇韜對曰陛下昔以天下爲心今以一身爲意艱難逸豫爲慮不同其勢自然也願陛下無忘創業之難常如河上則可使繁暑坐變清涼莊宗默然終遣允平起樓崇韜果切諫宦官曰崇韜之第無異皇居安知陛下之熱由是讒間愈入河南縣令羅貫爲人彊直頗爲崇韜所知貫正身奉法不受權豪請託宦官伶人有所求請書積几案一不以報皆以示崇韜崇韜數以爲言宦官伶人由此切齒河南自故唐時張全義爲尹縣令多出其門全義廝養畜之及貫爲之奉全義不屈縣民恃全義爲不法

者皆按誅之全義大怒嘗使人告劉皇后從容爲白貫事而左右日夜共攻其短莊宗未有以發皇太后崩葬坤陵陵在壽安莊宗幸陵作所而道路泥塗橋壞莊宗止輿問誰主者宦官曰屬河南因亟召貫貫至對曰臣初不奉詔請詰主者莊宗曰爾之所部復問何人卽下貫獄獄吏拷掠體無完膚明日傳詔殺之崇韜諫曰貫罪無佗橋道不修法不當死莊宗怒曰太后靈駕將發天子車輿往來橋道不修卿言無罪是朋黨也崇韜曰貫雖有罪當具獄行法于有司陛下以萬乘之尊怒一縣令使天下之人言陛下用法不公臣等之過也莊宗曰貫公所愛任公裁決因起入宮崇韜隨之論不已莊宗自闔殿門崇韜不得入貫卒見殺明年征蜀議擇大將時明宗爲總管當行而崇韜以讒見危思立大功爲自安之計乃曰契丹爲患北邊非總管不可禦魏王繼岌國之儲副而大功未立且親王爲元帥唐故事也莊宗曰繼岌小子豈任大事公爲我擇其副崇韜未及言莊宗曰吾得之矣無以易卿也乃以繼岌爲西南面行營都統崇韜爲招討使軍政皆決崇韜唐軍入蜀所過迎降王衍弟宗弼陰送款于崇

韜求爲西川兵馬留後崇韜以節度使許之軍至成都宗弼遷衍于西宮悉取衍嬪妓珍寶奉崇韜及其子廷誨又與蜀人列狀見魏王請崇韜留鎮蜀繼岌頗疑崇韜崇韜無以自明因以事斬宗弼及其弟宗渥宗勳沒其家財蜀人大恐崇韜素嫉宦官嘗謂繼岌曰王有破蜀功師旋必爲太子俟主上千秋萬歲後當盡去宦官至於扇馬亦不可騎繼岌監軍李從襲等見崇韜專任軍事心已不平及聞此言遂皆切齒思有以圖之莊宗聞破蜀遣宦官向延嗣勞軍崇韜不郊迎延嗣大怒因與從襲等共構之延嗣還上蜀簿得兵三十萬馬九千五百匹兵器七百萬糧二百五十三萬石錢一百九十二萬緡金銀二十二萬兩珠玉犀象二萬文錦綾羅五十萬匹莊宗曰人言蜀天下之富國也所得止於此邪延嗣因言蜀之寶貨皆入崇韜且誣其有異志將危魏王莊宗怒遣宦官馬彥珪至蜀視崇韜去就彥珪以告劉皇后劉皇后教彥珪矯詔魏王殺之崇韜有子五人其二從死于蜀餘皆見殺其破蜀所得皆籍沒明宗卽位詔許歸葬以其太原故宅賜其一孫當崇韜用事時自宰相豆盧革韋說等皆傾附

之崇韜父諱弘革等卽因佗事奏改弘文館爲崇文館以其姓郭因以爲子儀之後崇韜遂以爲然其伐蜀也過子儀墓下馬號慟而去聞者頗以爲笑然崇韜盡忠國家有大略其已破蜀因遣使者以唐威德風諭南詔諸蠻欲因以綏來之可謂有志矣

安重誨應州人也其父福遷事晉爲將以驍勇知名梁攻朱宣于鄆州晉兵救宣宣敗福遷戰死重誨少事明宗爲人明敏謹恪明宗鎭安國以爲中門使及兵變于魏所與謀議大計皆重誨與霍彥威決之明宗卽位以爲左領軍衞大將軍樞密使兼領山南東道節度使固辭不拜改兵部尚書使如故在位六年累加侍中兼中書令重誨自爲中門使已見親信而以佐命功臣處機密之任事無大小皆以參決其勢傾動天下雖其盡忠勞力時有補益而恃功矜寵威福自出旁無賢人君子之助其獨見之慮禍釁所生至於臣主俱傷幾滅其族斯其可哀者也重誨嘗出過御史臺門殿直馬延悞衝其前導重誨怒卽臺門斬延而後奏是時隨駕廳子軍士桑弘遷毆傷相州錄事參軍親從兵馬使安

處走馬衝宰相前導弘遷罪死處決杖而已重誨已斬延乃請降敕處分明宗不得已從之由是御史諫官無敢言者宰相任圜判三司以其職事與重誨爭不能得圜怒辭疾退居于磁州朱守殷以汴州反重誨遣人矯詔馳至其家殺圜而後白誣圜與守殷通謀明宗皆不能詰也而重誨恐天下議己因取三司積欠二百餘萬請放之冀以悅人而塞責明宗不得已爲下詔蠲除之其威福自出多此類也是時四方奏事皆先白重誨然後聞河南縣獻嘉禾一莖五穗重誨視之曰僞也笞其人而遣之夏州李仁福進白鷹重誨却之明日白曰陛下詔天下毋得獻鷹鷂而仁福違詔獻鷹臣已却之矣重誨出明宗陰遣人取之以入佗日按鷹于西郊戒左右無使重誨知也宿州進白兎重誨曰兎陰且狡雖白何爲遂却而不白明宗爲人雖寬厚然其性夷狄果於殺人馬牧軍使田令方所牧馬瘠而多斃坐劾當死重誨諫曰使天下聞以馬故殺一軍使是謂貴畜而賤人令方因得減死明宗遣回鶻侯三馳傳至其國侯三至醴泉縣縣素僻無驛馬其令劉知章出獵不時給馬侯三遽以聞明宗大怒械知章至

京師將殺之重誨從容爲言知章乃得不死其盡忠補益亦此類也重誨既以天下爲己任遂欲內爲社稷之計而外制諸侯之彊然其輕信韓玫之譖而絕錢鏐之臣徒陷彥温於死而不能去潞王之患李嚴一出而知祥貳仁矩未至而董璋叛四方騷動師旅並興如投膏止火適足速之此所謂獨見之慮禍釁所生也錢鏐據有兩浙號兼吳越而王自梁及莊宗常異其禮以羈縻臣屬之而已明宗即位鏐遣使朝京師寓書重誨其禮慢重誨怒未有以發乃遣其嬖吏韓玫副供奉官烏昭遇復使於鏐而玫恃重誨勢數淩辱昭遇因醉使酒以馬箠擊之鏐欲奏其事昭遇以爲辱國固止之及玫還反譖於重誨曰昭遇見鏐舞蹈稱臣而以朝廷事私告鏐昭遇坐死御史獄乃下制削奪鏐官爵以太師致仕於是錢氏遂絕於唐矣潞王從珂爲河中節度使重誨以謂從珂非李氏子後必爲國家患乃欲陰圖之從珂閱馬黃龍莊其牙內指揮使楊彥温閉城以叛從珂遣人謂彥温曰我遇汝厚何苦而反邪報曰彥温非叛也得樞密院宣請公趨歸朝廷耳從珂走虞鄉馳騎上變明宗疑其事不明欲究其所以

乃遣殿直都知范温以金帶襲衣金鞍勒馬賜彥温拜彥温絳州刺史以誘致之重誨固請用兵明宗不得已乃遣侍衛指揮使藥彥稠西京留守索自通率兵討之而誡曰爲我生致彥温吾將自訊其事彥稠等攻破河中希重誨旨斬彥温以滅口重誨率羣臣稱賀明宗大怒曰朕家事不了卿等不合致賀從珂罷鎭居清化里第重誨數諷宰相言從珂失守宜得罪馮道因白請行法明宗怒曰吾兒爲姦人所中事未辨明公等出此言是不欲容吾兒人間邪趙鳳因言春秋責帥之義所以勵爲臣者明宗曰皆非公等意也道等惶恐而退居數日道等又以爲請明宗顧左右而言他明日重誨乃自論列明宗曰公欲如何處置我卽從公重誨曰此父子之際非臣所宜言惟陛下裁之明宗曰吾爲小校時衣食不能自足此兒爲我擔石灰拾馬糞以相養活今貴爲天子獨不能庇之邪使其杜門私第亦何與公事重誨由是不復敢言孟知祥鎭西川董璋鎭東川二人皆有異志重誨每事裁抑務欲制其姦心凡兩川守將更代多用己所親信必以精兵從之漸令分戍諸州以虞緩急二人覺之以爲圖己益不

自安既而遣李嚴爲西川監軍知祥大怒卽日斬嚴又分閬州爲保寧軍以李仁矩爲節度使以制璋且削其地璋以兵攻殺仁矩二人遂皆反唐兵戍蜀者積三萬人其後知祥殺璋兼據兩川而唐之精兵皆陷蜀初明宗幸汴州重誨建議欲因以伐吳而明宗難之其後戶部尙書李鏻得吳諜者言徐知誥欲舉吳國以稱藩願得安公一言以爲信鏻卽引諜者見重誨重誨大喜以爲然乃以玉帶與諜者使遺知誥爲信其直千緡初不以其事聞其後逾年知誥之問不至始奏貶鏻行軍司馬已而捧聖都軍使李行德十將張儉告變言樞密承旨李虔徽語其客邊彥温云重誨私募士卒繕治甲器欲自伐吳又與諜者交私明宗以問重誨重誨惶恐請究其事明宗初頗疑之大臣左右皆爲之辨既而少解始告重誨以彥温之言因廷詰彥温具伏其詐於是君臣相顧泣下彥温行德儉皆坐族誅重誨因求解職明宗慰之曰事已辨愼無措之胸中重誨論請不已明宗怒曰放卿去朕不患無人顧武德使孟漢瓊至中書趣馮道等議代重誨者馮道曰諸君苟惜安公使得罷去是紓其禍也趙鳳以爲大臣不

可輕動遂以范延光爲樞密使而重誨居職如故董璋等反遣石敬瑭討之而川路險阻糧運甚艱每費一石而致一斗自關以西民苦輸送往往亡聚山林爲盜賊明宗謂重誨曰事勢如此吾當自行重誨曰此臣之責也乃請行關西之人聞重誨來皆已恐動而重誨日馳數百里遠近驚駭督趣糧運日夜不絕斃踣道路者不可勝數重誨過鳳翔節度使朱弘昭延之寢室使其妻子奉事左右甚謹重誨酒酣爲弘昭言昨被讒構幾不自全賴人主明聖得保家族因感歎泣下重誨去弘昭馳騎上言重誨怨望不可令至行營恐其生事而宣徽使孟漢瓊自行營使還亦言西人震駭之狀因述重誨過惡重誨行至三泉被召還過鳳翔弘昭拒而不納重誨懼馳趨京師未至拜河中節度使重誨已罷希旨者爭求其過宦者安希倫坐與重誨交私常爲重誨陰伺宮中動息事發棄市重誨益懼因上章告老以太子太師致仕而以李從璋爲河中節度使遣藥彥稠率兵如河中虞變重誨二子崇緒崇贊宿衞京師聞制下即日奔其父重誨見之驚曰二渠安得來已而曰此非渠意爲人所使耳吾以一死報國餘

復何言乃械送二子于京師行至陝州下獄明宗又遣翟光業至河中視重誨去就戒曰有異志則與從璋圖之又遣宦者使于重誨使者見重誨號泣不已重誨問其故使者曰人言公有異志朝廷遣藥彥稠率兵至矣重誨曰吾死未塞責遽勞朝廷興師以重明主之憂光業至從璋率兵圍重誨第入拜于庭重誨降而答拜從璋以檛擊其首重誨妻走抱之而呼曰令公死未晚何遽如此又擊其首夫妻皆死流血盈庭從璋檢責其家貲不及數千緡而已明宗下詔以其絕錢鏐致孟知祥董璋反及議伐吳以爲罪并殺其二子其餘子孫皆免重誨得罪知其必死歎曰我固當死但恨不與國家除去潞王此其恨也

嗚呼官失其職久矣予讀梁宣底見敬翔李振爲崇政院使凡承上之旨宣之宰相而奉行之宰相有非其見時而事當上決者與其被旨而有所復請者則具記事而入(記事若今學士院諮報今士大夫間以文字相往來謂之簡帖俚俗猶謂之記事也)因崇政使以聞得旨則復宣而出之梁之崇政使乃唐樞密之職蓋出納之任也唐常以宦者爲之至梁戒其禍始更用士人其備顧問參謀議于中則有之未始專行事于外也至

崇韜重誨爲之始復唐樞密之名然權侔於宰相矣後世因之遂分爲二文事任宰相武事任樞密樞密之任既重而宰相自此失其職也

五代史卷二十四

珍倣宋版印

五代史卷二十四考證

郭崇韜傳臣見長安全盛時大明興慶宮樓閣百數○大監本訛太今改正

彥珪以告劉皇后○珪監本訛珍今從上文還宦官馬彥珪改正

安重誨傳遣人矯詔馳至其家殺圜而後白○臣文清按袁樞通鑑紀事云重誨奏遣使賜任圜死端明殿學士趙鳳哭謂重誨曰任圜義士安肯爲逆公濫刑如此何以贊國此數語任圜本傳亦不載姑附於此

重誨知其必死歎曰我固當死但恨不與國家除去潞王○臣文清按胡三省辯此語曰重誨自以私憾欲殺從珂當是時從珂未有跋扈之跡重誨何以知其爲朝廷之患此恐是清泰篡後人譽重誨者造此語未可信也

五代史卷二十四考證

五代史卷二十五

宋　歐陽修　撰

唐臣傳第十三

周德威字鎮遠朔州馬邑人也爲人勇而多智能望塵以知敵數其狀貌雄偉笑不改容人見之凜如也事晉王爲騎將稍遷鐵林軍使從破王行瑜以功遷內衙指揮使其小字陽五當梁晉之際周陽五之勇聞天下梁軍圍晉太原令軍中曰能生得周陽五者爲刺史有驍將陳章者號陳野乂常乘白馬披朱甲以自異出入陣中求周陽五欲必生致之晉王戒德威曰陳野乂欲得汝以求刺史見白馬朱甲者宜善備之德威笑曰陳章好大言耳安知刺史非臣作邪因戒其部兵曰見白馬朱甲者當佯走以避之兩軍皆陣德威微服雜卒伍中陳章出挑戰兵始交德威部下見白馬朱甲者因退走章果奮矟急追之德威伺章已過揮鐵鎚擊之中章墮馬遂生擒之梁攻燕晉遣德威將五萬人爲燕攻梁取潞州遷代州刺史內外蕃漢馬步軍都指揮使梁軍捨燕攻潞圍以夾

城潞州守將李嗣昭閉城拒守而德威與梁軍相持於外踰年嗣昭與德威素有隙晉王病且革語莊宗曰梁軍圍潞而德威與嗣昭有隙吾甚憂之王喪在殯莊宗新立殺其叔父克寧國中未定而晉之重兵悉屬德威于外晉人皆恐莊宗使人以喪及克寧之難告德威且召其軍德威聞命即日還軍太原留其兵城外徒步而入伏梓宮前慟哭幾絶晉人乃安遂從莊宗復擊梁軍破夾城與李嗣昭歡如初以破夾城功拜振武節度使同中書門下平章事天祐七年秋梁遣王景仁將魏滑汴宋等兵七萬人擊趙趙王王鎔乞師于晉晉遣德威先屯趙州冬梁軍至于柏鄉趙人告急莊宗自將出贊皇會德威于石橋進距柏鄉五里營于野河北晉兵少而景仁所將神威龍驤拱宸等軍皆梁精兵人馬鎧甲飾以組繡金銀其光耀日晉軍望之色動德威勉其衆曰此汴宋傭販兒徒飾其外耳其中不足懼也其一甲之直數十千得之適足爲吾資無徒望而愛之當勉以往取也退而告莊宗曰梁兵甚銳未可與爭宜少退以待之莊宗曰吾提孤軍出千里其利速戰今不乘勢急擊之使敵知吾之衆寡則吾無

所施矣德威曰不然趙人能城守而不能野戰吾之取勝利在騎兵平川廣野騎兵之所長也今吾軍於河上迫賊營門非吾用長之地也莊宗不悅退臥帳中諸將無敢入見德威謂監軍張承業曰王怒老兵不速戰者非怯也且吾兵少而臨賊營門所恃者一水隔耳使梁得舟栰渡河吾無類矣不如退軍鄗邑誘敵出營擾而勞之可以策勝也承業入言曰德威老將知兵願無忽其言莊宗遽起曰吾方思之耳已而德威獲梁游兵問景仁何爲曰治舟數百將以爲浮梁德威引與俱見莊宗笑曰果如公所料乃退軍鄗邑德威晨遣三百騎叩梁營挑戰自以勁兵三千繼之景仁怒悉其軍以出與德威轉鬭數十里至于鄗南兩軍皆陣梁軍橫亘六七里汴宋之軍居西魏滑之軍居東莊宗策馬登高望而喜曰平原淺草可前可却眞吾之勝地乃使人告德威曰吾當爲公先公可繼進德威持馬諫曰梁軍輕出而遠來與吾轉戰其來必不暇齎糧糗縱其能齎亦不暇食不及日午人馬俱飢因其將退而擊之勝諸將亦皆以爲然至未申時梁軍東偏塵起德威鼓譟而進麾其西偏曰魏滑軍走矣又麾其東

偏曰梁軍走矣梁陣動不可復整乃皆走遂大敗自鄗追至于柏鄉橫尸數十里景仁以十餘騎僅而免自梁與晉爭凡數十戰其大敗未嘗如此劉守光僭號於燕晉遣德威將兵三萬出飛狐以擊之德威入祁溝關取涿州遂圍守光於幽州破其外城守光閉門距守而晉軍盡下燕諸州縣獨幽州不下圍之踰年乃破之以功拜盧龍軍節度使德威雖爲大將而常身與士卒馳騁於矢石之間守光驍將單廷珪望見德威於陣曰此周陽五也乃挺搶馳騎追之德威佯走度廷珪垂及側身少却廷珪馬方馳不可止縱其少過奮檛擊之廷珪墜馬遂見擒莊宗與劉鄩相持于魏鄩夜潛軍出黃澤關以襲太原德威自幽州以千騎入土門以躡之鄩至樂平遇雨不得進而還德威與鄩俱東爭趨臨清臨清有積粟且晉軍餉道也德威先馳據之以故莊宗卒能困鄩軍而敗之莊宗勇而好戰尤銳於見敵德威老將常務持重以挫人之鋒故其用兵常伺敵之隙以取勝十五年德威將燕兵三萬人與鎮定等軍從莊宗于河上自麻家渡進軍臨濮以趨汴州軍宿胡柳陂黎明候騎報曰梁軍至矣莊宗問戰於德

威德威對曰此去汴州信宿而近梁軍父母妻子皆在其中而梁人家國繫此一舉吾以深入之兵當其必死之戰可以計勝而難與力爭也且吾軍先至此糧虆具而營柵完是謂以逸待勞之師也王宜按軍無動而臣請以騎軍擾之使其營柵不得成樵爨不暇給因其勞乏而乘之可以勝也莊宗曰吾軍河上終日俟敵今見敵不擊復何爲乎顧李存審曰公以輜重先吾爲公殿遂督軍而出德威謂其子曰吾不知死所矣前遇梁軍而陣王軍居中鎭定之軍居左德威之軍居右而輜重次右之西兵已接莊宗率銀槍軍馳入梁陣梁軍小敗犯晉輜重輜重見梁朱旗皆驚走入德威軍德威軍亂梁軍乘之德威父子皆戰死莊宗與諸將相持而哭曰吾不聽老將之言而使其父子至此莊宗卽位贈德威太師明宗時加贈太尉配享莊宗廟晉高祖追封德威燕王子光輔官至刺史

符存審字德詳陳州宛丘人也初名存少微賤嘗犯法當死臨刑指旁壞垣顧主者曰願就死于彼冀得垣土覆尸主者哀而許之爲徙垣下而主將方飲酒

顧其愛妓思得善歌者佐酒妓言有符存審嘗爲妾歌甚善主將馳騎召存審而存審以徙垣下故未加刑因往就召使歌而悅之存審因得不死其後事李罕之從罕之歸晉晉王以爲義兒軍使賜姓李氏名存審從晉王擊李匡儔爲前鋒破居庸關又從擊王行瑜破龍泉寨以功遷檢校左僕射從李嗣昭攻汾州執李瑭還左右廂步軍都指揮使又從嗣昭攻潞州降丁會從周德威破梁夾城遷忻州刺史蕃漢馬步軍都指揮使晉趙攻燕梁救燕擊趙深州圍蓨縣存審與史建瑭軍下博擊走梁軍還領邢州團練使魏博叛梁降晉存審爲先鋒屯臨清莊宗入魏存審殿軍魏縣與劉鄩相距於莘西從莊宗敗鄩於故元城閻寶以邢州降乃以存審爲安國軍節度使毛璋以滄州降徙存審橫海加同中書門下平章事契丹圍幽州是時晉與梁相持河上欲發兵兵少欲勿救懼失之莊宗疑以問諸將而存審獨以爲當救曰願假臣騎兵五千足矣乃遣存審分兵救之卒擊走契丹從戰胡柳陂晉軍晨敗亡周德威存審與其子彥圖力戰暮復敗梁軍於土山遂取德勝築河南北爲兩城晉人謂之夾寨還內外

蕃漢馬步軍總管梁朱友謙以河中同州降晉梁遣劉鄩攻同州友謙求救乃遣存審與李嗣昭救之河中兵少而弱梁人素易之且不虞晉軍之速至也存審選精騎二百雜河中兵出擊鄩壘陽敗而走鄩兵追之晉騎反擊獲其騎兵五十梁人知其晉軍也皆大驚然河中糧少而新降人心頗持兩端晉軍屯朝邑諸將皆欲速戰存審曰使梁軍知吾利於速戰則將夾渭而營斷我餉道以持久困我則我進退不可敗之道也不若緩師示弱伺隙出奇可以取勝乃按軍不動居旬日望氣者言有黑氣狀如鬬鷄存審曰可以一戰矣乃進軍擊鄩大敗之鄩閉壁不復出存審曰鄩兵已敗不如逸之乃休士卒遣裨將王建及牧馬于沙苑鄩以謂晉軍且懈乃夜遯去存審追擊于渭河又大敗之張文禮弒趙王王鎔晉遣閻寶李嗣昭等攻之至輒戰死最後遣存審破之存審爲將有機略大小百餘戰未嘗敗與周德威齊名德威死晉之舊將獨存審在契丹攻遮虜乃以存審爲盧龍軍節度使時存審已病辭不肯行莊宗使人慰諭彊遣之莊宗滅梁入洛存審自以身爲大將不得與破梁之功怏怏疾益甚因

請朝京師是時郭崇韜權位已重然其名望素出存審下不樂其來而加己上因沮其事存審妻郭氏泣訴于崇韜曰吾夫於國有功而與公鄉里之舊奈何忍令死棄窮野崇韜愈怒存審章累上輒不許存審伏枕歎曰老夫事二主四十年今日天下一家四夷遠俗至於亡國之將射鈎斬袪之人皆得親見天子奉觴爲壽而獨予棄死於此豈非命哉崇韜度存審病已亟乃請許其來朝徙存審宣武軍節度使卒于幽州臨終戒其子曰吾少提一劍去鄉里四十年間取將相然履鋒冒刃出死入生而得至此也因出其平生身所中矢鏃百餘而示之曰爾其勉哉存審三子彥超彥饒彥卿彥超爲汾州刺史郭從謙弒莊宗明宗入洛陽是時彥超爲北京巡檢永王存霸奔於太原彥超見留守張憲謀之憲儒者事莊宗最久不忍背恩欲納之彥超不從存霸遂見殺明宗即位彥超來朝明宗德之勞曰河東無事賴爾之力也以爲建雄軍留後還北京留守徙鎮昭義罷爲上將軍復爲泰寧軍節度使又徙安遠彥超主藏奴王希全盜其貲彥超稍責之奴懼夜叩其門言有急彥超出見殺贈太尉次子彥饒爲汴

州馬步軍都指揮使天成元年發汴兵三千戍瓦橋關控鶴指揮使張諫爲亂殺權知州高逖迫彥饒爲帥彥饒陽許之曰欲吾爲帥當止焚掠明日以軍禮見吾於南衙乃陰與拱衙指揮使龐起伏甲於衙內明日諫等皆集伏兵發誅諫等殺四百餘人卽日牒州事與推官韋儼明宗下詔褒其忠略其後累遷彰聖都指揮使歷曹沂饒三州刺史清泰三年自饒州刺史拜忠正軍節度使侍衞馬步軍都指揮使晉高祖起太原彥饒以侍衞兵從廢帝至河陽廢帝敗晉高祖以楊光遠代彥饒將親軍從彥饒義成軍節度使范延光反白奉進以侍衞兵三千屯滑州兵士犯法奉進捕得五人其三人義成兵也因幷斬之彥饒怒明日奉進從數騎過彥饒謝不先告而殺彥饒曰軍士各有部分義成兵卒豈公所得斬邪何無主客之禮也奉進怒曰軍士犯法安有彼此且僕已自謝過而公怒不息欲與延光同反邪拂衣而起彥饒不復留之其麾下大譟追奉進殺之彥饒不之止也已而屯駐軍將馬萬等聞亂以兵擒彥饒送之京師遂以彥饒應延光反聞行至赤岡高祖使人殺之下詔削奪在身官爵彥饒與晉

初無釁隙以一旦之忿不能馭其軍殺奉進已非其本意以反見誅非其罪也

史建瑭鴈門人也晉王爲鴈門節度使其父敬思爲九府都督從晉王入關破黃巢復京師擊秦宗權于陳州常將騎兵爲先鋒晉王東追黃巢于寃朐還過梁軍其城北梁王置酒上源驛獨敬思與薛鐵山賀回鶻等十餘人侍晉王醉留宿梁驛梁兵夜圍而攻之敬思登驛樓射殺梁兵十餘人會天大雨晉王得與從者俱去縋尉氏門以出而敬思爲梁追兵所得見殺建瑭少事軍中爲裨校自晉降丁會與梁相距於潞州建瑭已爲晉兵先鋒梁兵數爲建瑭所殺相戒常避史先鋒梁遣王景仁攻趙晉軍救趙建瑭以先鋒兵出井陘戰于柏鄉梁軍爲方陣分其兵爲二汴宋之軍居左魏滑之軍居右周德威擊其左建瑭擊其右梁軍皆走遂大敗之以功加檢校左僕射天祐九年晉攻燕燕王劉守光乞師于梁梁太祖自將擊趙圍棗彊蓨縣是時晉精兵皆北攻燕獨符存審與建瑭以三千騎屯趙州梁軍已破棗彊存審扼下博橋建瑭分其麾下五百騎爲五隊一之衡水一之南宮一之信都一之阜城而自將其一約各取梁芻

牧者十人會下博至暮擒梁兵數十皆殺之各留其一人縱使逸去告之曰晉王軍且大至明日建瑭率百騎爲梁旗幟雜其芻收者暮叩梁營殺其守門卒縱火大呼斬擊數十百人而梁芻牧者所出各遇晉兵有所亡失其縱而不殺者歸而皆言晉軍且至梁太祖夜拔營去蓨縣人追擊之梁軍棄其輜重鎧甲不可勝計梁太祖方病由是增劇而晉軍以故得并力以收燕者二人之力也後從莊宗入魏博敗劉鄩於故元城累以功歷貝相二州刺史十八年晉軍討張文禮於鎮州建瑭以先鋒兵下趙州執其刺史王鋋兵傅鎮州建瑭攻其城門中流矢卒年四十二建瑭子匡翰尚晉高祖女是爲魯國長公主匡翰爲將沉毅有謀而接下以體與部曲語未嘗不名歷天雄軍步軍都指揮使彰聖馬軍都指揮使事晉爲懷和二州刺史鄭州防禦使義成軍節度使所至兵民稱慕之史氏世爲將而匡翰好讀書尤喜春秋三傳與學者講論終日無倦義成軍從事關徹尤嗜酒嘗醉罵匡翰曰近聞張彥澤臠張式未見史匡翰斬關徹天下談者未有偶爾匡翰不怒引滿自罰而慰勉之人皆服其量卒年四十

王建及許州人也少事李罕之從罕之奔晉爲匡衞指揮使梁晉戰柏鄉相距鄗邑野河上鎭定兵扼河橋梁兵急擊之莊宗登高臺望見鎭定兵將敗顧建及曰橋爲梁奪則吾軍危矣奈何建及選二百人馳擊梁兵梁兵敗解去從戰莘縣故元城皆先登陷陣以功累拜遼州刺史將銀槍效節軍晉攻楊劉建及躬自負葭葦堙塹先登拔之從戰胡柳晉兵已敗與梁爭土山梁兵先至登山而陣莊宗至山下望梁陣堅而整呼其軍曰今日之戰得山者勝因馳騎犯之建及以銀槍軍繼進梁兵下走陣山西晉兵遂得土山諸將皆言潰兵未集旦暮不可戰閻寶曰彼陣山上吾在其下尚能擊之況以高而擊下不可失也建及以爲然因白莊宗曰請登高望臣破敵卽呼其衆曰今日所失輜重皆在山西盍往取之卽馳犯梁陣梁兵大敗晉遂軍德勝爲南北城于河上梁將賀瓌攻其南城以竹笮維戰艦于河晉兵不得渡南城危甚莊宗積金帛於軍門募能破梁戰艦者至於吐火禁咒莫不皆有建及重鎧執矟呼曰梁晉一水間爾何必巧爲吾今破之矣卽以大甕積薪自上流縱火焚梁戰艦建及以二舟載

甲士隨之斧其竹笮梁兵皆走晉軍乃得渡救南城壞圍解去自莊宗得魏博建及將銀槍効節軍建及爲將喜以家貲散士卒莊宗遣宦官韋令圖監其軍令圖言建及得士心懼有異志不可令典牙兵卽以爲代州刺史建及快快而卒年五十七

元行欽幽州人也爲劉守光裨將守光篡其父仁恭使行欽以兵攻仁恭於大安山而囚之又使行欽害諸兄弟其後晉攻幽州守光使行欽募兵雲朔閒是時明宗掠地山北與行欽相拒廣邊軍凡八戰明宗七射中行欽行欽拔矢而戰亦射明宗中股行欽屢敗乃降明宗撫其背而飲以酒曰壯士也因養以爲子常從明宗戰數立功莊宗已下魏益選驍將自衞聞行欽驍勇取之以爲散員都部署賜姓名曰李紹榮莊宗好戰而輕敵與梁軍戰潘張軍敗而潰莊宗得三四騎馳去梁兵數百追及攢矟圍之行欽望其旗而識之馳一騎奮劒斷其二矛斬首一級梁兵解去莊宗還營持行欽泣曰富貴與卿共之由是寵絕諸將拜忻州刺史遷武寧軍節度使莊宗宴羣臣於內殿酒酣樂作道平生戰

陣事以爲笑樂而怪行欽不在因左右顧視曰紹榮安在所司奏曰奉敕宴使相紹榮散官不得與也莊宗罷會不樂明日卽拜行欽同中書門下平章事自此不召羣臣入內殿但宴武臣而已趙在禮反於魏莊宗方選大將擊之劉皇后曰此小事可趣紹榮指揮乃以行欽爲鄴都行營招撫使將二千人討之行欽攻鄴南門以詔書招在禮在禮送羊酒犒軍登城謂行欽曰將士經年離去父母不取敕旨奔歸上貽聖憂追悔何及若公善爲之辭尚能改過自新行欽曰天子以汝等有社稷之功小過必當赦宥在禮再拜以詔書示諸軍皇甫暉從旁奪詔書壞之軍士大譟行欽具以聞莊宗大怒敕行欽破城之日無遺種乃益召諸鎮兵皆屬行欽行欽屯澶州分諸鎮兵爲五道毀民車輪門扉屋椽爲筏渡長慶河攻冠氏門不克是時邢洺諸州相繼皆叛而行欽攻鄴無功莊宗欲自將以往羣臣皆諫止乃遣明宗討之明宗至魏軍城西行欽軍城南而明宗軍變入于魏與在禮合行欽聞之退屯衛州以明宗反聞莊宗遣金槍指揮使李從璟馳詔明宗計事從璟明宗子也行至衛州而明宗已反行欽乃縶

從璟將殺之從璟請還京師乃許之明宗自魏縣引兵南行欽率兵趨還京師從莊宗幸汴州行至滎澤聞明宗已渡黎陽莊宗復遣從璟通問于明宗行欽以爲不可因擊殺從璟明宗入汴州莊宗至萬勝鎭不得進與行欽登道旁冢置酒相顧泣下有野人獻雉問其冢名野人曰愁臺也莊宗益不悅因罷酒去西至石橋置酒野次莊宗謂行欽曰卿等從我久富貴急難無不同也今兹危蹙而默默無言坐視成敗我至滎澤欲單騎渡河自求總管卿等各陳利害今日俾我至此卿等何如行欽泣而對曰臣本小人蒙陛下撫養位至將相危難之時不能報國雖死無以塞責因與諸將百餘人皆解髻斷髮置之于地誓以死報君臣相持慟哭莊宗還洛陽數日復幸汜水郭從謙反莊宗崩行欽出奔行至平陸爲野人所執送虢州刺史石潭折其兩足載以檻車送京師明宗見之駡曰我兒何負於爾行欽瞋目直視曰先皇帝何負於爾乃斬于洛陽市市人皆爲之流涕

嗚呼死之所以可貴者以其義不苟生爾故曰主在與在主亡與亡者社稷之

臣也方明宗之兵變于魏諸將未知去就而行欽獨以反聞又殺其子從璟至於斷髮自誓其誠節有足嘉矣及莊宗之崩不能自決而反逃死以求生終於被執而見殺其言雖不屈而死非其志也烏足貴哉

安金全代北人也爲人驍果工騎射號能擒生踏伏事晉爲騎將數從莊宗用兵有功官至刺史以疾居于太原莊宗已下魏博與梁相距河上梁將王檀襲太原晉兵皆從莊宗于河上太原無備監軍張承業大恐率諸司工匠登城扞禦而外攻甚急金全彊起謂承業曰太原晉之根本也一旦不守則大事去矣老夫誠憊矣然尚能爲公破賊承業喜授以甲兵金全被甲跨馬召率子弟及故將吏得百餘人夜出北門擊檀於羊馬城中檀軍驚潰而晉救兵稍至然莊宗不以金全爲能終其世不錄其功金全與明宗有舊明宗卽位拜金全振武軍節度使同中書門下平章事在鎭二年召還京師以疾卒

袁建豐不知其世家也晉王討黃巢至華陰闕得之時方九歲愛其俊爽收養之長習騎射爲鐵林都虞候從擊王行瑜李匡威以功遷突陣指揮使從莊宗

破夾城戰柏鄉遷左廂馬軍指揮使明宗爲內衙指揮使建豐爲副使從莊宗入魏取衛磁洺三州拜洺州刺史擊梁將王千斬首千餘級獲其將校七十餘人遷相州刺史從戰胡柳指揮使孟謙據相州叛建豐還討平之徙隰州刺史病風廢明宗卽位以舊恩召還京師親幸其第撫慰甚厚加檢校太尉遙領鎮南軍節度使俾食其俸以卒贈太尉

西方鄴定州滿城人也父再遇爲汴州軍校鄴居軍中以勇力聞年二十南渡河遊梁不見用復歸莊宗于河上莊宗以爲孝義指揮使數從征伐有功同光中爲曹州刺史以州兵屯汴州明宗自魏反兵南渡河而莊宗東幸汴州汴州節度使孔循懷二志使北門迎明宗西門迎莊宗所以供帳委積如一曰先至者入之鄴因責循曰主上破梁而得公有不殺之恩奈何欲納總管而負國循不答鄴度循不可爭而石敬瑭妻明宗女也時方在汴鄴欲殺之以堅人心循知其謀取之藏其家鄴無如之何而明宗已及汴乃將麾下兵五百騎西迎莊宗於汜水嗚咽泣下莊宗亦爲之噓唏乃使以兵爲先鋒莊宗至汴西不得入

還洛陽遇弑明宗入洛鄴請死於馬前明宗嘉歎久之明年荆南高季興叛明宗遣襄州節度使劉訓等招討而以東川董璋爲西南面招討使乃拜鄴夔州刺史副璋以兵出三峽已而訓等無功見黜諸將皆罷璋亦未嘗出兵惟鄴獨取三州乃以夔州爲寧江軍拜鄴節度使已而又取歸州數敗季興之兵鄴武人所爲多不中法度判官譚善達數以諫鄴怒遣人告善達受人金下獄善達素剛辯益不遜遂死于獄中鄴病見善達爲祟卒于鎮

五代史卷二十五

五代史卷二十六

宋　歐　陽　修　撰

唐臣傳第十四

符習趙州昭慶人也少事趙王王鎔爲軍校自晉救趙破梁軍柏鄉趙常遣習將兵從晉晉軍德勝張文禮弑趙王王鎔上書莊宗求習歸趙莊宗遣之習號泣曰臣世家趙受趙王恩王嘗以一劍與臣使自效今聞王死欲以劍自裁念卒無益請擊趙破賊報王寃莊宗壯之乃遣閻寶史建瑭等助習討文禮以習爲鎮州兵馬留後習攻文禮不克莊宗用佗將破之拜習成德軍節度使習辭不敢受乃以相衞二州爲義寧軍以習爲節度使習辭曰魏博六州霸王之府也不宜分割以示弱願授臣河内一鎮得自攻取之乃拜習天平軍節度使東南面招討使習亦未嘗攻取後徙鎮安國又徙平盧趙在禮作亂遣習以鎮兵討賊習未至魏而明宗兵變習不敢進明宗遣人招之習見明宗於胙縣而以明宗擧兵不順去就之意未決霍彥威紿習曰主上所殺者十人公居其四復

何猶豫乎習意乃決平盧監軍楊希望聞習為明宗所召乃以兵圍習家屬將殺之指揮使王公儼素為希望所信紿希望曰內侍盡忠朝廷誅反者家族孰敢不效命宜分兵守城以虞外變習家不足慮也希望信之乃悉分其兵守城公儼因擒希望斬之習家屬由是獲免而公儼宣言青人不便習之嚴急不欲習復來因自求為節度使明宗乃以房知溫代習鎮平盧拜公儼登州刺史公儼不時承命知溫擒而殺之習復鎮天平徙鎮宣武習素為安重誨所不悅希其旨者上言習厚斂汴人乃以太子太師致仕歸昭慶故里明宗以其子令謙為趙州刺史以奉養之習以無罪怏怏失職縱獵劇飲以自娛居歲餘中風卒贈太師習二子令謙蒙令謙有勇力善騎射以父任為將官至趙州刺史有善政卒于州州人號泣送葬者數千人當時號為良刺史蒙少好學性剛鯁為成德軍節度副使後事晉官至禮部侍郎

烏震冀州信都人也少事趙王王鎔為軍卒稍以功遷裨校隸符習軍習從莊宗于河上而鎔為張文禮所弑震從習討文禮而家在趙文禮執震母妻及子

十餘人以招震震不顧文禮乃皆斷其手鼻割而不殊縱至習軍軍中皆不忍正視震一慟而止憤激自勵身先士卒晉軍攻破鎮州震以功拜刺史歷深趙二州震爲人純質少好學通左氏春秋喜作詩善書及爲刺史以廉平爲政有聲還冀州刺史兼北面水陸轉運使明宗聞其名擢拜河北道副招討使領寧國軍節度使代房知溫戍于盧臺軍始至而戍兵龍晊等作亂見殺贈太師

嗚呼忠孝以義則兩得吾既已言之矣若烏震者可謂忠乎甚矣震之不思也夫食人之祿而任人之事事有任專其責而其國之利害由己之爲不爲爲之雖利於國而有害於其親者猶將辭其祿而去之矧其事衆人所皆可爲而任不專己又其爲與不爲國之利害不繫焉者如是而不顧其親雖不以爲利猶曰不孝況因而利之乎夫能事其親以孝然後能事其君以忠若烏震者可謂大不孝矣尚何有於忠哉

孔謙魏州人也爲魏州孔目官魏博入于晉莊宗以爲度支使謙爲人勤敏而傾巧善事人莊宗及其左右皆悦之自少爲吏工書算頗知金穀聚斂之事晉

與梁相拒河上十餘年大小百餘戰謙調發供饋未嘗缺乏所以成莊宗之業者謙之力為多然民亦不勝其苦也莊宗初建大號謙自謂當為租庸使而郭崇韜用魏博觀察判官張憲為使以謙為副謙已怏怏既而莊宗滅梁謙從入汴謂崇韜曰鄴北都也宜得重人鎮之非張憲不可崇韜以為然因以憲留守北都而以宰相豆盧革判租庸謙益失望乃陰求革過失而革嘗以手書假租庸錢十萬謙因以書示崇韜而微泄其事使革聞之革懼遂求解職以讓崇韜崇韜亦不肯當莊宗問誰可者崇韜曰孔謙雖長於金穀而物議未可居大任不若復用張憲乃趣召憲憲為人明辨人頗忌之謙因乘閒謂革曰租庸錢穀悉在目前委一小吏可辦鄴都天下之重不可輕以任人革以語崇韜崇韜罷憲不召以興唐尹王正言為租庸使謙益憤憤因求解職莊宗怒其避事欲寘之法賴伶官景進救解之乃止已而正言病風不任事景進數以為言乃罷正言以謙為租庸使賜豐財贍國功臣謙無佗能直以聚斂為事莊宗初即位推恩天下除百姓田租放諸場務課利欠負者謙悉違詔督理故事觀察使所治

屬州事皆不得專達上所賦調亦下觀察使行之而謙直以租庸帖調發諸州不關觀察觀察使交章論理以謂制敕不下支郡刺史不專奏事唐制也租庸直帖沿僞梁之弊不可爲法今唐運中興願還舊制詔從其請而謙不奉詔卒行直帖又請減百官俸錢省罷節度觀察判官推官等員數以至鄣塞天下山谷徑路禁止行人以收商旅征算遣大程官放猪羊柴炭占庇人戶更制括田竿尺盡率州使公廨錢由是天下皆怨苦之明宗立下詔暴謙罪斬于洛陽市籍沒其家遂罷租庸使額分鹽鐵度支戶部爲三司

張延朗汴州開封人也事梁以租庸使爲鄆州糧料使明宗克鄆州得延朗復以爲糧料使後徙鎮宣武成德以爲元從孔目官明宗卽位爲莊宅使宣徽北院使忠武軍節度使長興元年拜三司使唐制戶部度支以本司郎中侍郎判其事而有鹽鐵轉運使其後用兵以國計爲重遂以宰相領其職乾符以後天下喪亂國用愈空始置租庸使用兵無常隨時調斂兵罷則止梁與始置租庸使領天下錢穀廢戶部度支鹽鐵之官莊宗滅梁因而不改明宗入立誅租庸

使孔謙而廢其使職以大臣一人判戸部度支鹽鐵號曰判三司延朗因請置三司使事下中書中書用唐故事拜延朗特進工部尚書充諸道鹽鐵轉運等使兼判戸部度支事詔以延朗充三司使班在宣徽使下三司置使自此始延朗號爲有心計以三司爲己任而天下錢穀亦無所建明明宗常出遊幸召延朗共食延朗不至附使者報曰三司事忙無暇聞者笑之歷泰寧雄武軍節度使廢帝以爲吏部尚書兼中書門下平章事判三司晉高祖有異志三司財貨在太原者延朗悉調取之高祖深以爲恨晉兵起廢帝欲親征而心畏高祖遲疑不決延朗與劉延朗等勸帝必行延朗籍諸道民爲丁及括其馬丁馬未至晉兵入京師高祖得延朗殺之

李嚴幽州人也初名讓坤事劉守光爲刺史後事莊宗爲客省使嚴爲人明敏多藝能習騎射頗知書而辯同光三年使于蜀爲王衍陳唐興復功德之盛音辭清亮蜀人聽之皆竦動衍樞密使宋光嗣召嚴置酒從容問中國事嚴對曰前年天子建大號于鄴宮自鄆趨汴定天下不旬日而梁之降兵猶三十萬東

漸于海西極甘涼北慴幽陵南踰閩嶺四方萬里莫不臣妾而淮南楊氏承累世之彊鳳翔李公恃先朝之舊皆遣子入侍稽首稱藩至于荊湖吳越修貢賦效珍奇願自比於列郡者至無虛月天子方懷之以德而震之以威天下之勢不得不一也光嗣曰荊湖吳越非吾所知若鳳翔則蜀之姻親也其人反覆其可信乎又聞契丹日益彊盛大國其可無慮乎嚴曰契丹之彊孰與僞梁光嗣曰比梁差劣爾嚴曰唐滅梁如拉朽況其不及乎唐兵布天下發一鎭之衆可以滅虜使無類然而天生四夷不在九州之內自前古王者皆存而不論蓋不欲窮兵黷武也蜀人聞嚴應對愈益奇之是時蜀之君臣皆庸暗而恃險自安窮極奢僭嚴自蜀還具言可取之狀初莊宗遣嚴以名馬入蜀市珍奇以充後宮而蜀法嚴禁以奇貨出劍門其非奇物而出者名曰入草物由是嚴無所得而還惟得金二百兩地衣毛布之類莊宗聞之大怒曰物歸中國謂之入草王衍其能免爲入草人乎於是決議伐蜀冬魏王繼岌西伐以嚴爲三川招討使與康延孝以兵五千先行所過州縣皆迎降延孝至漢州王衍告曰得李嚴來

即降衆皆以伐蜀之謀自嚴始而衍怨嚴深不宜往嚴聞之喜即馳騎入益州
衍見嚴以妻母爲託即日以蜀降嚴還明宗以爲泗州防禦使客省使如故其
後孟知祥倔彊於蜀安重誨稍裁抑之思有以制知祥者嚴乃求爲西川兵馬
都監將行其母曰汝前啓破蜀之謀今行其以死報蜀人矣嚴不聽初嚴與知
祥同事莊宗時知祥爲中門使嚴嘗有過莊宗怒甚命斬之知祥戒行刑者少
緩入白莊宗曰嚴小過不宜以喜怒殺人恐失士大夫心莊宗怒稍解命知祥
監笞嚴二十而釋之知祥雖與嚴有舊恩而惡其來蜀人聞嚴來亦皆惡之嚴
至知祥置酒從容問嚴曰朝廷以公來邪公意自欲來邪嚴曰君命也知祥發
怒曰天下藩鎭皆無監軍安得爾獨來此此乃孺子熒惑朝廷爾即擒斬之明
宗不能詰也知祥由此遂反

李仁矩不知其世家少事明宗爲客將明宗即位以爲客省使左衞大將軍明
宗祀天南郊東西川當進助禮錢使仁矩趣之仁矩恃恩驕恣見藩臣不以禮
東川節度使董璋置酒召仁矩仁矩辭醉不往於傳舍與倡妓飲璋怒率衙兵

露刃之傳舍仁矩惶恐不襪而靴走庭中璋責之曰爾以西川能斬李嚴謂我獨不能斬爾邪顧左右牽出斬之仁矩涕泣拜伏謝罪乃止明日璋置酒召仁矩見其妻子以厚謝之仁矩還言璋必反仁矩素爲安重誨所親信自璋有異志重誨思有以制之乃分東川之閬州爲保寧軍以仁矩爲節度使遣姚洪將兵戍之璋以書至京師告其子光業曰朝廷割我支郡分建節髦又以兵戍之是將殺我也若唐復遣一騎入斜谷吾必反矣與汝自此而決光業私以書示樞密承旨李虔徽使白重誨重誨不省仁矩至鎮伺璋動靜必以聞璋益疑懼遂決反重誨又遣荀咸乂將兵益戍閬州光業亟言以爲不可重誨不聽咸乂未至璋已反攻閬州仁矩召將校問策皆曰璋有二心久矣常以利啖吾兵兵未可用而賊鋒方銳宜堅壁以挫之能守旬日大軍必至賊當自退仁矩曰蜀懦安能當我精銳之師卽驅之出戰兵未交而潰仁矩被擒并其家屬皆見殺

毛璋滄州人也梁末戴思遠爲橫海軍節度使璋事思遠爲軍校晉已下魏博思遠棄滄州出奔璋以滄州降晉以功爲貝州刺史璋爲人有膽勇自晉與梁

相拒河上璋累戰有功莊宗滅梁拜璋華州節度使在鎭多不法議者疑其有異志乃徙璋鎭昭義璋初欲拒命其判官邊蔚切諫諭之乃聽命璋累歷藩鎭又在華州得魏王繼岌伐蜀餘貲既富而驕益爲淫侈嘗服赭袍飲酒使其所得蜀奴爲王衍宮中之戲于前明宗聞而惡之召爲金吾上將軍東川董璋上書言璋遣子廷贇持書往西川疑其有姦明宗乃遣人追還廷贇并璋下御史獄廷贇款稱實璋假子有叔父在蜀欲往省之而無私書璋無罪名有司議璋前任藩鎭陰畜異圖及處班行不慎行止乃停璋見任官勒還私第初廷贇之蜀與其客趙延祚俱及召下獄延祚多捃璋陰事欲言之璋許延祚重賂以滅口既出而責賂於璋璋不與延祚乃詣臺自言并璋復下獄鞫之無狀中丞呂夢奇議曰璋前經推劾已蒙昭雪而延祚以責賂之故復加織羅乃稍宥璋璋款上有告者言夢奇受賂而劾獄不盡乃移軍巡獄獄吏希旨鍛鍊其事璋具伏許賂延祚而未與嘗以馬借夢奇而無受賂璋坐長流儒州已而令所在賜自盡

五代史卷二十六

五代史卷二十七

宋　　歐　陽　修　撰

唐臣傳第十五

朱弘昭太原人也少事明宗爲客將明宗卽位爲文思使與安重誨有隙故常使于外董璋爲東川節度使乃以弘昭爲副使西川孟知祥殺其監軍李嚴弘昭大懼求還京師璋不許遂相猜忌弘昭益開懷待之不疑璋頗重其爲人後璋有軍事遣弘昭入朝弘昭乃免還左衛大將軍內客省使宣徽南院使鳳翔節度使孟知祥反石敬瑭伐蜀久無功明宗遣安重誨督軍是時重誨已有間重誨至鳳翔弘昭迎謁禮甚恭延重誨于家使其妻妾侍飲食重誨以弘昭厚已酒酣具言蒙天子厚恩而所以讒間之端因泣下弘昭卽奏言重誨怨望又陰遣人馳告敬瑭使拒重誨會敬瑭以糧餉不繼遽燒營返軍重誨亦以被讒召還過鳳翔弘昭閉門不納重誨由此得罪死樞密使范延光尤惡弘昭爲人罷爲左武衛上將軍宣徽南院使久之爲山南東道節度使是時明宗已病而

秦王從榮禍起有端唐諸大臣皆欲引去以避禍樞密使范延光趙延壽日夕更見涕泣求去明宗怒而不許延壽使其妻與平公主入言於中延光亦因孟漢瓊王淑妃進說故皆得罷以弘昭及馮贇代延壽延光弘昭入見辭曰臣廝養之才不足當大任明宗叱之曰公等皆不欲在吾目前邪吾養公等安用弘昭惶恐乃視事馮贇者亦太原人也其父璋事明宗爲閽者贇爲兒時以通黠爲明宗所愛明宗爲節度使以贇爲進奏官明宗卽位卽爲客省使宣徽北院使歷河東忠武節度使三司使明宗病甚大臣稀復進見而孟漢瓊王淑妃用事弘昭及贇並掌機務於中大事皆決此四人及殺秦王而立愍帝益自以爲功又其所用多非其人給事中陳乂爲人險譎好陰謀嘗事梁張漢傑又事郭崇韜兩人皆輒敗死弘昭乃引以爲樞密院直學士而用其謀是時弘昭贇遣漢瓊至魏召愍帝入立而留漢瓊權知後事明年正月漢瓊請入朝弘昭贇乃議徙成德范延光代漢瓊北京留守石敬瑭代延光鳳翔潞王從珂代敬瑭三人者皆唐大臣以漢瓊故輕易其地又不降制書第遣使者監其上道從珂由

此遂反從珂兵已東愍帝大懼遣人召弘昭計事弘昭謂其客穆延暉曰上召我急將罪我也吾兒婦君之女也其以歸無使及禍乃拔劍大哭欲自裁而家人止之使者促弘昭入見甚急弘昭呼曰窮至此邪乃自投于井以死安從進聞之亦殺贇于家贇母新死子母棄尸于道妻子皆見殺贇有子三歲其故吏張守素匿之以免漢高祖即位贈弘昭尚書令贇中書令

劉延朗宋州虞城人也初廢帝起於鳳翔與共事者五人節度判官韓昭胤掌書記李專美牙將宋審虔客將房暠而延朗爲孔目官初愍帝即位徙廢帝爲北京留守不降制書遣供奉官趙處愿促帝上道帝疑惑召昭胤等計議昭胤等皆勸帝反由是事無大小皆此五人謀之而暠又喜鬼神巫祝之說有瞽者張濛自言事太白山神神魏崔浩也其言吉凶無不中暠素信之嘗引濛見帝聞其語聲驚曰此非人臣也暠使濛問於神神傳語曰三珠併一珠驢馬沒人驅歲月甲庚午中興戊巳土暠不曉其義使問濛濛曰神言如此我能傳之不能解也帝即以濛爲館驛巡官帝將反而兵少又乏食由此甚懼使暠問濛濛

傳神語曰王當有天下可無憂於是決反使專美作檄書言朱弘昭馮贇幸明宗病殺秦王而立愍帝帝年少小人用事離間骨肉將問罪於朝遣使者馳告諸鎮皆不應獨隴州防禦使相里金遣其判官薛文遇計事帝得文遇大喜而延朗調率城中民財以給軍王思同率諸鎮兵圍鳳翔廢帝懼又遣暠問神神曰王兵少東兵來所以迎王也已而東兵果叛降于帝帝入京師卽位之日受冊明宗柩前冊曰維應順元年歲次甲午四月庚午朔帝回顧暠曰張濛神言豈不驗哉由是暠益見親信而專以巫祝用事帝旣立以昭胤爲左諫議大夫端明殿學士專美爲比部郎中樞密院直學士審虔爲皇城使暠爲宣徽北院使延朗爲莊宅使久之以昭胤暠爲樞密使延朗爲副使審虔爲侍衛步軍都指揮使而薛文遇亦爲職方郎中樞密院直學士由是審虔將兵專美文遇主謀議而昭胤暠及延朗掌機密初帝與晉高祖俱事明宗而心不相悅帝旣入立高祖不得已來朝而心頗自疑欲求歸鎮且難言之乃陽爲羸疾炙灼滿身冀帝憐而遣之延朗等多言敬瑭可留京師昭胤專美曰敬瑭與趙延壽皆尚

唐公主不可獨留乃復授高祖河東而遣之是時契丹數寇北邊以高祖爲大同振武威塞彰國等軍蕃漢馬步軍都總管屯于忻州而屯兵忽變擁高祖呼萬歲高祖懼斬三十餘人而後止於是帝益疑之是時高祖悉握精兵在北饋運芻糧遠近勞弊帝與延朗等日夕謀議而專美文遇迭宿中興殿廬召見訪問常至夜分而罷是時高祖弟重胤爲皇城副使而石氏公主母曹太后居中因得伺帝動靜言語以報高祖高祖益自危懼每帝遣使者勞軍卽陽爲羸疾不自堪因數求解總管以探帝心是時帝母魏氏追封宣憲皇太后而墓在太原有司議立寢宮高祖建言陵與民家墓相雜不可立宮帝疑高祖欲毀民墓爲國取怨帝由此發怒罷高祖總管徙鎭鄆州延朗等多言不可而司天趙延義亦言天象失度宜安靜以弭災其事遂止後月餘文遇獨直帝夜召之語罷敬瑭事文遇曰臣聞作舍道邊三年不成國家之事斷在陛下且敬瑭徙亦反不徙亦反遲速爾不如先事圖之帝大喜曰術者言朕今年當得一賢佐以定天下卿其是邪乃令文遇手書除目夜半下學士院草制明日宣制文武兩班

皆失色居五六日敬瑭以反聞敬瑭上書言帝非明宗子而許王從益次當立帝得書大怒手壞而投之召學士馬胤孫爲答詔曰宜以惡語抵之延朗等請帝親征帝心憂懼常惡言敬瑭事每戒人曰爾無說石郎令我心膽墮地由此不欲行而延朗等屢廹之乃行至懷州帝夜召李崧問以計策文遇不知而繼至帝見之色變崧躡其足文遇乃出帝曰我見文遇肉顫遽欲抽刀刺之崧曰文遇小人致悞大事刺之益醜乃已是時契丹已立敬瑭爲天子以兵而南帝惶惑不知所之遣審虔將千騎至白司馬坡踏戰地審虔曰何地不堪戰雖有其地何人肯立于此不如還也帝遂還自焚高祖入京師延朗等六人皆除名爲民初延朗與暠並掌機密延朗專任事諸將當得州者不以功次爲先後納賂多者得善州少及無賂者得惡州或久而不得由是人人皆怨暠心患之而不能爭也但日飽食高枕而已每延朗議事則垂頭陽睡不省及晉兵入延朗以一騎走南山過其家指而歎曰吾積錢三十萬于此不知何人取之遂爲追兵所殺晉高祖聞暠常不與延朗事哀之後復以爲將歲餘卒專美事晉爲大

理卿開運中卒當晉之將起廢帝以昭胤爲中書侍郎同中書門下平章事出爲河陽節度使與審虔文遇皆不知其所終

嗚呼禍福成敗之理可不戒哉張濛神言驗矣然焉知其不爲禍也予之所記大抵如此覽者可以深思焉廢帝之起所與圖議者此五六人而已考其逆順之理雖有智者爲之謀未必能不敗況如此五六人者哉故并述以附延朗見其始終之際云

康思立本山陰諸部人也少爲騎將從莊宗破梁夾城戰柏鄉累以功遷突騎指揮使明宗卽位歷應嵐二州刺史宿州團練使昭武軍節度使徙鎭保義皆有善政潞王從珂反於鳳翔愍帝遣王思同等討之思立有捧聖羽林屯兵千五百人乃以羽林千人屬思同思同至鳳翔軍叛降于從珂思立聞之欲盡誅羽林千人家屬未及而從珂兵已至思立乃以捧聖兵城守從珂兵傳其城呼曰西兵七萬策新天子爾五百人其能拒邪徒陷陝人於死耳捧聖兵聞之皆解甲思立遂開門迎從珂廢帝卽位以思立初無降意頗不悅之徙安遠又徙

安國以年老罷爲右神武統軍石敬瑭反太原廢帝以思立爲北面行營馬軍都指揮使廢帝幸懷州遣思立將從駕騎兵出團柏谷救張敬達未至而敬達死楊光遠降晉思立以疾卒于道晉高祖入立贈太子少傅

康義誠字信臣代北三部落人也以騎射事晉王莊宗時爲突騎指揮使從明宗討趙在禮至魏而軍變義誠前陳莊宗過失勸明宗南嚮明宗即位遷捧聖指揮使領汾州刺史從破朱守殷遷侍衞親軍馬步軍都指揮使領河陽三城節度使出爲山南東道節度使復爲親軍都指揮使領河陽加同中書門下平章事秦王從榮素驕自爲河南尹典六軍拜大元帥唐諸大臣皆懼禍及思自脫獨義誠心結之遣其子事秦王府明宗病從榮謀以兵入宮唐大臣朱弘昭馮贇等皆以爲不可而義誠獨持兩端從榮已舉兵至天津橋弘昭等入以反白明宗涕泣召義誠使自處置而義誠卒不出兵馬軍指揮使朱弘實以兵擊從榮從榮敗走見殺三司使孫岳嘗爲馮贇言從榮必敗之狀義誠聞而不悅及從榮死義誠始引兵入河南府召岳檢閱從榮家貲岳至義誠乘亂使人射

之岳走至通利坊見殺明宗不能詰義誠已殺岳又以從榮故與弘實有隙愍帝卽位弘實常以誅從榮功自負義誠心益不平潞王從珂反鳳翔王思同率諸鎭兵圍之與元張虔釗兵叛降從珂思同走諸鎭兵皆潰愍帝大怒謂朱弘昭等曰朕新卽位天下事皆出諸公然於事兄未有失節諸公以大計見迫不能獨違事一至此何方轉禍吾當率左右往迎吾兄遜以位苟不吾信死其所也弘昭等惶恐不能對義誠前曰西師驚潰主將怯耳今京師兵尙多臣請盡將以西扼關而守招集亡散以爲後圖愍帝以爲然幸左藏庫親給將士人絹二十匹錢五千是時明宗山陵未畢帑藏空虛軍士負物揚言曰到鳳翔更請一分朱弘實見軍士無鬬志而義誠盡將以西疑其有二心謂義誠曰今西師小衂而無一騎東者人心可知不如以見兵守京師以自固彼雖幸勝特得虔釗一軍耳諸鎭之兵在後其敢徑來邪義誠怒曰如此言弘實反矣弘實曰公謂誰欲反邪其聲厲而聞愍帝召兩人訊之兩人爭於前帝不能決遂斬弘實以義誠爲招討使悉將禁軍以西愍帝奔衞州義誠行至新安降于從珂清泰

元年四月斬于興教門外夷其族

嗚呼五代爲國興亡以兵而其軍制後世無足稱焉惟侍衛親軍之號今猶因之而甚重此五代之遺制也然原其始起微矣及其至也可謂盛哉當唐之末方鎮之兵多矣凡一軍有指揮使一人而合一州之諸軍又有馬步軍都指揮使一人蓋其卒伍之長也自梁以宣武軍建國因其舊制有在京馬步軍都指揮使後唐因之至明宗時始更爲侍衛親軍馬步軍都指揮使當是時天子自有六軍諸衛之職六軍有統軍諸衛有將軍而又以大臣宗室一人判六軍諸衛事此朝廷大將天子國兵之舊制也而侍衛親軍者天子自將之私兵也推其名號可知矣天子自爲將則都指揮使乃其卒伍之都長耳然自漢周以來其職益重漢有侍衛司獄凡朝廷大事皆決侍衛獄是時史弘肇爲都指揮使與宰相樞密使並執國政而弘肇尤專任以至於亡語曰涓涓不絕流爲江河熒熒不滅炎炎奈何可不戒哉然是時方鎮各自有兵天子親軍猶不過京師之兵而已今方鎮名存而實亡六軍諸衛又益以廢朝廷無大將之職而舉天

下內外之兵皆屬侍衞司矣則爲都指揮使者其權豈不益重哉親軍之號始於明宗其後又有殿前都指揮使亦親軍也皆不見其更置之始今天下之兵皆分屬此兩司矣

藥彥稠沙陀三部落人也初爲騎將明宗卽位拜澄州刺史從王晏球破王都定州遷侍衞步軍部虞候領壽州節度使安重誨矯詔遣河中指揮使楊彥温逐其節度使潞王從珂以彥稠爲招討使明宗疑彥温有所說戒彥稠得彥温毋殺將訊之彥稠希重誨旨殺彥温以滅口明宗大怒然不之罪也長興中爲靜難軍節度使党項阿埋屈悉保等族抄掠方渠邀殺回鶻使者明宗遣彥稠與靈武康福會兵擊之阿埋等亡竄山谷明宗以謂党項知懼可加約束而綏撫之使者未至彥稠等自牛兒族入白魚谷盡誅其族獲其大首領連香等遣人上捷明宗謂其使者曰吾誅党項非有所利也凡軍中所獲悉與士卒分之毋以進奉爲名重斂軍士也已而彥稠以党項所掠回鶻進奉玉兩團及遺秦王金裝胡鞢等來獻明宗曰吾已語彥稠矣不可失信因悉以賜彥稠又逐鹽

州諸戎取其所掠男女千餘人潞王從珂反彥稠爲招討副使王思同兵潰彥稠與思同俱東走爲潞王兵所得因之華州獄已而殺之晉高祖立贈侍中彥稠與思同俱以敗走時愍帝猶在唐未亡二人走歸國於節未虧異於元行欽之走也然思同辭義不屈其死可嘉彥稠直被執見殺爾餘無可稱故不列於死事傳

五代史卷二十七

五代史卷二十七考證

朱弘昭傳是時明宗已病而秦王從榮禍起有端○一本脫起字今從監本

五代史卷二十七考證

五代史卷二十八

宋　歐陽修　撰

唐臣傳第十六

豆盧革父瓚唐舒州刺史豆盧爲世名族唐末天下亂革避地之中山唐亡爲王處直掌書記莊宗在魏議建唐國而故唐公卿之族遭亂喪亡且盡以革名家子召爲行臺左丞相莊宗即帝位拜同中書門下平章事革雖唐名族而素不學問除拜官吏多失其序常爲尚書郎蕭希甫駮正革頗患之莊宗已滅梁革乃薦韋說爲相說唐末爲殿中侍御史坐事貶南海後事梁爲禮部侍郎革以說能知前朝事故引以佐己而說亦無學術徒以流品自高是時莊宗內畏劉皇后外惑宦官伶人郭崇韜雖盡忠於國而亦無學術革說俯仰默默無所爲唯諾崇韜而已唐梁之際仕宦遭亂奔亡而吏部銓文書不完因緣以爲姦利至有私鬻告勑亂易昭穆而季父母舅反拜姪甥者崇韜請論以法是時唐新滅梁朝廷紀綱未立議者以爲宜革以漸而崇韜疾惡太甚果於必行說革

心知其未可而不能有所建言是歲冬選人吳延皓改亡叔告身行事事發延皓及選吏尹玫皆坐死尚書左丞判吏部銓崔沂等皆貶説革詣閤門待罪由是一以新法從事往往以僞濫駮放而斃踣羈旅號哭道路者不可勝數及崇韜死說乃教門人上書言其事而議者益以罪之是歲大水四方地連震流民殍死者數萬人軍士妻子皆採稆以食莊宗日以責三司使孔謙謙不知所爲樞密小吏段徊曰臣嘗見前朝故事國有大故則天子以朱書御札問宰相水旱宰相職也莊宗乃命學士草詔手自書之以問革說革說不能對第曰陛下威德著于四海今西兵破蜀所得珍寶億萬可以給軍水旱天之常道不足憂也革自爲相遭天下多故而方服丹砂鍊氣以求長生嘗嘔血數日幾死二人各以其子爲拾遺父子同省人以爲非遽改佗官而革以說子爲弘文館學士說以革子爲集賢院學士莊宗崩革爲山陵使莊宗已祔廟革以故事當出鎮乃還私第數日未得命而故人賓客趣使入朝樞密使安重誨詬之于朝曰山陵使名尚在不俟改命遽履新朝以我武人可欺邪諫官希旨上疏誣革縱田

客殺人說坐與隣人爭井遂俱罷革貶辰州刺史說漵州刺史所在馳驛發遣宰相鄭珏任圜三上章請毋行後命不報革復坐請俸私自入說賣官與選人責授革費州司戶參軍說夷州司戶參軍皆員外置同正員已而竄革陵州說合州皆長流百姓初說嘗以罪竄之南海遇赦還寓江陵與高季興相知及爲相常以書幣相問遺唐兵伐蜀季興請以兵入三峽莊宗許之使季興自取夔忠萬歸峽等州爲屬郡及破蜀季興無功而唐用佗將取五州明宗初即位季興數請五州以謂先帝所許朝廷不得已而與之及革說再貶因以其事歸罪二人天成二年夏詔陵合州刺史監賜自盡革子昪說子濤皆官至尚書郎坐其父廢至晉天福初濤爲尚書膳部員外郎卒

盧程不知其世家何人也唐昭宗時程舉進士爲鹽鐵出使巡官唐亡避亂燕趙變服爲道士遊諸侯間豆盧革爲王處直判官盧汝弼爲河東節度副使二人皆故唐時名族與程門地相等因共薦之以爲河東節度推官莊宗嘗召程草文書程辭不能其後戰胡柳掌書記王緘歿于陣莊宗還軍太原置酒謂監

軍張承業曰吾以巵酒辟一書記於坐因舉巵屬巡官馮道程位在道上以嘗辭不能故不用而遷程支使程大恨曰用人不以門閥而先田舍兒邪莊宗已即位議擇宰相而盧汝弼蘇循已死次節度判官盧質當拜而質不樂任事乃言豆盧革與程皆故唐時名族可以爲相莊宗以程爲中書侍郎同平章事是時朝廷新造百度未備程革拜命之日肩輿導從喧呼道中莊宗聞其聲以問左右左右對曰宰相檐子入門莊宗登樓視之笑曰所謂似是而非者也程奉皇太后冊自魏至太原上下山險所至州縣驅役丁夫官吏迎拜程坐肩輿自若少忤其意必加笞辱人有假驢夫於程者程帖與唐府給之府吏啓無例程怒笞吏背少尹任圜莊宗姊壻也詣程訴其不可程戴華陽巾衣鶴氅據几決事視圜罵曰爾何蟲豸恃婦家力耶宰相取給州縣何爲不可圜不對而去夜馳至博州見莊宗莊宗大怒謂郭崇韜曰朕悞相此癡物敢辱予九卿趣令自盡崇韜亦欲殺之賴盧質力解之乃罷爲右庶子莊宗入洛程於路墜馬中風卒贈禮部尚書

任圜京兆三原人也爲人明敏善談辯見者愛其容止及聞其論議縱橫益皆悚動李嗣昭節度昭義辟圜觀察支使梁兵築夾城圍潞州踰年而晉王薨晉兵救潞者皆解去嗣昭危甚問圜去就之計圜勸嗣昭堅守以待不可有二心已而莊宗攻破梁夾城聞圜爲嗣昭畫守計甚嘉之由是益知名其後嗣昭與莊宗有隙圜數奉使往來辯釋讒構嗣昭卒免於禍圜之力也嗣昭從莊宗戰胡柳擊敗梁兵圜頗有功莊宗勞之曰儒士亦破體邪仁者之勇何其壯也張文禮弑王鎔莊宗遣嗣昭討之嗣昭戰歿圜代將其軍號令嚴肅既而文禮子處球等閉城堅守不可下圜數以禍福諭鎮人鎮人信之圜嘗擁兵至城下處球登城呼圜曰城中兵食俱盡而久抗王師若泥首自歸懼無以塞責幸公見哀指其生路圜告之曰以子先人固難容貸然罰不及嗣子可從輕其如拒守經年傷吾大將一朝困竭方布款誠以此計之子亦難免然坐而待斃曷若伏而俟命處球流涕曰公言是也乃遣人送狀乞降人皆稱圜其言不欺既而佗將攻破鎮州處球雖見殺而鎮之吏民以嘗乞降故得保其家族者甚衆其後

以鎮州爲北京拜圜工部尙書兼真定尹北京副留守知留守事爲政有惠愛明年郭崇韜兼領成德軍節度使改圜行軍司馬仍知真定府事圜與崇韜素相善又爲其司馬崇韜因以鎮州事託之而圜多所違異初圜推官張彭爲人傾險貪黷圜不能察信任之多爲其所賣及崇韜領鎮彭爲圜謀隱其公廨錢後莊宗遣宦者選故趙王時宮人百餘人有許氏者尤有色彭賂守者匿之後事覺召彭詰京師將罪之彭懼悉以前所隱公錢簿書獻崇韜崇韜深德彭不殺由是與圜有隙同光三年圜罷司馬守工部尙書魏王繼岌暨崇韜伐蜀懼圜攻己於後乃辟圜參魏王軍事蜀滅表圜黔南節度使圜懇辭不就繼岌殺崇韜以圜代將其軍而旋康延孝反繼岌遣圜將三千人會董璋孟知祥等兵擊敗延孝於漢州而魏王先至渭南自殺圜悉將其軍以東明宗嘉其功拜圜同中書門下平章事兼判三司是時明宗新誅孔謙圜選辟才俊抑絶僥倖公私給足天下便之是秋韋說豆盧革罷相圜與安重誨鄭珏孔循議擇當爲相者圜意屬李琪而珏循雅不欲琪爲相謂重誨曰李琪非無文藝但不廉耳宰

相端方有器度者足以爲之太常卿崔協可也重誨以爲然佗日明宗問誰可相者重誨卽以協對圜前爭曰重誨未諳朝廷人物爲人所賣天下皆知崔協不識文字而虛有儀表號爲沒字碑臣以陛下誤加採擢無功幸進此不知書以臣一人取笑足矣相位有幾豈容更益笑端明宗曰宰相重位卿等更自詳審然吾在藩時識易州刺史韋肅世言肅名家子且待我甚厚置之此位可乎肅或未可則馮書記先朝判官稱爲長者可以相矣馮書記者道也議未決重誨等退休於中興殿廊下孔循不揖拂衣而去行且罵曰天下事一則任圜二則任圜圜乃何人圜謂重誨曰李琪才藝可兼時輩百人而讒夫巧沮忌害其能若舍琪而相協如棄蘇合之丸而取蛣蜋之轉也重誨笑而止然重誨終以循言爲信居月餘協與馮道皆拜相協在相位數年人多嗤其所爲然圜與重誨交惡自協始故時使臣出四方皆自戶部給券重誨奏請自內出圜以故事爭之不能得遂與重誨辨於帝前圜聲色俱厲明宗罷朝後宮嬪御迎前問曰與重誨論事者誰明宗曰宰相也宮人奏曰妾在長安見宰相奏事未嘗如此

蓋輕大家耳明宗由是不悅而使臣給券卒自內出圜益憤沮重誨嘗過圜圜出妓善歌而有色重誨欲之圜不與由是二人益相惡而圜遽求罷職乃罷爲太子少保圜不自安因請致仕退居于磁州朱守殷反于汴州重誨誣圜與守殷連謀遣人矯制殺之圜受命怡然聚族酣飲而死明宗知而不問爲下詔坐圜與守殷通書而言涉怨望愍帝卽位贈圜太傅

趙鳳幽州人也少以儒學知名燕王劉守光時悉黥燕人以爲兵鳳懼因髠爲僧依燕王弟守奇自匿守奇奔梁梁以守奇爲博州刺史鳳爲其判官守奇卒鳳去爲鄆州節度判官晉取鄆州莊宗聞鳳名得之喜以爲扈鑾學士莊宗卽位拜鳳中書舍人翰林學士莊宗及劉皇后幸河南尹張全義第酒酣命皇后拜全義爲父明日遣宦者命學士作牋上全義以父事之鳳上書極言其不可全義養子郝繼孫犯法死宦官伶人冀其貲財固請籍沒鳳又上書言繼孫爲全義養子不宜有別籍之財而於法不至籍沒刑人利財不可以示天下是時皇后及羣小用事鳳言皆不見納明宗武君不通文字四方章奏常使安重誨

讀之重誨亦不知書奏讀多不稱旨孔循教重誨求儒者置之左右而兩人皆不知唐故事於是置端明殿學士以馮道及鳳爲之鳳好直言而性剛强素與任圜善自圜爲相頗薦進之初端明殿學士班在翰林學士下而結銜又在官下明年鳳遷禮部侍郎因諷圜升學士於官上又詔班在翰林學士上圜爲重誨所殺而誣以謀反是時重誨方用事雖明宗不能詰也鳳獨號哭呼重誨曰任圜天下義士豈肯謀反而公殺之何以示天下重誨慚不能對術士周玄豹以相法言人事多中莊宗尤信重之以爲北京巡官明宗爲內衙指揮使重誨欲試玄豹乃使佗人與明宗易服而坐明宗於下坐召玄豹相之玄豹曰內衙貴將也此不足當之乃指明宗於下坐曰此是也因爲明宗言其後貴不可言明宗卽位思玄豹以爲神將召至京師鳳諫曰好惡上所愼也今陛下神其術而召之則傾國之人皆將奔走吉凶之說轉相惑亂爲患不細明宗遂不復召朱守殷反明宗幸汴州守殷已誅又詔幸鄴是時從駕諸軍方自河南徙家至汴不欲北行軍中爲之洶洶而定州王都以爲天子幸汴州誅守殷而又幸鄴

以圖己因疑不自安宰相率百官詣閤請罷幸鄴明宗不聽人情大恐羣臣不復敢言鳳手疏責安重誨言甚切直重誨以白遂罷幸有僧遊西域得佛牙以獻明宗以示大臣鳳言世傳佛牙水火不能傷請驗其眞僞因以斧斫之應手而碎是時宮中施物已及數千因鳳碎之乃止天成四年夏拜門下侍郎同中書門下平章事祕書少監于嶠者自莊宗時與鳳俱爲翰林學士而嶠亦訐直敢言與鳳素善及鳳已貴而嶠久不遷自以材名在鳳上而不用因與蕭希甫數非斥時政尤詆訾鳳鳳心啣之未有以發而嶠與隣家爭水竇爲安重誨所怒鳳卽左遷嶠祕書少監嶠因被酒往見鳳鳳知其必不遜乃辭以沐髮嶠詬直吏又溺於從者直廬而去省吏白鳳嶠溺於客次且詬鳳鳳以其事聞明宗下詔奪嶠官長流武州百姓又流振武天下寃之其後安重誨爲邊彥温等告變明宗詔彥温等廷詰具伏其詐卽斬之後數日鳳奏事中興殿啓曰臣聞姦人有誣重誨者明宗曰此閑事朕已處置之卿可無問也鳳曰臣所聞者繫國家利害陛下不可以爲閑因指殿屋曰此殿所以尊嚴宏壯者棟梁柱石之所

扶持也若折其一棟去其一柱則傾危矣大臣國之棟梁柱石也且重誨起微賤歷艱危致陛下爲中興主安可使姦人動搖明宗改容謝之曰卿言是也遂族彥温等三家其後重誨得罪羣臣無敢言者獨鳳數言重誨盡忠明宗以鳳爲朋黨罷爲安國軍節度使鳳在鎮所得俸祿悉以分將校賓客廢帝入立召爲太子太保病足居于家疾篤自筮投蓍而歎曰吾家世無五十者又皆窮賤吾今壽過其數而富貴復何求哉清泰二年卒于家

李襲吉父圖洛陽人或曰唐相林甫之後也乾符中襲吉舉進士爲河中節度使李都摧鹽判官後去之晉晉王以爲楡次令遂爲掌書記襲吉博學多知唐故事遷節度副使官至諫議大夫晉王與梁有隙交兵累年後晉王數困欲與梁通和使襲吉爲書諭梁辭甚辨麗梁太祖使人讀之至於毒手尊拳交相於暮夜金戈鐵馬蹂踐於明時歎曰李公僻處一隅有士如此使吾得之傅虎以翼也顧其從事敬翔曰善爲我答之及翔所答書辭不工而襲吉之書多傳於世襲吉爲人恬淡以文辭自娛天祐三年卒以盧汝弼代爲副使汝弼工書畫

而文辭不及襲吉其父閱求爲河東節度使爲唐名家故汝弼亦多知唐故事
晉王薨莊宗嗣爲晉王承制封拜官爵皆出汝弼十八年卒莊宗卽位贈襲吉
禮部尚書汝弼兵部尚書

張憲字允中晉陽人也爲人沉靜寡欲少好學能鼓琴飲酒莊宗素知其文辭以爲天雄軍節度使掌書記莊宗卽位拜工部侍郎租庸使遷刑部侍郎判吏部銓東都副留守憲精於吏事甚有能政莊宗幸東都定州王都來朝莊宗命憲治鞠場與都擊鞠初莊宗建號於東都以鞠場爲卽位壇於是憲言卽位壇王者所以興也漢鄗南魏繁陽壇至今皆在不可毀乃別治宮西爲鞠場場未成莊宗怒命兩虞候亟毀壇以爲場憲退而歎曰此不祥之兆也初明宗北伐契丹取魏鎧仗以給軍有細鎧五百憲遂給之而不以聞莊宗至魏大怒責憲馳自取之左右諫之乃止又問憲庫錢幾何憲上庫簿有錢三萬緡莊宗益怒謂其嬖伶史彥瓊曰我與羣臣飲博須錢十餘萬而憲以故紙給我我未渡河時庫錢常百萬緡今復何在彥瓊爲憲解之乃已郭宗韜伐蜀薦憲可任爲相

而宦官伶人不欲憲在朝廷樞密承旨段徊曰宰相在天子面前事有非是尚可改作一方之任苟非其人則爲患不細憲材誠可用不如任以一方乃以爲太原尹北京留守趙在禮作亂憲家在魏州在禮善待其家遣人以書招憲憲斬其使不發其書而上之莊宗遇弒明宗入京師太原猶未知而永王存霸奔于太原左右告憲曰今魏兵南嚮主上存亡未可知存霸之來無詔書而所乘馬斷其鞦豈非戰敗者乎宜拘之以俟命憲曰吾本書生無尺寸之功而人主遇我甚厚豈宜懷二心以幸變第可與之俱死爾憲從事張昭遠教憲奉表明宗以勸進憲涕泣拒之已而存霸削髮見北京巡檢符彥超願爲僧以求生彥超麾下兵大譟殺存霸憲出奔沂州亦見殺

嗚呼予於死節之士得三人而失三人焉鞏廷美楊温之死予既已哀之至於張憲之事尤爲之痛惜也予於舊史考憲事實而永王存霸符彥超與憲傳所書始末皆不同莫得而考正蓋方其變故倉卒之時傳者失之爾然要其大節亦可以見也憲之志誠可謂忠矣當其不顧其家絕在禮而斬其使涕泣以拒

昭遠之說其志甚明至其欲與存霸俱死及存霸被殺反棄太原而出奔然猶不知其心果欲何爲也而舊史書憲坐棄城而賜死予亦以爲不然予之於憲固欲成其美志而要在憲失其官守而其死不明故不得列于死節也

蕭希甫宋州人也爲人有機辯多矯激少舉進士爲梁開封尹袁象先掌書記象先爲青州節度使以希甫爲巡官希甫不樂乃棄其母妻變姓名亡之鎮州自稱青州掌書記謁趙王王鎔鎔以希甫爲參軍尤不樂居歲餘又亡之易州削髮爲僧居百丈山莊宗將建國于魏置百官求天下隱逸之士幽州李紹宏薦希甫爲魏州推官莊宗卽帝位欲以知制誥有詔定內宴儀問希甫樞密使得坐否希甫以爲不可樞密使張居翰聞之怒謂希甫曰老夫歷事二朝天子見內宴數百子本田舍兒安知宮禁事希甫不能對由是宦官用事者皆切齒宰相豆盧革等希宦官旨共排斥之以爲駕部郎中希甫失志尤怏怏莊宗滅梁遣希甫宣慰青齊希甫始知其母已死而妻袁氏亦改嫁矣希甫乃發哀服喪居于魏州人有引漢李陵書以譏之曰老母終堂生妻去室時皆傳以爲笑

明宗卽位召爲諫議大夫是時復置匭函以希甫爲使希甫建言自兵亂相乘王綱大壞侵欺凌奪有力者勝凡略人之妻女占人之田宅姦贓之吏刑獄之寃者何可勝紀而匭函一出投訴必多至於功臣貴戚有不得繩之以法者乃自天成元年四月二十八日昧爽已前大辟已上皆赦除之然後出匭函以示衆初明宗欲以希甫爲諫議大夫豆盧革韋說頗沮難之其後革說爲安重誨所惡希甫希旨誣奏革縱田客殺人而說與鄰人爭井井有寶貨有司推劾井中惟破釜而已革說卒皆貶死明宗賜希甫帛百匹粟麥三百石拜左散騎常侍希甫性褊而躁進嘗遣人夜叩宮門上變言河堰牙官李筠告本軍謀反詰旦追問無狀斬筠軍士詣安重誨求希甫啖之是時明宗將有事於南郊前齋一日羣臣習儀于殿廷宰相馮道趙鳳河南尹秦王從榮樞密使安重誨候班于月華門外希甫與兩省班先入道等坐廊下不起旣出希甫召堂頭直省朝堂驅使官責問宰相樞密見兩省官何得不起因大詬詈是夜託疾還第月餘坐告李筠事動搖軍衆貶嵐州司戶參軍卒于貶所

劉贊魏州人也父玭爲縣令贊始就學衣以青布衫襦每食則玭自肉食而別以蔬食食贊於牀下謂之曰肉食君之祿也爾欲之則勤學問以干祿吾肉非爾之食也由是贊益力學舉進士爲羅紹威判官去爲租庸使趙巖巡官又爲孔謙鹽鐵判官明宗時累遷中書舍人御史中丞刑部侍郎守官以法權豪不可干以私是時秦王從榮握兵而驕多過失言事者請置師傅以輔道之大臣畏王不敢決其事因請王得自擇秦王即請贊乃拜贊祕書監爲秦王傅贊泣曰禍將至矣秦王所請王府元帥官屬十餘人類多浮薄傾險之徒日獻諛諂以驕王獨贊從容諷諫率以正道秦王嘗令賓客作文於坐中贊自以師傅恥與羣小比伍雖操筆勉彊有不悅之色秦王惡之後戒左右贊來不得通贊亦不往月一至府而已退則杜門不交人事已而秦王果敗死唐大臣議王屬官當坐者馮道曰元帥判官任贊與秦王非素好而在職不逾月詹事王居敏及劉贊皆以正直爲王所惡河南府判官司徒詡病告家居久皆宜不與其謀而諸議參軍高輦與王最厚輦法當死其餘可次第原減朱弘昭曰諸公不知其

意爾使秦王得入光政門當待贊等如何吾徒復有家族邪且法有首從今秦王夫婦男女皆死而贊等止其一身幸矣道等難之而馮贇亦爭以爲不可贊等乃得免死於是論高輦死而任贊等十七人皆長流初贊聞秦王敗即白衣駕驢以俟人有告贊奪官而已贊曰豈有天子冢嗣見殺而賓僚奪官者乎不死幸矣已而贊長流嵐州百姓清泰二年詔歸田里行至石會關病卒

何瓚閬人也唐末舉進士及第莊宗爲太原節度使辟爲判官莊宗每出征伐留張承業守太原承業卒瓚代知留守事瓚爲人明敏通於吏事外若疎簡而內頗周密莊宗建大號于鄴都拜瓚諫議大夫瓚慮莊宗事不成求留守北京瓚與明宗有舊明宗即位召還見於內殿勞問久之已而以瓚爲西川節度副使是時孟知祥已有二志方以副使趙季良爲心腹聞瓚代之亟奏留季良遂改瓚行軍司馬瓚恥於自辭不得已而往明宗賜予甚厚初知祥在北京爲馬步軍都虞候而瓚留守太原知祥以軍禮事瓚常繩以法知祥初不樂及瓚爲司馬猶勉待之甚厚知祥反罷瓚司馬置之私第瓚飲恨而卒

五代史卷二十八考證

任圜傳後莊宗遺宦者選故趙王時宮人百餘人○監本宦訛宮又脫者選二字今從閣本增正

五代史卷二十八考證

五代史卷二十九

宋　歐陽修　撰

晉臣傳第十七

桑維翰字國僑河南人也爲人醜怪身短而面長常臨鑑以自奇曰七尺之身不如一尺之面慨然有志於公輔初舉進士主司惡其姓以爲桑喪同音人有勸其不必舉進士可以從佗求仕者維翰慨然乃著日出扶桑賦以見志又鑄鐵硯以示人曰硯弊則改而佗仕卒以進士及第晉高祖辟爲河陽節度掌書記其後常以自從高祖自太原徙天平不受命而有異謀以問將佐將佐皆恐懼不敢言獨維翰與劉知遠贊成之因使維翰爲書求援於契丹耶律德光已許諾而趙德鈞亦以重賂啖德光求助己以篡唐高祖懼事不果乃遣維翰往見德光爲陳利害甚辯德光意乃決卒以滅唐而興晉維翰之力也高祖即位以維翰爲翰林學士禮部侍郎知樞密院事遷中書侍郎同中書門下平章事兼樞密使天福四年出爲相州節度使歲餘徙鎮泰寧吐渾白承福爲契丹所

迫附鎭州安重榮以歸晉重榮因請與契丹絶好用吐渾以攻之高祖重違重榮意未決維翰上疏言契丹未可與爭者七高祖召維翰使者至臥內謂曰北面之事方撓吾胸中得卿此疏計已決矣可無憂也維翰又勸高祖幸鄴都七年高祖在鄴維翰來朝徙鎭晉昌出帝卽位召拜侍中而景延廣用事與契丹絶盟維翰言不能入乃陰使人說帝曰制契丹而安天下非用維翰不可乃出延廣於河南拜維翰中書令復爲樞密使封魏國公事無巨細一以委之數月之間百度寖理初李瀚爲翰林學士好飮而多酒過高祖以爲浮薄天福五年九月詔廢翰林學士按唐六典歸其職於中書舍人而端明殿學士樞密院學士皆廢及維翰爲樞密使復奏置學士而悉用親舊爲之維翰權勢旣盛四方賂遺歲積鉅萬內客省使李彥韜端明殿學士馮玉用事共譏之帝欲驟黜維翰大臣劉昫李崧皆以爲不可卒以玉爲樞密使旣而以爲相維翰日益見疎帝飮酒過度得疾維翰遣人陰白太后請爲皇弟重睿置師傅帝疾愈知之怒乃罷維翰以爲開封尹維翰遂稱足疾稀復朝見契丹屯中渡破欒城杜重威

等大軍隔絶維翰曰事急矣乃見馮玉等計事而謀不合又求見帝帝方調鷹於苑中不暇見維翰退而歎曰晉不血食矣自契丹與晉盟始成於維翰而終敗於景延廣故自兵興契丹凡所書檄未嘗不以此兩人爲言耶律德光犯京師遣張彥澤遺太后書問此兩人在否可使先來而帝以維翰嘗議毋絶盟而己違之也不欲使維翰見德光因諷彥澤圖之而彥澤亦利其貲産維翰狀貌既異素以威嚴自持晉之老將大臣見者無不屈服彥澤以驍捍自矜每往候之雖冬月未嘗不流汗初彥澤入京師左右勸維翰避禍維翰曰吾爲大臣國家至此安所逃死邪安坐府中不動彥澤以兵入府問維翰何在維翰厲聲曰吾晉大臣自當死國安得無禮邪彥澤股栗不敢仰視退而謂人曰吾不知桑維翰何如人今日見之猶使人恐懼如此其可再見乎乃以帝命召維翰維翰行遇李崧立馬而語軍吏前白維翰請赴侍衛司獄維翰知不免顧崧曰相公當國使維翰獨死崧慚不能對是夜彥澤使人縊殺之以帛加頸告德光曰維翰自縊德光曰我本無心殺維翰維翰何必自致德光至京師使人檢其尸信

爲縊死乃以尸賜其家而貲財悉爲彥澤所掠

景延廣字航川陜州人也父建善射嘗教延廣曰射不入鐵不如不發由是延廣以挽彊見稱事梁邵王友誨友誨謀反被幽延廣亡去後從王彥章戰中都彥章敗延廣身被數創僅以身免明宗時朱守殷以汴州反晉高祖爲六軍副使主誅從守殷反者延廣爲汴州軍校當誅高祖惜其才陰縱之使亡後錄以爲客將高祖卽位以爲侍衞步軍都指揮使領果州團練使徙領寧江軍節度使天福四年出鎭義成又徙保義復召爲侍衞馬步軍都虞候徙鎭河陽三城遷馬步軍都指揮使領天平高祖崩出帝立延廣有力頗伐其功初出帝立晉大臣議告契丹致表稱臣延廣獨不肯但致書稱孫而已大臣皆知其不可而不能奪契丹果怒數以責晉延廣謂契丹使者喬瑩曰先皇帝北朝所立今天子中國自冊可以爲孫而不可爲臣且晉有横磨大劍十萬口翁要戰則來佗日不禁孫子取笑天下瑩知其言必起兩國之爭懼後無以取信也因請載于紙以備遺忘延廣敕吏具載以授瑩瑩藏其書衣領中以歸具以延廣語告契

丹契丹益怒天福八年秋出帝幸大年莊還置酒延廣第延廣所進器服鞍馬茶牀椅榻皆裹金銀飾以龍鳳又進帛五千匹綿一千四百兩馬二十二匹玉鞍衣襲犀玉金帶等請賜從官自皇弟重睿下至伴食刺史重睿從者各有差帝亦賜延廣及其母妻從事押衙孔目官等稱是時天下旱蝗民餓死者歲十數萬而君臣窮極奢侈以相誇尚如此明年春契丹入寇延廣從出帝北征爲御營使相拒澶魏之間先鋒石公霸遇虜於戚城高行周符彥卿兵少不能救馳騎促延廣益兵延廣按兵不動三將被圍數重帝自御軍救之三將得出皆泣訴然延廣方握親兵恃功恣橫諸將皆由其節度帝亦不能制也契丹嘗呼晉人曰景延廣喚我來何不速戰是時諸將皆力戰而延廣未嘗見敵契丹已去延廣獨閉壁不敢出自延廣一言而契丹與晉交惡凡號令征伐一出延廣晉大臣皆不得與故契丹凡所書檄未嘗不以延廣爲言契丹去出帝還京師乃出延廣爲河南尹留守西京明年出帝幸澶淵以延廣從皆無功延廣居洛陽鬱鬱不得志見晉日削度必不能支契丹乃爲長夜之飲大治第宅園置妓

樂惟意所爲後帝亦追悔遣供奉官張暉奉表稱臣以求和德光報曰使桑維翰景延廣來而割鎮定與我乃可和晉知其不可乃止契丹至中渡延廣屯河陽聞杜重威降乃還德光犯京師行至相州遣騎兵數千雜晉軍渡河趨洛以取延廣戒曰延廣南奔吳西走蜀必追而取之而延廣顧慮其家未能引決虜騎奄至乃與從事閻丕馳騎見德光於封丘幷丕見鎖延廣曰丕臣從事也以職相隨何罪而見鎖丕乃得釋德光責延廣曰南北失懽皆因爾也召喬瑩質其前言延廣初不服瑩從衣領中出所藏書延廣乃服因以十事責延廣每服一事授一牙籌授至八籌延廣以面伏地不能仰視遂叱而鎖之將送之北行至陳橋止民家夜分延廣伺守者怠引手扼吭而死時年五十六漢高祖時贈侍中

嗚呼自古禍福成敗之理未有如晉氏之明驗也其始以契丹而興終爲契丹所滅然方其以逆抗順大事未集孤城被圍外無救援而徒將一介之命持片舌之彊能使契丹空國興師應若符契出危解難遂成晉氏當是之時維翰之

力爲多及少主新立釁結兵連敗約起爭發自延廣然則晉氏之事維翰成之延廣壞之二人之用心者異而其受禍也同其故何哉蓋夫本末不順而與夷狄共事者常見其禍未見其福也可不戒哉可不戒哉

吳巒字寶川鄆州盧縣人也少舉明經不中清泰中爲大同沙彥珣節度判官晉高祖起太原召契丹爲援契丹過雲州彥珣出城迎謁爲契丹所虜城中推巒主州事巒卽閉門拒守契丹以兵圍之高祖入立以雲州入于契丹而巒猶守城不下契丹圍之凡七月高祖義巒所爲乃以書告契丹使解兵去高祖召巒以爲武寧軍節度副使諫議大夫復州防禦使出帝卽位與契丹絕盟河北諸州皆警以謂貝州水陸之衝緩急可以轉餉乃積芻粟數十萬以王令温爲永清軍節度使令温牙將邵珂素驕狠難制令温奪其職珂閑居無憀乃陰使人亡入契丹言貝州積粟多而無兵守可取令温以事朝京師心頗疑珂乃質其子崇範以自隨晉大臣以巒前守雲中七月契丹不能下乃遣巒馳驛代令温守貝州巒善撫士卒會天大寒裂其帷幄以衣士卒士卒皆愛之珂因求見

巒願自效巒推心信之開運元年正月契丹南寇圍貝州巒命珂守南門契丹圍三日四面急攻之巒從城上投薪草焚其梯衝殆盡已而珂自南門引契丹入巒守東門方戰而左右報珂反巒顧城中已亂即投井死而令溫家屬爲契丹所虜出帝憫之以令溫爲武勝軍節度使後累歷方鎮周顯德中卒令溫瀛州河間人也王令溫疑邵珂而質其子矣巒不能察其姦反委以兵及契丹入貝州又不拒戰遽投井死其死不足貴故不列於死事

五代史卷二十九

五代史卷二十九考證

桑維翰傳維翰之力也○監本闕翰字今增入

五代史卷二十九考證

五代史卷三十

宋　歐陽修　撰

漢臣傳第十八

蘇逢吉京兆長安人也漢高祖鎮河東父悅爲高祖從事逢吉常代悅作奏記悅乃言之高祖高祖召見逢吉精神爽秀憐之乃以爲節度判官高祖性素剛嚴賓佐稀得請見逢吉獨入終日侍立高祖書閤中兩使文簿盈積莫敢通逢吉輒取內之懷中伺高祖色可犯時以進之高祖多以爲可以故甚愛之然逢吉爲人貪詐無行喜爲殺戮高祖嘗以生日遣逢吉疏理獄因以祈福謂之靜獄逢吉入獄中閱囚無輕重曲直悉殺之以報曰獄靜矣高祖建號拜逢吉中書侍郎同中書門下平章事是時制度草創朝廷大事皆出逢吉逢吉以爲己任然素不學問隨事裁決出其意見是故漢世尤無法度而不施德政民莫有所稱焉高祖既定京師逢吉與蘇禹珪同在中書除吏多違舊制逢吉尤納貨賂市權鬻官謗者讙譁然高祖方倚信二人故莫敢有告者鳳翔李永吉初朝

京師逢吉以永吉故秦王從曮子家世王侯當有奇貨使人告永吉許以一州而求其先王玉帶永吉以無爲解逢吉乃使人市一玉帶直數千緡責永吉償之前客省使王筠自晉末使楚至是還逢吉意筠得楚王重賂遣人求之許以一州筠怏怏以其橐裝之半獻之而皆不得州晉相李崧從契丹以北高祖入京師以崧第賜逢吉而崧別有田宅在西京逢吉遂皆取之崧自北還因以宅券獻逢吉逢吉不悅而崧子弟數出怨言其後逢吉乃誘人告崧與弟嶼䉾等下獄崧款自誣伏與家僮二十人謀因高祖山陵爲亂獄中上書逢吉改二十人爲五十人遂族崧家是時天下多盜逢吉自草詔書下州縣凡盜所居本家及鄰保皆族誅或謂逢吉曰爲盜族誅已非王法況鄰保乎逢吉恡以爲是不得已但去族誅而已於是鄆州捕賊使者張令柔盡殺平陰縣十七村民數百人衞州刺史葉仁魯聞部有盜自帥兵捕之時村民十數共逐盜入于山中盜皆散走仁魯從後至見民捕盜者以爲賊悉擒之斷其脚筋暴之山麓宛轉號呼累日而死聞者不勝其寃而逢吉以仁魯爲能由是天下因盜殺人滋濫逢

吉已貴益爲豪侈謂中書堂食爲不可食乃命家廚進羞日極珍善繼母死不服喪妻武氏卒諷百官及州鎮皆輸綾絹爲喪服武氏未朞除其諸子爲官有庶兄自外來未白逢吉而見其諸子逢吉怒託以佗事告於高祖杖殺之逢吉嘗從高祖征鄴數使酒辱周太祖於軍中太祖恨之其後隱帝立逢吉素善李濤諷濤請罷太祖與楊邠樞密李太后怒濤離間大臣罷濤相以楊邠兼平章事事悉關決逢吉禹珪由是備位而已乾祐二年加拜司空周太祖鎮鄴不落樞密使逢吉以謂樞密之任方鎮帶之非便與史弘肇爭於是卒如弘肇議弘肇怨逢吉異己已而會飲王章第使酒坐中弘肇怒甚逢吉謀求出鎮以避之既而中輟人問其故逢吉曰苟捨此而去史公一處分吾虀粉矣是時隱帝少年小人在側弘肇等威制人主帝與左右李業郭允明等皆患之逢吉母見業等以言激之業等卒殺弘肇即以逢吉權知樞密院方命草麻聞周太祖起兵乃止逢吉夜宿金祥殿東閣謂司天夏官正王處訥曰昨夕未瞑已見李崧在側生人接死者無吉事也周太祖至北郊官軍敗于劉子陂逢吉宿七里夜與

同舍酣飲索刀將自殺爲左右所止明日與隱帝走趙村自殺於民舍周太祖定京師梟其首適當李崧被刑之所廣順初賜其子西京莊幷宅一區

史弘肇字化元鄭州滎澤人也爲人驕勇走及奔馬梁末調民七戶出一兵弘肇爲兵隸開道指揮選爲禁兵漢高祖典禁兵弘肇爲軍校其後漢高祖鎭太原使將武節左右指揮領雷州刺史高祖建號於太原代州王暉拒命弘肇攻破之以功拜忠武軍節度使侍衛步軍都指揮使是時契丹北歸留耿崇美攻王守恩於潞州高祖遣弘肇前行擊之崇美敗走守恩以城歸漢而河陽武行德澤州翟令奇等皆迎弘肇自歸弘肇入河陽高祖從後至遂入京師弘肇爲將嚴毅寡言麾下嘗少忤意立撾殺之軍中爲之股慄以故高祖起義之初弘肇行兵所至秋毫無犯兩京帖然遷侍衛親軍馬步軍都指揮使領歸德軍節度使同中書門下平章事高祖疾大漸與楊邠蘇逢吉等同授一作受顧命隱帝時河中李守貞鳳翔王景崇永興趙思綰等皆反關西用兵人情恐懼京師之民流言以相驚恐弘肇出兵警察務行殺戮罪無大小皆死是時太白晝見民

有仰觀者輒腰斬于市市有醉者忤一軍卒軍卒誣其訛言坐棄市凡民抵罪吏以白弘肇弘肇但以三指示之吏卽腰斬之又爲斷舌決口斮筋折足之刑李崧坐奴告變族誅弘肇取其幼女以爲婢於是前資故將失職之家姑息僮奴而廝養之輩往往脅制其主侍衞孔目官解暉狡酷因緣爲姦民抵罪者莫敢告訴燕人何福進有玉枕直錢十四萬遣僮賣之淮南以鬻茶僮隱其錢福進笞責之僮乃誣告福進得趙延壽玉枕以遺吳人弘肇捕治福進棄市帳下分取其妻子而籍其家財弘肇不喜賓客嘗言文人難耐呼我爲卒弘肇領歸德其副使等月率私錢千緡爲獻潁州麴場官麴温與軍將陳拯爭官務訟之三司三司直温拯訴之弘肇弘肇以謂潁己屬州而温不先白己乃追温殺之連坐者數十人周太祖平李守貞推功羣臣弘肇拜中書令隱帝自關西罷兵漸近小人與後贊李業等嬉遊無度而太后親族頗行干託弘肇與楊邠稍裁抑之太后有故人子求補軍職弘肇輒斬之帝始聽樂賜教坊使等玉帶錦袍往謝弘肇弘肇怒曰健兒爲國征行者未有偏賜爾曹何功敢當此乎悉取所

賜還官周太祖出鎭魏州弘肇議帶樞密以行蘇逢吉楊邠以爲不可弘肇恨之明日會飲竇貞固第弘肇厲聲舉爵屬太祖曰昨日廷論何爲異同今日與公飲此逢吉與邠亦舉大爵曰此國家事也何必介意乎遂俱飲釂弘肇曰安朝廷定禍亂直須長槍大劍若毛錐子安足用哉三司使王章曰無毛錐子軍賦何從集乎毛錐子葢言筆也弘肇默然他日會飲章第酒酣爲手勢令弘肇不能爲客省使閻晉卿坐次弘肇屢教之蘇逢吉戲曰坐有姓閻人何憂罰爵弘肇妻閻氏酒家倡以爲譏己大怒以醜語詬逢吉逢吉不校弘肇欲毆之逢吉先出弘肇起索劍欲追之楊邠泣曰蘇公漢宰相公若殺之致天子何地乎弘肇馳馬去邠送至第而還由是將相如水火隱帝遣王峻置酒公子亭和解之是時李業郭允明後贊聶文進等用事不喜執政而隱帝春秋漸長爲大臣所制數有忿言業等乘間譖之以謂弘肇威震人主不除必爲亂隱帝頗欲除之夜聞作坊鍛甲聲以爲兵至達旦不寐由是與業等密謀禁中乾祐三年冬十月十三日弘肇與楊邠王章等入朝坐廣政殿東廡甲士數十人自內出擒

弘肇邠章斬之幷族其三家弘肇已死帝坐崇元殿召羣臣告以弘肇等謀反羣臣莫能對又召諸軍校見於萬歲殿帝曰弘肇等專權使汝曹常憂橫死今日吾得爲汝主矣軍校皆拜周太祖卽位追封弘肇鄭王以禮歸葬

楊邠魏州冠氏人也少爲州掌籍吏租庸使孔謙領度支補邠勾押官歷孟華鄆三州糧料院使事漢高祖爲右都押衙高祖卽位拜樞密使邠出於小吏不喜文士與蘇逢吉等內相排忌逢吉諷李濤上疏罷邠與周太祖樞密使邠泣訴李太后前太后怒罷濤相加邠中書侍郎兼吏部尚書同平章事是時逢吉禹珪頗以私賄除吏多繆邠爲相事無大小必先示邠邠以爲可乃入白而深革逢吉所爲凡門蔭出身諸司補吏者一切罷之邠雖長於吏事而不知大體以謂爲國家者帑廩實甲兵完而已禮樂文物皆虛器也以故秉大政而務苛細凡前資官不得居外而天下行旅皆給過所然後得行旬日之間人情大擾邠度不可行而止邠常與王章論事帝前帝曰事行之後勿使有言也邠遽曰陛下但禁聲有臣在閙者爲之戰慄李太后弟業求爲宣徽使帝與太后私以

問邠邠止以爲不可帝欲立所愛耿夫人爲后邠又以爲不可夫人死將以后禮葬之邠又以爲不可由是隱帝大怒而左右乘間構之與史弘肇等同日見殺邠爲人頗儉靜四方之賂雖不却然往往以獻於帝居家謝絕賓客晚節稍通縉紳延客門下知史傳有用乃課吏傳寫未幾及於禍周太祖卽位追封弘農王

王章魏州南樂人也爲州孔目官張令昭逐節度使劉延皓章事令昭令昭敗章婦翁白文珂與副招討李周善乃以章託周周匿章褚中以橐駝負之洛陽藏周第唐滅章乃出爲河陽糧料使漢高祖典禁兵補章都孔目官從之太原高祖卽位拜三司使檢校太尉高祖崩隱帝卽位加太尉同中書門下平章事是時漢方新造承契丹之後京師空乏而關西三叛作周太祖用兵西方章供饋軍旅未嘗乏絕然征利剝下民甚苦之往時民租一石輸二升爲雀鼠耗章乃增一石輸二斗爲省耗緡錢出入皆以八十爲陌章減其出者陌三州縣民訴田者必全州縣覆之以括其隱田天下由此重困然尤不喜文士嘗語人曰

此輩與一把算子未知顛倒何益於國邪百官俸廩皆取供軍之餘不堪者命有司高估其價估定又增謂之擡估章猶意不能滿往往復增之民有犯鹽礬酒麴者無多少皆抵死吏緣爲姦民莫堪命已而與史弘肇等同日見殺

劉銖陜州人也少爲梁邵王牙將與漢高祖有舊高祖鎭太原以爲左都押衙銖爲人慘酷好殺戮高祖以爲勇斷類己特信用之高祖卽位拜永興軍節度使徙鎭平盧加檢校太師同平章事又加侍中是時江淮不通吳越錢鏐使者常泛海以至中國而濱海諸州皆置博易務與民貿易民負失期者務吏擅自攝治置刑獄不關州縣而前爲吏者利其厚賂縱之不問民頗爲苦銖乃一切禁之然銖用法亦自爲刻深民有過者問其年幾何對曰若干卽隨其數杖之謂之隨年杖每杖一人必兩杖俱下謂之合歡杖又請增民租畝出錢三十以爲公用民不堪之隱帝患銖剛暴召之懼不至是時沂州郭淮攻南唐還以兵駐青州隱帝乃遣符彥卿往代銖銖顧禁兵在莫敢有異意乃受代還京師銖嘗切齒於史弘肇楊邠等已而弘肇等死銖謂李業等曰諸君可謂僂儸兒矣

權知開封府周太祖兵犯京師銖悉誅太祖與王峻等家屬太祖入京師銖妻裸露以席自蔽與銖俱見執銖謂其妻曰我則死矣汝應與人爲婢太祖使人責銖曰與公共事先帝獨無故人之情乎吾家屠滅雖有君命加之酷毒一何忍也今公亦有妻子獨不念之乎銖曰爲漢誅叛臣爾豈知其佗是時太祖方欲歸人心乃與羣臣議曰劉侍中墜馬傷甚而軍士逼辱殆有微生吾欲奏太后貸其家屬何如羣臣皆以爲善乃止殺銖與李業等梟首於市赦其妻子太祖卽位賜陝州莊宅各一區

李業高祖皇后之弟也后昆弟七人業最幼故尤憐之高祖時以爲武德使隱帝卽位業以皇太后故益用事無顧憚時天下旱蝗黃河決溢京師大風拔木壞城門宮中數見怪物投瓦石撼門扉隱帝召司天趙延乂問禳除之法延乂對曰臣職天象日時察其變動以考順逆吉凶而已禳除之事非臣所知也然臣所聞殆山魈也皇太后乃召尼誦佛書以禳之一尼如廁既還悲泣不知人者數日及醒訊之莫知其然而帝方與業及聶文進後贊郭允明等狎昵多爲

廋語相誚戲放紙鳶于宮中太后數以災異戒帝帝不聽時宣徽使闞業欲得之太后亦遣人微諷大臣大臣楊邠史弘肇等皆以爲不可業由此怨望謀殺邠等邠等已死又遣供奉官孟業以詔書殺郭威于魏州威舉兵反隱帝遣左神武統軍袁義侍衞馬軍都指揮使閻晉卿等率兵拒威于澶淵兵未出威已至滑州隱帝大懼謂大臣曰昨太草草耳業請出府庫以賚軍宰相蘇禹珪以爲未可業拜禹珪於帝前曰相公且爲官家勿惜府庫乃詔賜京師兵及魏兵從威南者錢人十千督其子弟作書以告北兵之來者及漢兵敗于北郊業取內庫金寶懷之以奔其兄保義軍節度使洪信洪信拒而不納業走至絳州爲人所殺

聶文進并州人也少爲軍卒善書算給事漢高祖帳中高祖鎮太原以爲押司官高祖卽位歷拜領軍屯衞將軍樞密院承旨周太祖爲樞密使頗親信之文進稍橫恣遷右領軍大將軍入謝召諸將軍設食朝堂儀鸞翰林御廚供帳飲食文進自如有司不敢劾周太祖鎮鄴文進等用事居中及謀殺楊邠等文進

夜作詔書制置中外邠等已死文進點閱兵籍指麾殺戮以爲己任周太祖在鄴聞邠等遇害初以爲文進不與及發詔書皆文進手跡乃大詬之周兵至京師隱帝敗于北郊太后懼使謂文進善衞帝對曰臣在此百郭威何害慕容彥超敗走帝宿于七里文進夜與其徒飲酒歌呼自若明旦隱帝遇弒文進亦見殺

後贊兗州瑕丘人其母倡也贊幼善謳事張延朗延朗死贊更事漢高祖高祖愛之以爲牙將高祖即位拜飛龍使隱帝尤愛幸之楊邠等執政贊久不得遷乃共謀殺邠等邠等死隱帝悔之贊與允明等番休侍帝不欲左右言己短隱帝兵敗北郊贊奔兗州慕容彥超執送京師梟首于市

郭允明少爲漢高祖廝養高祖愛之以爲翰林茶酒使隱帝尤狎愛之允明益驕橫無顧避大臣不能禁允明使荆南高保融車服導從如節度使保融待之甚厚允明乃陰使人步測其城池高下若爲攻取之計者以動之荆人皆恐保融厚賂以遣之還飛龍使已而李業與允明謀殺楊邠等是日無雲而昏霧雨

如泣曰中載邠等十餘尸暴之市中允明手殺邠等諸子於朝堂西廡王章壻張貽肅血流逆注隱帝敗于北郊還至封丘門不得入帝走趙村允明從後追之弑帝于民舍乃自殺

五代史卷三十

五代史卷三十考證

蘇逢吉傳逢吉乃誘人告崧與弟嶼𡸣等下獄○南本無𡸣字

崧款自誣伏與家僮二十人謀因高祖山陵爲亂獄中上書逢吉改二十人爲五十人遂族崧家○逢吉時爲中書此云獄中上書當作獄上中書爲是

劉銖傳銖謂李業等曰諸君可謂僂儸兒矣○鶴林玉露僂儸俗言猾也唐書作婁羅見回紇傳華言婁羅蓋聰明才敏之意北史作樓羅見王昕傳樓羅樓羅實自難解宋史亦作樓羅張思均質狀小而精悍太宗嘗稱其樓羅是也

太祖入京師銖見執○臣文清按通鑑考異則謂周祖以太后意令收銖下獄與此小異

五代史卷三十考證

五代史卷三十一

宋　歐　陽　修　撰

周臣傳第十九

王朴字文伯東平人也少舉進士爲校書郎依漢樞密使楊邠邠與王章史弘肇等有隙朴見漢興日淺隱帝年少孱弱任用小人而邠爲大臣與將相交惡知其必亂乃去邠東歸後李業等教隱帝誅權臣邠與章弘肇皆見殺三家之客多及而朴以故獨免周世宗鎭澶州朴爲節度掌書記世宗爲開封尹拜朴右拾遺爲推官世宗卽位遷比部郎中獻平邊策曰唐失道而失吳蜀晉失道而失幽幷觀所以失之之由知所以平之之術當失之之時君暗政亂兵驕民困近者姦於內遠者叛於外小不制而至于僭大不制而至于濫天下離心人不用命吳蜀乘其亂而竊其號幽幷乘其閒而據其地平之之術在乎反唐晉之失而已必先進賢退不肖以清其時用能去不能以審其材恩信號令以結其心賞功罰罪以盡其力恭儉節用以豐其財徭役以時以阜其民俟其倉廩實

器用備人可用而舉之彼方之民知我政化大行上下同心力彊財足人安將和有必取之勢則知彼情狀者願爲之間諜知彼山川者願爲之先導彼民與此民之心同是與天意同與天意同則無不成之功攻取之道從易者始當今惟吳易圖東至海南至江可撓之地二千里從少備處先撓之備東則撓西備西則撓東彼必奔走以救其弊奔走之間可以知彼之虛實衆之彊弱攻虛擊弱則所向無前矣勿大舉但以輕兵撓之彼人怯弱知我師入其地必大發以來應數大發則民困而國竭一不大發則我獲其利彼竭我利則江北諸州乃國家之所有也既得江北則用彼之民揚我之兵江之南亦不難平之也如此則用力少而收功多得吳則桂廣皆爲內臣岷蜀可飛書而召之如不至則四面並進席卷而蜀平矣吳蜀平幽可望風而至唯幷必死之寇不可以恩信誘必須以彊兵攻力已竭氣已喪不足以爲邊患可爲後圖方今兵力精練器用具備羣下知法諸將用命一稔之後可以平邊臣書生也不足以講大事至于不達大體不合機變惟陛下寬之遷左諫議大夫知開封府事歲中遷左散騎

常侍充端明殿學士是時世宗新即位鋭意征伐已撓羣議親敗劉旻於高平歸而益治兵慨然有平一天下之志數顧大臣問治道選文學之士徐台符等二十人使作爲君難爲臣不易論及平邊策朴在選中而當時文士皆不欲上急於用武以謂平定僭亂在修文德以爲先惟翰林學士陶穀竇儀御史中丞楊昭儉與朴皆言用兵之策朴謂江淮爲可先取世宗雅已知朴及見其議論偉然益以爲奇引與計議天下事無不合遂決意用之顯德三年征淮以朴爲東京副留守還拜戶部侍郎樞密副使遷樞密使四年再征淮以朴留守京師世宗之時外事征伐而內修法度朴爲人明敏多材智非獨當世之務至於陰陽律曆之法莫不通焉顯德二年詔朴校定大曆乃削去近世符天流俗不經之學設通經統三法以歲軌離交朔望周變率策之數步日月五星爲欽天曆六年又詔朴考正雅樂朴以謂十二律管互吹難得其真乃依京房爲律准以九尺之絃十三依管長短寸分設柱用七聲爲均樂成而和朴性剛果又見信於世宗凡其所爲當時無敢難者然人亦莫能加也世宗征淮朴留京師廣新

城通道路壯偉宏闊今京師之制多其所規爲其所作樂至今用之不可變其陳用兵之略非特一時之策至言諸國興滅次第云淮南可最先取幷必死之寇最後亡其後宋興平定四方惟幷獨後服皆如朴言六年春世宗遣朴行視汴口作斗門還過故相李穀第疾作仆于坐上舁歸而卒年五十四世宗臨其喪以王鉞叩地大慟者數四贈侍中

鄭仁誨字日新太原晉陽人也初事唐將陳紹光紹光爲人驍勇而好使酒嘗因醉怒仁誨拔劍欲殺之左右皆奔走仁誨植立不動無懼色紹光擲劍于地撫仁誨曰汝有器量必富貴非吾所及也仁誨後棄紹光去還鄉里事母以孝聞漢高祖爲河東節度使周太祖居帳下時時往過仁誨與語甚懽每事有疑即從仁誨質問仁誨所對不阿周太祖益奇之漢興周太祖爲樞密使乃召仁誨用之累官至內客省使太祖破李守貞於河中軍中機畫仁誨多所參決太祖入立以仁誨爲大內都點檢恩州團練使樞密副使累遷宣徽北院使出爲鎭寧軍節度使顯德元年拜樞密使世宗攻河東仁誨留守東都明年冬以疾

卒世宗將臨其喪有司言歲不利臨喪世宗不聽乃先以桃茢而臨之仁誨自其微時常爲太祖謀畫及居大位未嘗有所聞而太祖世宗皆親重之然亦能謙謹好禮不自矜伐爲士大夫所稱贈中書令追封韓國公諡曰忠正

扈載字仲熙北燕人也少好學善屬文廣順初舉進士高第拜校書郎直史館再遷監察御史其爲文章以辭多自喜常次歷代有國廢興治亂之迹爲運源賦甚詳又因遊相國寺見庭竹可愛作碧鮮賦題其壁世宗聞之遣小黃門就壁錄之覽而稱善因拜水部員外郎知制誥遷翰林學士賜緋而載已病不能朝謝居百餘日乃力疾入直學士院世宗憐之賜告還第遣太醫視疾初載以文知名一時樞密使王朴尤重其才薦於宰相李穀久而不用朴以問穀曰扈載不爲舍人何也穀曰非不知其才然載命薄恐不能勝朴曰公爲宰相以進賢退不肖爲職何言命邪已而召拜知制誥及爲學士居歲中病卒年三十六議者以穀能知人而朴能薦士是時天子英武樂延天下奇才而尤禮文士載與張昭竇儼陶穀徐台符等俱被進用穀居數人中文辭最劣尤無行昭儼數

與論議其文粲然而穀徒能先意所在以進諛取合人主事無大小必稱美頌贊至於廣京城爲木偶耕人紫芝白兎之類皆爲頌以獻其辭大抵類俳優而載以不幸早卒論議雖不及昭儼而不爲穀之諛也

嗚呼作器者無良材而有良匠治國者無能臣而有能君蓋材待匠而成臣待君而用故曰治國譬之於弈知其用而置得其處者勝不知其用而置非其處者敗敗者臨棋注目終日而勞心使善弈者視焉爲之易置其處則勝矣勝者所用敗者之棋也興國所用亡國之臣也王朴之材誠可謂能矣不遇世宗何所施哉世宗之時外事征伐攻取戰勝內修制度議刑法定律曆講求禮樂之遺文所用者五代之士也豈皆愚怯於晉漢而材智於周哉惟知所用爾夫亂國之君常置愚不肖於上而彊其不能以暴其短惡置賢智於下而泯沒其材能使君子小人皆失其所而身蹈危亡治國之君能置賢知於近而置愚不肖於遠使君子小人各適其分而身享安榮治亂相去雖遠甚而其所以致之者不多也反其所置而已嗚呼自古治君少而亂君多況於五代士之遇不遇者

可勝歎哉

五代史卷三十一

五代史卷三十一考證

王樸傳世宗卽位遷比部郎中○顧炎武云唐時刑部有刑比都官司門四曹故稱刑曹爲比部郎中後改爲司計大夫又改比部爲司計今四曹改爲十三司而財計之不關刑部久矣

遷左諫議大夫知開封府事○臣文清按劉友益綱目書法云漢周開封多以子弟尹之世宗始用賢者而樸以諫議大夫領焉參書法此條方見此舉之善

以王鉞叩地○王一本作玉

五代史卷三十一考證

珍倣宋版印

五代史卷三十二

宋　歐陽修　撰

死節傳第二十

語曰世亂識忠臣誠哉五代之際不可以爲無人吾得全節之士三人焉作死節傳

王彥章字子明鄆州壽昌人也少爲軍卒事梁太祖爲開封府押衙左親從指揮使行營先鋒馬軍使末帝卽位遷濮州刺史又徙澶州刺史彥章爲人驍勇有力能跣足履棘行百步持一鐵鎗騎而馳突奮疾如飛而他人莫能舉也軍中號王鐵鎗梁晉爭天下爲勁敵獨彥章心常輕晉王謂人曰亞次鬭鷄小兒耳何足懼哉梁分魏相六州爲兩鎭懼魏軍不從遣彥章將五百騎入魏屯金波亭以虞變魏軍果亂夜攻彥章彥章南走魏人降晉晉軍攻破澶州虜彥章妻子歸之太原賜以第宅供給甚備閒遣使者招彥章彥章斬其使者以自絕然晉人畏彥章之在梁也必欲招致之待其妻子愈厚自梁失魏博與晉夾河

而軍彥章常爲先鋒遷汝鄭二州防禦使匡國軍節度使北面行營副招討使又徙宣義軍節度使是時晉已盡有河北以鐵鎖斷德勝口築河南北爲兩城號夾寨而梁末帝昏亂小人趙巖張漢傑等用事大臣宿將多被讒間彥章雖爲招討副使而謀不見用龍德三年夏晉取鄆州梁人大恐宰相敬翔顧事急以繩內靴中入見末帝泣曰先帝取天下不以臣爲不肖所謀無不用今彊敵未滅陛下棄忽臣言臣身不用不如死乃引繩將自經末帝使人止之問所欲言翔曰事急矣非彥章不可末帝乃召彥章爲招討使以段凝爲副末帝問破敵之期彥章對曰三日左右皆失笑彥章受命而出馳兩日至滑州置酒大會陰遣人具舟於楊村命甲士六百人皆持巨斧載冶者具鞴炭乘流而下彥章會飲酒半佯起更衣引精兵數千沿河以趨德勝舟兵舉鎖燒斷之因以巨斧斬浮橋而彥章引兵急擊南城浮橋斷南城遂破蓋三日矣是時莊宗在魏以朱守殷守夾寨聞彥章爲招討使驚曰彥章驍勇吾嘗避其鋒非守殷敵也然彥章兵少利於速戰必急攻我南城卽馳騎救之行二十里而得夾寨報者曰

彥章兵已至比至而南城破矣莊宗徹北城爲栰下楊劉與彥章俱浮于河各行一岸每舟栰相及輒戰一日數十接彥章至楊劉攻之幾下晉人築壘博州東岸彥章引兵攻之不克還擊楊劉戰敗是時段凝已有異志與趙巖張漢傑交通彥章素剛憤梁日削而嫉巖等所爲嘗謂人曰俟吾破賊還誅姦臣以謝天下巖等聞之懼與凝叶力傾之其破南城也彥章與凝各爲捷書以聞凝遣人告巖等匿彥章書而上己書末帝初疑其事已而使者至軍獨賜勞凝而不及彥章軍士皆失色及楊劉之敗也凝乃上書言彥章使酒輕敵而至於敗趙巖等從中日夜毀之乃罷彥章以凝爲招討使彥章馳至京師入見以笏畫地自陳勝敗之迹巖等諷有司劾彥章不恭勒還第唐兵攻兗州末帝召彥章使守捉東路是時梁之勝兵皆屬段凝京師秪有保鑾五百騎皆新募之兵不可用乃以屬彥章而以張漢傑監之彥章至遞坊以兵少戰敗退保中都又敗與其牙兵百餘騎死戰唐將夏魯奇素與彥章善識其語音曰王鐵鎗也舉矟刺之彥章傷重馬踣被擒莊宗見之曰爾常以孺子待我今日服乎又曰爾善戰

者何不守兗州而守中都中都無壁壘何以自固彥章對曰大事已去非人力可爲莊宗惻然賜藥以封其創彥章武人不知書常爲俚語謂人曰豹死留皮人死留名其於忠義蓋天性也莊宗愛其驍勇欲全活之使人慰諭彥章彥章謝曰臣與陛下血戰十餘年今兵敗力窮不死何待且臣受梁恩非死不能報豈有朝事梁而暮事晉生何面目見天下之人乎莊宗又遣明宗往諭之彥章病創臥不能起仰顧明宗呼其小字曰汝非邈佶烈乎我豈苟活者遂見殺年六十一晉高祖時追贈彥章太師與彥章同時有裴約者潞州之牙將也莊宗以李嗣昭爲昭義軍節度使約以裨將守澤州嗣昭卒其子繼韜以澤潞叛降于梁約召其州人泣而諭曰吾事故使二十餘年見其分財饗士欲報梁仇不幸早世今郎君父喪未葬違背君親吾能死于此不能從以歸梁也衆皆感泣梁遣董璋率兵圍之約與州人拒守求救於莊宗是時莊宗方與梁人戰河上而已建大號聞繼韜叛降梁頗有憂色及聞約獨不叛喜曰吾於繼韜何薄於約何厚而約能分逆順邪顧符存審曰吾不惜澤州與梁一州易得約難得也

爾識機便爲我取約來存審以五千騎馳至遼州而梁兵已破澤州約見殺至周世宗時又有劉仁贍者焉仁贍字守惠彭城人也父金事楊行密爲濠滁二州刺史以驍勇知名仁贍爲將輕財重士法令嚴肅少略通兵書事南唐爲左監門衛將軍黃袁二州刺史所至稱治李景使掌親軍以爲武昌軍節度使周師征淮先遣李穀攻自壽春景遣將劉彥貞拒周兵以仁贍爲清淮軍節度使鎮壽州李穀退守正陽浮橋彥貞見周兵之却意其怯急追之仁贍以爲不可彥貞不聽仁贍獨按兵城守彥貞果敗於正陽世宗攻壽州圍之數重以方舟載礮自淝河中流擊其城又束巨竹數十萬竿上施版屋號爲竹龍載甲士以攻之又決其水砦入于淝河攻之百端自正月至于四月不能下而歲大暑霖雨彌旬周兵營寨水深數尺淮淝暴漲礮舟竹龍皆飄南岸爲景兵所焚周兵多死世宗東趨濠梁以李重進爲廬壽州都招討使景亦遣其元帥齊王景達等列砦紫金山下爲夾道以屬城中而重進與張永德兩軍相疑不協仁贍屢請出戰景達不許由是憤惋成疾明年正月世宗復至淮上盡破紫金山砦壞

其夾道景兵大敗諸將往往見擒而景之守將廣陵馮延魯光州張紹舒州周祚泰州方訥泗州范再遇等或走或降皆不能守雖景君臣亦皆震慴奉表稱臣願割土地輸貢賦以效誠款而仁贍獨堅守不可下世宗使景所遣使者孫晟等至城下示之仁贍子崇諫幸其父病謀與諸將出降仁贍立命斬之監軍使周廷構哭于中門救之不得於是士卒皆感泣願以死守三月仁贍病甚已不知人其副使孫羽詐爲仁贍書以城降世宗命舁仁贍至帳前嘆嗟久之賜以玉帶御馬復使入城養疾是日卒制曰劉仁贍盡忠所事抗節無虧前代名臣幾人可比予之南伐得爾爲多乃拜仁贍檢校太尉兼中書令天平軍節度使仁贍不能受命而卒年五十八世宗遣使弔祭喪事官給追封彭城郡王以其子崇讚爲懷州刺史賜莊宅各一區李景聞仁贍卒亦贈太師壽州故治壽春世宗以其難剋遂徙城下蔡而復其軍曰忠正軍曰吾以旌仁贍之節也

嗚呼天下惡梁久矣然士之不幸而生其時者不爲之臣可也其食人之祿者必死人之事如彥章者可謂得其死哉仁贍既殺其子以自明矣豈有垂死而

變節者乎今周世宗實錄載仁贍降書蓋其副使孫羽等所爲也當世宗時王環爲蜀守秦州攻之久不下其後力屈而降世宗頗嗟其忠然止以爲大將軍視世宗待二人之薄厚而考其制書乃知仁贍非降者也自古忠臣義士之難得也五代之亂三人者或出於軍卒或出於僞國之臣可勝嘆哉可勝嘆哉

五代史卷三十二

五代史卷三十二考證

王彥章傳趙巖等日夜毀之乃罷彥章彥章馳至京師以笏畫地自陳勝敗之迹巖等諷有司劾彥章不敬勒還第○臣文清按司馬光通鑑云趙張與彥章動相違戾潛伺彥章過失以聞彥章功竟無成及歸楊村梁主信讒猶恐彥章旦夕成功難制徵還大梁與此異

五代史卷三十二考證

五代史卷三十三

宋　歐陽修　撰

死事傳第二十一

嗚呼甚哉自開平訖于顯德終始五十三年而天下五代士之不幸而生其時欲全其節而不二者固鮮矣於此之時責士以死與必去則天下爲無士矣然其習俗遂以苟生不去爲當然至於儒者以仁義忠信爲學享人之祿任人之國者不顧其存亡皆恬然以苟生爲得非徒不知愧而反以其得爲榮者可勝數哉故吾於死事之臣有所取焉君子之於人也樂成其美而不求其備況死者人之所難乎吾於五代得全節之士三人而已其初無卓然之節而終以死人之事者得十有五人焉而戰沒者不得與也然吾取王清史彥超者其有旨哉其有旨哉作死事傳不能立傳者五人馬彥超附朱守殷傳宋令詢李遐張彥卿鄭昭業見於本紀而已

張源德者不知其世家或曰本晉人也少事晉無所稱從李罕之以潞州叛晉降梁罕之遣源德見梁太祖太祖時源德自金吾衞將軍爲蔡州刺史梁貞明

三年魏博節度使楊師厚卒末帝分魏相等六州爲兩鎭懼魏軍不從乃遣劉鄩將兵萬人屯于魏以虞變魏軍果叛迫其節度使賀德倫以魏博二州降晉當是時源德爲鄩守貝州晉王入魏諸將欲先擊貝州晉王曰貝城小而堅攻之難卒下且源德雖恃劉鄩之兵然與滄州相首尾今德州居其中而無備不如先取之則滄貝之勢分而易圖也乃先襲破德州然後以兵五千攻源德源德堅守不下晉軍塹而圍之已而劉鄩大敗于故元城南走黎陽晉軍攻破洺州而衛州刺史來昭邢州節度使閻寶皆以城降晉磁州刺史靳昭相州張筠滄州戴思遠皆棄城走當此時晉已先下全燕而鎭定皆附于晉自河以北山以東四面千里六鎭數十州之地皆歸晉獨貝一州圍之踰年不可下源德守既堅而貝人聞晉已盡有河北城中食且盡乃勸源德出降源德不從遂見殺源德已死貝人謀曰晉圍吾久吾窮而後降懼皆不免也乃告于晉曰吾欲被甲執兵而降得赦而後釋之如何晉軍許諾貝人三千出降已釋甲晉兵四面圍而盡殺之

夏魯奇字邦傑青州人也唐莊宗時賜姓名曰李紹奇其後莊宗賜姓名者皆復其故魯奇初事梁爲宣武軍校後奔于晉爲衛護指揮使從周德威攻劉守光於幽州守光將單廷珪元行欽以驍勇自負魯奇每與二將鬬輒不能解兩軍皆釋兵而觀之晉已下魏博梁將劉鄩軍于洹水莊宗以百騎覘敵遇鄩伏兵圍之數重幾不得脫魯奇力戰手殺百餘人身被二十餘創與莊宗決圍而出莊宗益奇之以爲磁州刺史從戰中都擒王彥章莊宗壯之賜絹千疋拜鄭州防禦使遷河陽節度使爲政有惠愛徙鎮忠武河陽之人遮留不得行父老詣京師乞留明宗遣中使往諭之魯奇乃得去唐師伐荆南以魯奇爲招討副使無功而還徙鎮武信東川董璋反攻遂州魯奇閉城拒之旬月救兵不至城中食盡魯奇自刎死年四十九吳縝兵猶可戰而不戰魯奇食盡力窮而刎故取捨異

姚洪本梁之小校也自董璋爲梁將洪嘗事璋後事唐爲指揮使長與中遣洪將千人戍閬州董璋反遣人以書招洪洪得璋書輒投廁中後璋兵攻破閬州執洪璋曰爾爲健兒我遇汝厚奈何負我邪洪罵曰老賊爾昔爲李七郎奴掃

馬糞得一臠殘炙感恩不已今天子用爾爲節度使何苦反邪吾能爲國家死不能從人奴以生璋怒然鑊于前令壯士十人刲其肉而食洪至死大罵明宗聞之泣下錄其二子而厚䘏其家

王思同幽州人也其父敬柔娶劉仁恭女生思同思同事仁恭爲銀胡䩮指揮使仁恭爲其子守光所囚思同奔晉以爲飛勝指揮使梁晉相拒于莘遣思同築壘楊劉以功遷神武十軍都指揮使累遷鄭州防禦使思同爲人敢勇善騎射好學頗喜爲詩輕財重義多禮文士然未嘗有戰功明宗時以久次爲匡國軍節度使徙鎮雄武是時吐蕃數爲寇而秦州無亭障思同列四十餘柵以禦之居五年來朝明宗問以邊事思同指畫山川陳其利害思同去明宗顧左右曰人言思同不管事能若是邪於是始知其材以爲右武衛上將軍京兆尹西京留守石敬瑭討董璋思同爲先鋒指揮使兵入劍門而後軍不繼思同與璋戰不勝而却敬瑭兵罷思同徙鎮山南西道已而復爲京兆尹西京留守應順元年二月潞王從珂反鳳翔馳檄四鄰言姦臣幸先帝疾病賊殺秦王而立幼

嗣侵弱宗室動搖藩方陳己所以與兵討亂之狀因遣伶奴安十十以五絃謁思同欲因其懽以通意是時諸鎮皆懷嚮背所得潞王書檄雖以上聞而不絕其使獨思同執十十及從珂所使推官郝詡等送京師愍帝嘉其忠即以思同爲西面行營馬步軍都部署三月會諸鎮兵圍鳳翔破東西關城從珂兵弱而守甚堅外兵傷死者衆從珂登城呼外兵而泣曰吾從先帝二十年大小數百戰甲不解體金瘡滿身士卒固嘗從我矣今先帝新棄天下而朝廷信用姦人離間骨肉我實何罪而見伐乎因慟哭士卒聞者皆悲憐之興元張虔釗攻城西督戰甚急士卒苦之反兵攻虔釗虔釗走羽林指揮使楊思權呼曰潞王吾主也乃引軍自西門入降從珂而思同未知猶督戰嚴衞指揮使尹暉麾其衆曰城西軍入城受賞矣何用戰邪士卒解甲棄仗聲聞數里遂皆入城降諸鎮之兵皆潰思同挺身走至長安西京副留守劉遂雍閉門不納乃走潼關從珂引兵東至昭應前鋒追執思同從珂責曰罪可逃乎思同曰非不知從王而得生恐終死不能見先帝於地下從珂媿其言乃殺之漢高祖卽位贈侍中思同東走

將自歸于天子與元行欽走異故予其死

張敬達字志通代州人也小字生鐵少以騎射事唐莊宗爲廳直軍使明宗時爲河東馬步軍都指揮使領欽州刺史累遷彰國大同軍節度使徙鎮武信晉昌清泰二年契丹數犯邊廢帝以河東節度使石敬瑭兼大同彰國振武威塞等軍蕃漢馬步軍都總管屯于忻州屯兵聚譟遮敬瑭呼萬歲敬瑭斬三十餘人以止之廢帝疑敬瑭有異志乃以敬達爲北面副總管以分其兵明年夏徙敬瑭鎮天平遂以敬達爲大同彰國振武威塞等軍蕃漢馬步軍都部署敬瑭因此遂反即以敬達爲太原四面招討使六月兵圍太原敬達爲長城連柵雲梯飛礮以攻之所爲城柵將成輒有大風雨水暴至以壞之敬瑭求救于契丹九月契丹耶律德光自鴈門入旌旗相屬五千餘里德光先遣人告敬瑭曰吾欲今日破敵可乎敬瑭報曰大兵遠來而賊勢方盛要在成功不必速也使者未復命而兵已交敬達陣於西山契丹以羸騎三千革鞭木鐙人馬皆不甲冑以趨唐軍唐軍爭馳之契丹兵走追至汾曲伏發斷唐軍爲二其在北者皆死

死者萬餘人敬達收軍柵晉安契丹圍之廢帝遣趙延壽范延光等救之延壽屯團柏谷延光屯遼州相去皆百餘里契丹兵圍敬達者自晉安寨南長百餘里闊五十里敬達軍中望之但見穹廬連屬如岡阜四面亘以毛索掛鈴爲警縱犬往來敬達軍中有夜出者輒爲契丹所得由是閉壁不敢復出延壽等皆有二心無救敬達意敬達猶有兵五萬人馬萬匹久之食盡削木篩糞以飼其馬馬死者食之已而馬盡副招討使楊光遠勸敬達降晉敬達自以不忍背唐而救兵且至光遠促之不已敬達曰諸公何相迫邪何不殺我而降光遠即斬敬達降契丹耶律德光聞敬達死哀其忠遣人收葬之（本紀責其不誅光遠而諷其殺己以降賊故不書死而書如其志而傳錄其死者終嘉其不降也然己雖不屈而諷人降賊故不得爲死節）

翟進宗張萬迪者皆不知其何人也初皆事唐後事晉進宗爲淄州刺史萬迪爲登州刺史楊光遠反以騎兵數百脅取二刺史至青州萬迪聽命而進宗獨不屈光遠遂殺進宗出帝贈進宗左武衛上將軍及光遠平曲赦青州雖光遠子孫皆見慰釋而獨不赦萬迪暴其罪而斬之詔求進宗尸加禮歸葬葬事官

給以其子仁欽爲東頭供奉官

沈斌字安時徐州下邳人也少爲軍卒事梁爲拱宸都指揮使後事唐從魏王繼岌破蜀平康延孝以功爲虢州刺史歷隨趙等八州刺史晉開運元年爲祁州刺史契丹犯塞至于榆林過祁州斌以謂契丹深入晉地而歸兵羸乏可擊卽以州兵邀之契丹以精騎劃門斌兵多死城中無備虜將趙延壽留兵急攻之延壽招斌降斌從城上罵延壽曰公父子誤計陷于腥膻忍以犬羊之衆殘賊父母之邦斌能爲國死爾不能效公所爲也已而城陷斌自盡其家屬皆沒于虜云

王清字去瑕洺州曲周人也初事唐爲寧衛指揮使後事晉爲奉國都虞候安從進叛襄州從高行周攻之逾年不能下清謂行周曰從進閉孤城以自守其勢豈得久邪因請先登遂攻破之開運二年冬從杜重威戰陽城清以力戰功爲步軍之最加檢校司徒是冬重威軍中渡橋南虜軍其北以相拒而虜以精騎並西山出晉軍後南擊欒城斷晉餉道清謂重威曰晉軍危矣今去鎭州五

里而守死于此營孤食盡將若之何請以步兵二千爲先鋒奪橋開路公率諸軍繼進以入鎮州可以守也重威許之遣與宋彥筠俱前清與虜戰敗之奪其橋是時重威已有二志猶豫不肯進彥筠亦退走清曰吾獨死於此矣因力戰而死年五十三漢高祖立贈清太傅

史彥超雲州人也爲人勇悍驍捷周太祖起魏時彥超爲漢龍捷都指揮使以兵從太祖入立遷虎捷都指揮使戍于晉州劉旻攻晉州州無主帥知州王萬敢不能拒彥超以戍兵堅守月餘太祖遣王峻救之旻兵解去以功遷龍捷右廂都指揮使領鄭州防禦使周漢戰高平彥超爲前鋒先登陷陣以功拜感德軍節度使周兵圍漢太原契丹救漢出忻代世宗遣符彥卿拒之以彥超爲先鋒戰忻口彥超勇憤俱發左右馳擊解而復合者數四遂歿于陣是時世宗敗漢高平乘勝而進圍城之役諸將議不一故久無成功世宗欲解去而未決聞彥超戰死遽班師倉卒之際亡失甚衆世宗既惜彥超而憤無成功憂恚不食者數日贈彥超太師優恤其家焉

孫晟初名鳳又名忌密州人也好學有文辭尤長於詩少爲道士居廬山簡寂宮常畫唐詩人賈島像置于屋壁晨夕事之簡寂宮道士惡晟以爲妖以杖驅出之乃儒服北之趙魏謁唐莊宗于鎭州莊宗以晟爲著作佐郎天成中朱守殷鎭汴州辟爲判官守殷反伏誅晟乃棄其妻子亡命陳宋之間安重誨惡晟以謂教守殷反者晟也畫其像購之不可得遂族其家晟奔于吳是時李昪方篡楊氏多招四方之士得晟喜其文辭使爲教令由是知名晟爲人口吃遇人不能道寒暄已而坐定談辯鋒生聽者忘倦昪尤愛之引與計議多合意以爲右僕射與馮延己並爲昪相晟輕延己爲人常曰金椀玉盃而盛狗屎可乎晟事昪父子二十餘年官至司空家益富驕每食不設几案使衆妓各執一器環立而侍號肉臺盤時人多効之周世宗征淮李景懼始遣泗州牙將王知朗至徐州奉書以求和世宗不答又遣翰林學士鍾謨文理院學士李德明奉表稱臣不答乃遣禮部尚書王崇質副晟奉表謨與晟等皆言景願割壽濠泗楚光海六州之地歲貢百萬以佐軍而世宗已取滁揚濠泗諸州欲盡取淮南乃止

因留使者不遣而攻壽州益急謨等見世宗英武非景敵而師甚盛壽春且危乃曰願陛下寬臣五日之誅容臣還取景表盡獻江北諸州世宗許之遣供奉官安弘道押德明崇質南還而謨與晟皆見留德明等既還景悔不肯割地世宗亦以暑雨班師留李重進張永德等分攻廬壽周兵所得揚泰諸州皆不能守景兵復振重進與永德兩軍相疑有隙永德上書言重進反世宗不聽景知二將之相疑也乃以蠟丸書遺重進勸其反初晟之奉使也語崇質曰吾行必不免然吾終不負永陵一抔土也永陵者昪墓也及崇質還而晟與鍾謨俱至京師館于都亭驛待之甚厚每朝會入閤使班東省官後召見必飲以醇酒已而周兵數敗盡失所得諸州世宗憂之召晟問江南事晟不對世宗怒未有以發會重進以景蠟丸書來上多斥周過惡以爲言由是發怒曰晟來使我言景畏吾神武願得北面稱臣保無二心安得此指斥之言乎亟召侍衛軍虞候韓通收晟下獄及其從者二百餘人皆殺之晟臨死世宗猶遣近臣問之晟終不對神色怡然正其衣冠南望而拜曰臣惟以死報國爾乃就刑晟既死鍾謨亦

五代史卷三十四

宋　　歐　陽　修　撰

一行傳第二十二

嗚呼五代之亂極矣傳所謂天地閉賢人隱之時歟當此之時臣弑其君子弑其父而搢紳之士安其祿而立其朝充然無復廉恥之色者皆是也吾以謂自古忠臣義士多出於亂世而怪當時可道者何少也豈果無其人哉雖曰干戈興學校廢而禮義衰風俗隳壞至於如此然自古天下未嘗無人也吾意必有潔身自負之士嫉世遠去而不可見者自古材賢有韞于中而不見于外或窮居陋巷委身草莽雖顏子之行不遇仲尼而名不彰況世變多故而君子道消之時乎吾又以謂必有負材能修節義而沉淪于下泯沒而無聞者求之傳記而亂世崩離文字殘缺不可復得然僅得者四五人而已處乎山林而羣麋鹿雖不足以爲中道然與其食人之祿俛首而包羞孰若無愧於心放身而自得吾得二人焉曰鄭遨張薦明勢利不屈其心去就不違其義吾得一人焉曰石

昂苟利於君以忠獲罪而何必自明有至死而不言者此古之義士也吾得一人焉曰程福贇五代之亂君不君臣不臣父不父子不子至於兄弟夫婦人倫之際無不大壞而天理幾乎其滅矣於此之時能以孝弟自修於一鄉而風行於天下者猶或有之然其事迹不著而無可紀次獨其名氏或因見於書者吾亦不敢沒而其略可錄者吾得一人焉曰李自倫作一行傳

鄭遨字雲叟滑州白馬人也唐明宗祖廟諱遨故世行其字遨少好學敏於文辭唐昭宗時舉進士不中見天下已亂有拂衣遠去之意欲攜其妻子與俱隱其妻不從遨乃入少室山爲道士其妻數以書勸遨還家輒投之於火後聞其妻子卒一慟而止遨與李振故善振後事梁貴顯欲以祿遨遨不顧後振得罪南竄遨徒步千里往視之由是聞者益高其行其後遨聞華山有五粒松脂淪入地千歲化爲藥能去三尸因徙居華陰欲求之與道士李道殷羅隱之友善世目以爲三高士遨種田隱之賣藥以自給道殷有釣魚術鈞而不餌又能化石爲金遨嘗驗其信然而不之求也節度使劉遂凝數以寶貨遺之遨一不受

唐明宗時以左拾遺晉高祖時以諫議大夫召之皆不起卽賜號爲逍遙先生天福四年卒年七十四遨之節高矣遭亂世不污於榮利至棄妻子不顧而去豈非與世相絕而篤愛其身者歟然遨好飲酒弈棊時時爲詩章落人間人間多寫以縑素相贈遺以爲寶至或圖寫其形翫于屋壁其迹雖遠而其名愈彰與乎石門荷蓧之徒異矣與遨同時有張薦明者燕人也少以儒學遊河朔後去爲道士通老子莊周之說高祖召見問道家可以治國乎對曰道也者妙萬物而爲言得其極者尸居袵席之閒可以治天地也高祖大其言延入內殿講道德經拜以爲師薦明聞宮中奏時鼓曰陛下聞鼓乎其聲一而已五音十二律鼓無一焉然和之者鼓也夫一萬事之本也能守一者可以治天下高祖善之賜號通玄先生後不知其所終

石昂青州臨淄人也家有書數千卷喜延四方之士士無遠近多就昂學問食其門下者或累歲昂未嘗有怠色而昂不求仕進節度使符習高其行召以爲臨淄令習入朝京師監軍楊彥朗知留後事昂以公事至府上謁贊者以彥朗

諱石更其姓曰右昂趨于庭仰責彥朗曰內侍奈何以私害公昂姓石非右也彥朗大怒拂衣起去昂即趨出解官還于家語其子曰吾本不欲仕亂世果爲刑人所辱子孫其以我爲戒昂父亦好學平生不喜佛說父死昂於柩前誦尙書曰此吾先人之所欲聞也禁其家不可以佛事汚吾先人晉高祖時詔天下求孝悌之士戶部尙書王權宗正卿石光贊國子祭酒田敏兵部侍郎王延等相與詣東上閤門上昂行義可以應詔詔昂至京師召見便殿以爲宗正丞遷少卿出帝即位晉政日壞昂數上疏極諫不聽乃稱疾東歸以壽終于家昂既去而晉室大亂

程福贇者不知其世家爲人沉厚寡言而有勇少爲軍卒以戰功累遷洛州團練使晉出帝時爲奉國右廂都指揮使開運中契丹入寇出帝北征奉國軍士乘閒夜縱火焚營欲因以爲亂福贇身自救火被傷火滅而亂者不得發福贇以爲契丹且大至而天子在軍京師虛空不宜以小故動搖人聽因匿其事不以聞軍將李殷位次福贇下利其去而代之因誣福贇與亂者同謀不然何以

不奏出帝下福贇獄人皆以爲冤福贇終不自辨以見殺

李自倫者深州人也天福四年正月尙書戸部奏深州司功參軍李自倫六世同居奉敕准格按格孝義旌表必先加按驗孝者復其終身義門仍加旌表得本州審到鄉老程言等稱自倫高祖訓訓生粲粲生則則生忠忠生自倫自倫生光厚六世同居不妄敕以所居飛鳧鄉爲孝義鄉匡聖里爲仁和里准式旌表門閭九月丙子戸部復奏前登州義門王仲昭六世同居其旌表有聽事步欄前列屏樹烏頭正門閥閱一丈二尺烏頭二柱端冒以瓦桶築雙闕一丈在烏頭之南二丈七尺夾樹槐柳十有五步請如之敕曰此故事也今式無之其量地之宜高其外門門安綽楔左右建臺高一丈二尺廣狹方正稱焉圬以白而赤其四角使不孝不義者見之可以悛心而易行焉

五代史卷三十四

五代史卷三十四考證

鄭遨傳唐明宗祖廟諱遨故世行其字○臣宗萬按明宗紀曾祖敖諡曰孝質

廟號毅祖則遨當作敖

五代史卷三十四考證

五代史卷三十五

宋　歐陽修　撰

唐六臣傳第二十三

甚哉白馬之禍悲夫可爲流涕者矣然士之生死豈其一身之事哉初唐天祐三年梁王欲以嬖吏張廷範爲太常卿唐宰相裴樞以謂太常卿唐常以清流爲之廷範乃梁客將不可梁王由此大怒曰吾常語裴樞純厚不陷浮薄今亦爲此邪是歲四月彗出西北掃文昌軒轅天市宰相柳璨希梁王旨歸其譴於大臣於是左僕射裴樞獨孤損右僕射崔遠守太保致仕趙崇兵部侍郎王贊工部尚書王溥吏部尚書陸扆皆以無罪貶同日賜死于白馬驛凡搢紳之士與唐而不與梁者皆誣以朋黨坐貶死者數百人而朝廷爲之一空明年三月唐哀帝遜位于梁遣中書侍郎同中書門下平章事張文蔚爲冊禮使禮部尚書蘇循爲副中書侍郎同中書門下平章事楊涉爲押傳國寶使翰林學士中書舍人張策爲副御史大夫薛貽矩爲押金寶使尚書左丞趙光逢爲副四月

甲子文蔚等自上源驛奉冊寶乘輅車導以金吾仗衞太常鹵簿朝梁于金祥殿梁王袞冕南面臣文蔚臣循奉冊升殿進讀已臣涉臣策奉傳國璽臣貽矩臣光逢奉金寶以次升進讀已降率文武百官北面舞蹈再拜賀夫一太常卿與社稷孰爲重使樞等不死尚惜一卿其肯以國與人乎雖樞等之力未必能存唐然必不亡唐而獨存也嗚呼唐之亡也賢人君子旣與之共盡其餘在者皆庸懦不肖傾險獪猾趨利賣國之徒也不然安能蒙耻忍辱於梁庭如此哉

作唐六臣傳

張文蔚字右華河間人也初以文行知名舉進士及第唐昭宗時爲翰林學士承旨是時天子微弱制度已隳文蔚居翰林制詔四方獨守大體昭宗遷洛拜中書侍郎同中書門下平章事柳璨殺裴樞等七人蔓引朝士輒加誅殺縉紳相視以目皆不自保文蔚力講解之朝士多賴以全活梁太祖立仍以文蔚爲相梁初制度皆文蔚所裁定文蔚居家亦孝悌開平二年太祖北巡留文蔚西都以暴疾卒贈右僕射

楊涉祖收唐懿宗時宰相父嚴官至兵部侍郎涉舉進士昭宗時爲吏部尙書哀帝卽位拜中書侍郎同中書門下平章事涉唐名家世守禮法而性特謹厚不幸遭唐之亂拜相之日與家人相對泣下顧謂其子凝式曰吾不能脫此網羅禍將至矣必累爾等唐亡事梁爲門下侍郎同中書門下平章事在位三年俛首無所施爲罷爲左僕射知貢舉後數年卒子凝式有文詞善筆札歷事梁唐晉漢周常以心疾致仕居于洛陽官至太子太保

張策字少逸河西燉煌人也父同爲唐容管經略使策少聰悟好學通章句父同居洛陽敦化里浚井得古鼎銘曰魏黃初元年春二月匠吉千同以爲奇策時年十三居同側啓曰漢建安二十五年曹公薨改元延康是歲十月文帝受禪又改黃初是黃初元年無二月也銘何謬邪同大驚異之策少好浮圖之說乃落髮爲僧居長安慈恩寺黃巢犯長安策乃返初服奉父母以避亂居田里十餘年召拜廣文館博士邠州王行瑜辟觀察支使晉王李克用攻行瑜策與婢肩輿其母東歸行積雪中行者憐之梁太祖兼四鎮辟鄭滑支使以母喪解

職服除入唐爲膳部員外郎華州韓建辟判官建徙許州以爲掌書記建遣策
聘于太祖太祖見而喜曰張夫子至矣遂留以爲掌書記薦之于朝累拜中書
舍人翰林學士太祖卽位遷工部侍郎奉旨開平二年拜刑部侍郎同中書門
下平章事遷中書侍郎以風恙罷爲刑部尚書致仕卒于洛陽
趙光逢字延吉父隱唐左僕射光逢在唐以文行知名時人稱其方直溫潤謂
之玉界尺昭宗時爲翰林學士承旨御史中丞以世亂棄官居洛陽杜門絕人
事者五六年柳璨爲相與光逢有舊恩起光逢爲吏部侍郎太常卿唐亡事梁
爲中書侍郎同中書門下平章事累遷左僕射以太子太保致仕末帝卽位起
爲司空同中書門下平章事復以司徒致仕唐天成中卒其家拜太保封齊國
公卒贈太傅
薛貽矩字熙用河東聞喜人也仕唐爲兵部侍郎翰林學士承旨昭宗自岐還
長安大誅宦者貽矩嘗爲中尉韓全誨等作畫像贊坐左遷貽矩乃自結於梁
太祖太祖言之於朝拜吏部尚書遷御史大夫天祐三年太祖自長蘆還軍哀

帝遣貽矩來勞貽矩以臣禮見太祖揖之升階貽矩曰殿下功德及人三靈改卜皇帝方行舜禹之事臣安敢違乃稱臣拜舞太祖側身以避之貽矩還遂趣哀帝遜位太祖卽位拜貽矩中書侍郎同中書門下平章事累拜司空貽矩爲梁相五年卒贈侍中

蘇循不知何許人也爲人巧佞阿諛無廉恥惟利是趍事唐爲禮部尚書是時梁太祖已弑昭宗立哀帝唐之舊臣皆憤惋切齒或俛首畏禍或去不仕而循特傅會梁以希進用梁兵攻楊行密大敗于淠河太祖躁忿急於禪代欲邀唐九錫羣臣莫敢當其議獨循倡言梁王功德天命所歸宜卽受禪明年梁太祖卽位循爲冊禮副使循有子楷乾寧中舉進士及第昭宗遺學士陸扆覆落之楷常慚恨及昭宗遇弑唐政出於梁楷爲起居郎與柳璨張廷範等相結因謂廷範曰夫謚者所以易名而貴信也前有司謚先帝曰昭名實不稱公爲太常卿予史官也不可以不言乃上疏駁議而廷範本梁客將嘗求太常卿不得者廷範亦以此怨唐因下楷疏廷範廷範議曰臣聞執事堅固之謂恭亂而不損

之謂靈武而不遂之謂莊在國逢難之謂閔因事有功之謂襄請改謚昭宗皇帝曰恭靈莊閔皇帝廟號襄宗梁太祖已卽位置酒玄德殿顧羣臣自陳德薄不足以當天命皆諸公推戴之力唐之舊臣楊涉張文蔚等皆慚懼俯伏不能對獨循與張禕薛貽矩盛稱梁王功德所以順天應人者循父子皆自以附會梁得所託旦夕引首希見進用敬翔尤惡之謂太祖曰梁室新造宜得端士以厚風俗循父子皆無行不可立於新朝於是父子皆勒歸田里乃依朱友謙於河中其後友謙叛梁降晉晉王將卽位求唐故臣在者以備百官之闕友謙遣循至魏州是時梁未滅晉諸將相多不欲晉王卽帝位晉王之意雖銳將相大臣未有贊成其議者循始至魏州望州廨聽事卽拜謂之拜殿及入謁舞蹈呼萬歲而稱臣晉王大悅明日又獻畫日筆三十管晉王益喜因以循爲節度副使已而病卒莊宗卽位贈左僕射楷同光中爲尚書員外郎明宗卽位大臣欲理其駮謚之罪以憂死當唐之亡也又有杜曉者字明遠祖審權父讓能皆爲唐相昭宗時王行瑜李茂貞兵犯京師昭宗殺讓能於臨臯以自解曉以父死

無罪居喪哀毀服除布衣幅巾自廢十餘年崔胤判鹽鐵辟巡官除畿縣尉直

昭文館皆不起崔遠判戸部又辟巡官或謂曉曰嵇康死子紹自廢不出仕山

濤以物理責之乃仕吾子忍令杜氏歲時鋪席祭其先人同匹庶乎曉乃爲之

起累遷膳部郎中翰林學士梁太祖卽位遷工部侍郎奉旨開平二年拜中書

侍郎同中書門下平章事友珪立遷禮部尚書集賢殿大學士袁象先等討賊

兵大掠曉爲亂兵所殺贈右僕射

嗚呼始爲朋黨之論者誰歟甚乎作俑者也真可謂不仁之人哉予嘗至繁城

讀魏受禪碑見漢之羣臣稱魏功德而大書深刻自列其姓名以夸耀于世又

讀梁實錄見文蔚等所爲如此未嘗不爲之流涕也夫以國予人而自夸耀及

遂相之此非小人孰能爲也漢唐之末擧其朝皆小人也而其君子者何在哉

當漢之亡也先以朋黨禁錮天下賢人君子而立其朝者皆小人也然後漢從

而亡及唐之亡也又先以朋黨盡殺朝廷之士而其餘存者皆庸懦不肖傾險

之人也然後唐從而亡夫欲空人之國而去其君子者必進朋黨之說欲孤人

主之勢而蔽其耳目者必進朋黨之說欲奪國而與人者必進朋黨之說夫爲君子者固常寡過小人欲加之罪則有可誣者有不可誣者不能遍及也至欲舉天下之善求其類而盡去之惟指以爲朋黨耳故其親戚故舊謂之朋黨可也交游執友謂之朋黨可也宦學相同謂之朋黨可也門生故吏謂之朋黨可也是數者皆其類也皆善人也故曰欲空人之國而去其君子者惟以朋黨罪之則無免者矣夫善善之相樂以其類同此自然之理也故聞善者必相稱譽稱譽則謂之朋黨得善者必相薦引薦引則謂之朋黨使人聞善不敢稱譽人主之耳不聞有善于下矣見善不敢薦引則人主之目不得見善人矣善人日遠而小人日進則爲人主者悵悵然誰與之圖治安之計哉故曰欲孤人主之勢而蔽其耳目者必用朋黨之說也一君子存羣小人雖衆必有所忌而有所不敢爲惟空國而無君子然後小人得肆志於無所不爲則漢魏唐梁之際是也故曰可奪國而予人者由其國無君子空國而無君子由以朋黨而去之也嗚呼朋黨之說人主可不察哉傳曰一言可以喪邦者其是之謂與可不鑒哉

可不戒哉

五代史卷三十五

五代史卷三十五考證

蘇循傳後論至欲舉天下之善求其類而盡去之○一本無求其二字今從監本

五代史卷三十五考證

五代史卷三十六

宋　歐陽修　撰

義兒傳第二十四

嗚呼世道衰人倫壞而親疎之理反其常干戈起於骨肉異類合爲父子開平顯德五十年閒天下五代而實八姓其三出於丐養蓋其大者取天下其次立功名位將相豈非因時之隙以利合而相資者耶唐自號沙陀起代北其所與俱皆一時雄傑虣武之士往往養以爲兒號義兒軍至其有天下多用以成功業及其亡也亦由焉太祖養子多矣其可紀者九人其一是爲明宗其次曰嗣昭嗣本嗣恩存信存孝存進存璋存賢作義兒傳李存審後復以符氏大顯故別自爲傳

李嗣昭本姓韓氏汾州大谷縣民家子也太祖出獵至其家見其林中鬱鬱有氣甚異之召其父問焉父言家適生兒太祖因遺以金帛而取之命其弟克柔養以爲子初名進通後改名嗣昭嗣昭爲人短小而膽勇過人初喜嗜酒太祖嘗微戒之遂終身不飲太祖愛其謹厚常從用兵爲內衙指揮使陝州王珙與

其兄珂爭立於河中遣嗣昭助珂敗珙於猗氏獲其將二人梁軍救珙嗣昭又敗之于胡壁堡執其將一人光化元年澤州李罕之襲潞州以降梁梁遣丁會應罕之嗣昭與會戰含山執其將一人斬首三千級遂取澤州二年晉遣李君慶攻梁潞州君慶爲梁所敗太祖酖殺君慶嗣昭攻克之三年出山東取梁洺州梁太祖自將攻之遣葛從周設伏於青山口嗣昭聞梁太祖自來棄城走前遇伏兵因大敗天復元年梁破河中執王珂取晉絳慈隰因大舉擊晉圍太原嗣昭日以精騎出擊梁兵會大雨梁軍解去晉汾州刺史李瑭叛降梁軍梁軍已去嗣昭復取汾州斬瑭遂出陰地取慈州降其刺史唐禮又取隰州降其刺史張瓌是歲梁兵西犯京師圍鳳翔嗣昭乘間攻梁晉絳戰平陽執梁將一人進攻蒲縣梁朱友寧氏叔琮以兵十萬迎擊之嗣昭敗走友寧追之晉遣李存信率兵迎嗣昭存信又敗梁軍遂圍太原而慈隰汾州復入于梁太祖大恐謀走雲州李存信等勸太祖奔于契丹嗣昭力爭以爲不可賴劉太妃亦言之乃止嗣昭晝夜出奇兵擊梁軍梁軍解去嗣昭復取汾慈隰是時鎮定皆已絕晉

而附梁晉外失大國之援內亡諸州仍歲之間孤城被圍者再於此時嗣昭力戰之功爲多天祐三年與周德威攻梁潞州降丁會以嗣昭爲昭義軍節度使梁遣李思安將兵十萬攻潞築夾城以圍之梁太祖嘗遣人招降嗣昭嗣昭斬其使者閉城拒守踰年莊宗始攻破夾城嗣昭完緝兵民撫養甚有恩意梁晉戰胡柳晉軍敗周德威戰死莊宗懼欲收兵還臨濮嗣昭曰梁軍已勝旦暮思歸吾若收軍使彼休息整而復出何以當之宜以精騎撓之因其勞乏可以勝也莊宗然之是時梁軍已登無石山莊宗遣嗣昭轉擊山北而自以銀槍軍趨而呼曰今日之戰得山者勝晉軍皆爭登山梁軍遽下陣於山西晉軍從上急擊大敗之於是晉城德勝矣周德威死嗣昭權知幽州居數月以李紹宏代之嗣昭將去幽州人皆號哭閉關遮留之嗣昭夜遯乃得去十九年從莊宗擊契丹於望都莊宗爲契丹圍之數十里嗣昭以三百騎決圍取莊宗以出是時晉遣閻寶攻張文禮於鎮州寶爲鎮人所敗乃以嗣昭代之鎮兵出掠九門嗣昭以奇兵擊之鎮軍且盡餘三人匿破垣中嗣昭馳馬射之反爲賊射中腦嗣昭

顧箙中矢盡拔矢于腦射殺一人還營而卒嗣昭諸子繼儔長而懦其弟繼韜因之以自立莊宗方與梁兵相持河上不暇究其事因卽以爲昭義軍留後繼韜委其政於魏琢申蒙琢等常敎繼韜反繼韜未决莊宗在魏以事召監軍張居翰節度判官任圜琢等以謂莊宗召居翰等問繼韜事繼韜且見誅因以語趣之繼韜乃遣其弟繼遠入梁梁末帝卽拜繼韜同中書門下平章事居數月莊宗滅梁繼韜將走契丹會赦至乃已因隨其母朝于京師繼遠諫曰兄爲臣子以反爲名復何面以見天子且潞城堅而倉廩實不如閉城坐食積粟以延歲月愈於往而就戮也繼韜不聽繼韜母楊氏善畜財平生居積行販至貲百萬當嗣昭爲梁圍以夾城彌年軍用乏絶楊氏之積蓋有助焉至是乃齎銀數十萬兩至京師厚賂宦官伶人宦官伶人皆言繼韜初無惡意爲奸人所誤耳楊夫人亦以賂謁劉皇后劉皇后爲言嗣昭功臣宜蒙恩貸由是莊宗釋繼韜數召繼韜從獵寵倖無閒李存渥尤切齒數詆責之繼韜懷不自安復賂宦官伶人求歸鎭莊宗不許繼韜陰使人告繼遠令起變於軍中冀天子遣己往安

緝之事泄斬于天津橋其二子嘗爲質于梁莊宗破梁得之撫其背曰爾幼猶能佐其父反長復何爲乎至是因幷誅之即遣人斬繼遠以繼儔知潞州事已而召繼儔還京師繼儔悉取繼韜伎妾珍翫而不時即路其弟繼達怒曰吾兄父子誅死而大兄不仁利其貲財淫其妻妾吾所不忍也乃服縗麻引數百騎坐戟門使人入殺繼儔節度副使李繼珂募市人千餘攻繼達繼達走城外自剄死嗣昭七子至明宗時子繼能坐笞殺其母主藏婢婢家告變言繼能反與其弟繼襲皆見殺唯一子繼忠僅免繼忠家于晉陽楊氏所積餘貲猶鉅萬晉高祖自太原起兵召契丹爲援契丹求賂高祖貸于繼忠以取足高祖入立甚德之以爲沂棣單三州刺史開運中卒楊氏平生積產嗣昭父子三人賴之

嗣本本姓張氏鴈門人也世爲銅冶鎮將嗣本少事太祖太祖愛之賜以姓名養爲子從擊居庸關以功還義兒軍使從破王行瑜還威遠軍使從攻羅弘信以先鋒兵破湯陰從莊宗破潞州夾城累以戰功遷代州刺史雲州防禦使振武節度使號威信可汗天祐十三年從莊宗擊劉鄩於故元城下洛磁諸州六

月還軍振武契丹入代北攻破蔚州嗣本戰歿

嗣恩本姓駱吐谷渾部人也少事太祖能騎射爲鐵林軍將稍以戰功遷突陣指揮使賜姓名以爲子從敗康懷英於河西遷左廂馬軍都指揮使從李嗣昭援朱友謙於河中與梁兵力戰稍中其口戰不已遷遼州刺史從莊宗入魏遷天雄軍馬步都指揮使劉鄩攻太原兵趣樂平嗣恩從後追之自佗道先入太原以守鄩兵去嗣恩亦以兵會莊宗于魏從戰于莘遷代州刺史石嶺關以北都知兵馬使振武節度使天祐十五年卒于太原追贈太尉

存信本姓張氏其父君政回鶻李思忠之部人也存信少善騎射能四夷語通六蕃書從太祖起代北入關破黃巢累以功爲馬步軍都指揮使遂賜姓名以爲子存信與存孝俱爲養子材勇不及存孝而存信不爲之下由是交惡存孝所爲存信每沮激之存孝卒得罪死而存信數從征伐以功領郴州刺史太祖遣將兵救朱宣存信屯于莘縣爲羅弘信所擊存信敗亡太祖子落落後從太祖討劉仁恭大敗于安塞太祖大怒顧存信曰昨日吾醉公獨不能爲我戰邪

古人三敗公已二矣將殺之存信叩頭謝罪而免由是大懼常稱疾天復二年

卒年四十一

存孝代州飛狐人也本姓安名敬思太祖掠地代北得之給事帳中賜姓名以爲子常從爲騎將文德元年河南張言襲破河陽李罕之來歸晉晉處罕之于澤州遣存孝與薛阿檀安休休等以兵七千助罕之還擊河陽梁亦遣丁會牛存節等助言戰于温縣梁軍先扼太行存孝大敗安休休被執是時晉已得澤潞歲出山東與孟方立爭邢洺磁存孝未嘗不在兵間方立死晉取三州存孝功爲多明年潞州軍亂殺李克恭以歸唐梁遣李讜攻李罕之于澤州存孝以騎兵五千救之梁軍呼罕之曰公常恃太原以爲命今上黨已歸唐唐兵大集圍太原沙陀將無穴以自處公復誰恃而不降乎存孝以精騎五百繞梁柵而呼曰我沙陀之未穴者待爾肉以食軍可令肥者出鬭梁驍將鄧季筠引軍出戰存孝舞矟擒之李讜敗走追擊至馬牢關還攻潞州唐以孫揆爲潞州節度使揆儒者以梁卒三千爲衞褒衣大蓋擁節先驅存孝以三百騎伏長子西崖

谷閒伺揆軍過橫擊斷之擒揆以歸初梁遣葛從周朱崇節守潞州以待揆聞
揆見執皆棄去晉遂復取潞州是時張濬韓建伐晉擊陰地關晉以李存信薛
阿檀等當濬別遣存孝軍于趙城唐軍戰敗于陰地關濬退保晉州韓建走絳
州存孝攻晉州濬兵出戰輒復敗因閉壁不敢出存孝去攻絳州濬建皆走存
孝猨臂善射身被重鎧槖弓坐矟手舞鐵撾出入陣中以兩騎自從戰酣易騎
上下如飛初存孝取潞州功爲多而太祖別以大將康君立爲潞州留後存孝
爲汾州刺史存孝負其功不食者數日及走張濬還邠州刺史大順二年徙邢
州留後是時晉軍連歲攻趙常山存孝常爲先鋒下趙臨城元氏趙王求救於
幽州李匡威匡威兵至晉軍輒引去存孝素與存信有隙存信譖之曰存孝有
二心常避趙不擊存孝不自安乃附梁通趙自歸于唐因請會兵以伐晉唐命
趙王王鎔援之明年趙與幽州有隙懼而與晉和反以兵三萬助晉擊存孝存
孝嬰城自守太祖自將兵傅其城掘塹以圍之存孝出兵衝擊塹不得成裨將
袁奉韜使人說存孝曰公所畏者晉王爾王俟塹成且留兵去諸將非公敵也

雖塹何爲存孝以爲然縱兵成塹塹成深溝高壘不可近存孝遂窘城中食盡登城呼曰兒蒙王恩位至將相豈欲捨父子而附仇讎乃存信構陷之耳願生見王一言而死太祖哀之遣劉夫人入城慰諭之劉夫人引與俱來存孝泥首請罪曰兒於晉有功而無過所以至此由存信爲之耳太祖叱曰爾爲書檄罪我百端亦存信爲之邪縛載後車至太原車裂之以徇然太祖惜其材悵然恨諸將之不能容也爲之不視事者十餘日康君立素與存信相善方二人之交惡也君立每左右存信以傾之存孝已死太祖與諸將博語及存孝流涕不已君立以爲不然太祖怒酖殺君立君立初爲雲州牙將唐僖宗時逐段文楚與太祖俱起雲中蓋君立首事其後累立戰功表昭義節度使以存孝故殺之

存進振武人也本姓孫名重進太祖攻破朔州得之賜以姓名養爲子從太祖入關破黃巢以爲義兒軍使從莊宗戰柏鄉還行營馬步軍都虞候歷慈沁二州刺史莊宗初得魏博以爲天雄軍都部署治梁亂軍一切以法人有犯者輒梟首磔尸於市魏人屏息畏之從戰河上以功遷振武軍節度使是時晉軍德

勝爲南北寨每以舟兵來往頗以爲勞而河北無竹石存進乃以葦笮維大艦爲浮梁莊宗大喜解衣以賜之晉討張文禮於鎮州久不克而史建瑭閻寶李嗣昭相次戰歿乃以存進代嗣昭爲招討使軍于東垣渡東垣土惡築壘不能就存進伐木爲柵晉軍晨出芻牧文禮子處球以兵千餘逼存進柵存進出戰橋上殺處球兵殆盡而存進亦歿于陣追贈太尉子漢韶明宗時復本姓爲洋州節度使潞王從珂以鳳翔反漢韶與張虔釗會唐軍討之唐軍皆降于從珂獨漢韶與虔釗軍不降俱奔于蜀事蜀歷永平興元武信節度使年七十餘卒于蜀

存璋字德璜初與康君立薛志勤等從太祖入關破黃巢累遷義兒軍使太祖病革存璋與張承業等受顧命立莊宗爲晉王晉王以存璋爲河東馬步軍使晉自先王時嘗優假軍士軍士多犯法踰禁莊宗新立尤患之存璋一切繩之以法境內爲之清肅從攻夾城戰柏鄉以功遷汾州刺史莊宗與劉鄩戰於魏博梁遣王檀來乘虛襲太原存璋以汾州兵入太原距守以功遷大同軍防禦

使遂爲節度使天祐十九年以疾卒追贈太尉

存賢許州人也本姓王名賢少爲軍卒善角觝太祖擊黄巢于陳州得之賜以姓名養爲子後爲義兒軍副兵馬使遷沁州刺史先時沁州當敵衝徙其南百餘里據險立柵而寓居至存賢爲刺史曰徙城避敵豈勇者所爲乃復城故州梁兵屢攻之存賢力自距守卒不能近遷武州刺史山北團練使又遷慈州天祐十八年梁兵攻朱友謙于河中莊宗遣存賢援友謙是時友謙新叛梁歸晉而河中食少人心多貳諜者因謂存賢曰河中人欲殺子以歸梁宜亟去存賢曰死王事吾志也復何恨哉卒擊走梁兵莊宗卽位拜右武衛上將軍莊宗亦好角觝嘗與王都較而屢勝頗以自矜因顧存賢曰爾能勝我與爾一鎭存賢博而勝之同光二年春幽州符存審病甚莊宗置酒宮中歎曰吾創業故人零落殆盡其所存者惟存審耳今又病篤北方之事誰可代之因顧存賢曰無以易卿角觝之勝吾不食言卽日以爲盧龍軍節度使是歲卒于幽州年六十五贈太傅

五代史卷三十七

宋　歐陽修撰

伶官傳第二十五

嗚呼盛衰之理雖曰天命豈非人事哉原莊宗之所以得天下與其所以失之者可以知之矣世言晉王之將終也以三矢賜莊宗而告之曰梁吾仇也燕王吾所立契丹與吾約爲兄弟而皆背晉以歸梁此三者吾遺恨也與爾三矢爾其無忘乃父之志莊宗受而藏之于廟其後用兵則遣從事以一少牢告廟請其矢盛以錦囊負而前驅及凱旋而納之方其係燕父子以組函梁君臣之首入于太廟還矢先王而告以成功其意氣之盛可謂壯哉及仇讎已滅天下已定一夫夜呼亂者四應倉皇東出未及見賊而士卒離散君臣相顧不知所歸至於誓天斷髮泣下沾襟何其衰也豈得之難而失之易歟抑本其成敗之迹而皆自於人歟書曰滿招損謙受益憂勞可以興國逸豫可以亡身自然之理也故方其盛也舉天下之豪傑莫能與之爭及其衰也數十伶人困之而身死

國滅爲天下笑夫禍患常積於忽微而智勇多困於所溺豈獨伶人也哉作伶官傳

莊宗既好俳優又知音能度曲至今汾晉之俗往往能歌其聲謂之御製者皆是也其小字亞子當時人或謂之亞次又別爲優名以自目曰李天下自其爲王至於爲天子常身與俳優雜戲于庭伶人由此用事遂至於亡皇后劉氏素微其父劉叟賣藥善卜號劉山人劉氏性悍方與諸姬爭寵常自恥其世家而特諱其事莊宗乃爲劉叟衣服自負蓍囊藥篋使其子繼岌提破帽而隨之造其臥內曰劉山人來省女劉氏大怒笞繼岌而逐之宮中以此爲笑樂其戰於胡柳也嬖伶周匝爲梁人所得其後滅梁入汴周匝謁於馬前莊宗得之喜甚賜以金帛勞其良苦周匝對曰身陷仇人而得不死以生者教坊使陳俊內園栽接使儲德源之力也願乞二州以報此兩人莊宗皆許以爲刺史郭崇韜諫曰陛下所與共取天下者皆英豪忠勇之士今大功始就封賞未及於一人而先以伶人爲刺史恐失天下心不可因格音閣 其命踰年而伶人屢以爲言莊

宗謂崇韜曰吾已許周匝矣使吾慙見此二人公言雖正然當爲我屈意行之卒以俊爲景州刺史德源爲憲州刺史莊宗好畋獵獵于中牟踐民田中牟縣令當馬切諫爲民請莊宗怒叱縣令去將殺之伶人敬新磨知其不可乃率諸伶走追縣令擒至馬前責之曰汝爲縣令獨不知吾天子好獵邪奈何縱民稼穡以供稅賦何不飢汝縣民而空此地以備吾天子之馳騁汝罪當死因前請亟行刑諸伶共倡和之莊宗大笑縣令乃得免去莊宗嘗與羣優戲于庭四顧而呼曰李天下李天下何在新磨遽前以手批其頰莊宗失色左右皆恐羣伶亦大驚駭共持新磨詰曰女奈何批天子頰新磨對曰李天下者一人而已復誰呼邪於是左右皆笑莊宗大喜賜與新磨甚厚新磨嘗奏事殿中殿中多惡犬新磨去一犬起逐之新磨倚柱而呼曰陛下毋縱兒女囓人莊宗家世夷狄夷狄之人諱狗故新磨以此譏之莊宗大怒彎弓注矢將射之新磨急呼曰陛下無殺臣臣與陛下爲一體殺之不祥莊宗大驚問其故對曰陛下開國改元同光天下皆謂陛下同光帝且同銅也若殺敬新磨則同無光矣莊宗大笑乃

釋之然時諸伶獨新磨尤善俳其語最著而不聞其佗過惡其敗政亂國者有景進史彥瓊郭門高三人爲最是時諸伶人出入宮掖侮弄縉紳羣臣憤嫉莫敢出氣或反相附託以希恩倖四方藩鎮貨賂交行而景進最居中用事莊宗遣進等出訪民間事無大小皆以聞每進奏事殿中左右皆屏退軍機國政皆與參決三司使孔謙兄事之呼爲八哥莊宗初入洛居唐故宮室而嬪御未備閹宦希旨多言宮中夜見鬼物相驚恐莊宗問所以禳之者因曰故唐時後宮萬人今空宮多怪當實以人乃息莊宗欣然其後幸鄴乃遣進等採鄴美女千人以充後宮而進等緣以爲姦軍士妻女因而逃逸者數千人莊宗還洛進載鄴女千人以從道路相屬男女無別魏王繼岌已破蜀劉皇后聽宦者讒言遣繼岌賊殺郭崇韜崇韜素嫉伶人常裁抑之伶人由此皆樂其死皇弟存乂崇韜之壻也進讒於莊宗曰存乂且反爲婦翁報仇乃囚而殺之朱友謙以梁河中降晉者及莊宗入洛伶人皆求賂於友謙友謙不能給而辭焉進乃讒友謙曰崇韜且誅友謙不自安必反宜并誅之於是及其將五六人皆族滅之天下

不勝其冤進官至銀青光祿大夫檢校左散騎常侍兼御史大夫上柱國史彥瓊者爲武德使居鄴都而魏博六州之政皆決彥瓊自留守王正言而下皆俛首承事之是時郭崇韜以無罪見殺于蜀天下未知其死也第見京師殺其諸子因相傳曰崇韜殺魏王繼岌而自王於蜀矣以故族其家鄴人聞之方疑惑已而朱友謙又見殺友謙子建徽爲澶州刺史有詔彥瓊使殺之彥瓊秘其事夜半馳出城鄴人見彥瓊無故夜馳出因驚傳曰劉皇后怒崇韜之殺繼岌也已弑帝而自立急召彥瓊計事鄴都大恐貝州人有來鄴者傳此語以歸戍卒皇甫暉聞之由此劫趙在禮作亂在禮已至館陶鄴都巡檢使孫鐸見彥瓊求兵禦賊彥瓊不肯與曰賊未至至而給兵豈晚邪已而賊至彥瓊以兵登北門聞賊呼聲大恐棄其兵而走單騎歸于京師在禮由是得入于鄴以成其叛亂者由彥瓊啓而縱之也郭門高者名從謙門高其優名也雖以優進而嘗有軍功故以爲從馬直指揮使從馬直蓋親軍也從謙以姓郭拜崇韜爲叔父而皇弟存乂又以從謙爲養子崇韜死存乂見囚從謙置酒軍中憤然流涕稱此二

人之冤是時從馬直軍士王温宿衛禁中夜謀亂事覺被誅莊宗戲從謙曰汝黨存乂崇韜負我又教王温反復欲何爲乎從謙恐退而激其軍士曰罄爾之貲食肉而飲酒無爲後日計也軍士問其故從謙因曰上以王温故俟破鄴盡坑爾曹軍士信之皆欲爲亂李嗣源兵反嚮京師莊宗東幸汴州而嗣源先入莊宗至萬勝不得進而還軍士離散尚有二萬餘人居數日莊宗復東幸汜水謀扼關以爲拒四月丁亥朔朝羣臣於中興殿宰相對三刻罷從駕黃甲馬軍陣於宣仁門步軍陣於五鳳門以俟莊宗入食內殿從謙自營中露刃注矢馳攻興教門與黃甲軍相射莊宗聞亂率諸王衛士擊亂兵出門亂兵縱火焚門緣城而入莊宗擊殺數十百人亂兵從樓上射帝帝傷重踣于絳霄殿廊下自皇后諸王左右皆奔走至午時帝崩五坊人善友聚樂器而焚之嗣源入洛得其骨葬新安之雍陵以從謙爲景州刺史已而殺之傳曰君以此始必以此終莊宗好伶而弑於門高焚以樂器可不信哉可不戒哉

五代史卷三十七

宋　歐　陽　修　撰

宦者傳第二十六

嗚呼自古宦女之禍深矣明者未形而知懼暗者患及而猶安焉至於亂亡而不可悔也雖然不可以不戒作宦者傳

張承業字繼元唐僖宗時宦者也本姓康幼閹爲內常侍張泰養子晉王兵擊王行瑜承業數往來兵間晉王喜其爲人及昭宗爲李茂貞所迫將出奔太原乃先遣承業使晉以道意因以爲河東監軍其後崔胤誅宦官宦官在外者悉詔所在殺之晉王憐承業不忍殺匿之斛律寺昭宗崩乃出承業復爲監軍晉王病且革以莊宗屬承業曰以亞子累公等莊宗常兄事承業歲時升堂拜母甚親重之莊宗在魏與梁戰河上十餘年軍國之事皆委承業承業亦盡心不懈凡所以畜積金粟收市兵馬勸課農桑而成莊宗之業者承業之功爲多自貞簡太后韓德妃伊淑妃及諸公子在晉陽者承業一切以法繩之權貴皆斂

手畏承業莊宗歲時自魏歸省親須錢蒲博賞賜伶人而承業主藏錢不可得莊宗乃置酒庫中酒酣使子繼岌爲承業起舞舞罷承業出寶帶幣馬爲贈莊宗指錢積呼繼岌小字以語承業曰和哥乏錢可與錢一積何用帶馬爲也承業謝曰國家錢非臣所得私也莊宗以語侵之承業怒曰臣老敕使非爲子孫計惜此庫錢佐王成霸業爾若欲用之何必問臣財盡兵散豈獨臣受禍也莊宗顧元行欽曰取劒來承業起持莊宗衣而泣曰臣受先王顧託之命誓雪家國之讎今日爲王惜庫物而死死不愧於先王矣閻寶從旁解承業手令去承業奮拳毆寶踣罵曰閻寶朱温之賊蒙晉厚恩不能有一言之忠而反諂諛自容邪太后聞之使召莊宗莊宗性至孝聞太后召甚懼乃酌兩巵謝承業曰吾杯酒之失且得罪太后願公飲此爲吾分過承業不肯飲莊宗入內太后使人謝承業曰小兒忤公已笞之矣明日太后與莊宗俱過承業第慰勞之盧質嗜酒傲忽自莊宗及諸公子多見侮慢莊宗深嫉之承業乘間請曰盧質嗜酒無禮臣請爲王殺之莊宗曰吾方招納賢才以就功業公何言之過也承業起賀

曰王能如此天下不足平也寶因此獲免天祐十八年莊宗已諾諸將卽皇帝位承業方臥病聞之自太原肩輿至魏諫曰大王父子與梁血戰三十年本欲雪家國之讎而復唐之社稷今元兇未滅而遽以尊名自居非王父子之初心且失天下望不可莊宗謝曰此諸將之所欲也承業曰不然梁唐晉之仇賊而天下所共惡也今王誠能爲天下去大惡復列聖之深讎然後求唐後而立之使唐之子孫在孰敢當之使唐無子孫天下之士誰可與王爭者臣唐家一老奴耳誠願見大王之成功然後退身田里使百官送出洛東門而令路人指而歎曰此本朝敕使先王時監軍也豈不臣主俱榮哉莊宗不聽承業知不可諫乃仰天大哭曰吾王自取之悞老奴矣肩輿歸太原不食而卒年七十七同光元年贈左武衞上將軍謚曰正憲

張居翰字德卿故唐掖廷令張從玫之養子昭宗時爲范陽軍監軍與節度使劉仁恭相善天復中大誅宦者仁恭匿居翰大安山之北谿以免其後梁兵攻仁恭仁恭遣居翰從晉王攻梁潞州以牽其兵晉遂取潞州以居翰爲昭義監

軍莊宗即位與郭崇韜並爲樞密使莊宗滅梁而驕宦官因以用事郭崇韜又專任政居翰默默苟免而已魏王破蜀王衍朝京師行至秦川而明宗軍變于魏莊宗東征慮衍有變遣人馳詔魏王殺之詔書已印畫而居翰發視之詔書言誅衍一行居翰以謂殺降不祥乃以詔傅柱揩去行字改爲一家時蜀降人與衍俱東者千餘人皆獲免莊宗遇弒居翰見明宗于至德宮求歸田里天成三年卒于長安年七十一

五代文章陋矣而史官之職廢於喪亂傳記小說多失其傳故其事迹終始不完而雜以訛繆至於英豪奮起戰爭勝敗國家興廢之際豈無謀臣之略辯士之談而文字不足以發之遂使泯然無傳於後世然獨張承業事卓卓在人耳目至今故老猶能道之其論議可謂傑然與殆非宦者之言也自古宦者亂人之國其源深於女禍女色而已宦者之害非一端也蓋其用事也近而習其爲心也專而忍能以小善中人之意小信固人之心使人主必信而親之待其已信然後懼以禍福而把持之雖有忠臣碩士列于朝廷而人主以爲去己疎遠

不若起居飲食前後左右之親爲可恃也故前後左右者日益親則忠臣碩士日益疏而人主之勢日益孤勢孤則懼禍之心日益切而把持者日益牢安危出其喜怒禍患伏於帷闥則嚮之所謂可恃者乃所以爲患也患已深而覺之欲與疏遠之臣圖左右之親近緩之則養禍而益深急之則挾人主以爲質雖有聖智不能與謀謀之而不可爲爲之而不可成至其甚則俱傷而兩敗故其大者亡國其次亡身而使姦豪得借以爲資而起至抉其種類盡殺以快天下之心而後已此前史所載宦者之禍常如此者非一世也夫爲人主者非欲養禍於內而疏忠臣碩士於外蓋其漸積而勢使之然也夫女色之惑不幸而不悟則禍斯及矣使其一悟捽而去之可也宦者之爲禍雖欲悔悟而勢有不得而去也唐昭宗之事是已故曰深於女禍者謂此也可不戒哉昭宗信狎宦者由是有東宮之幽既出而與崔胤圖之胤爲宰相顧力不足爲乃召兵於梁梁兵且至而宦者挾天子走之岐梁兵圍之三年昭宗既出而唐亡矣初昭宗之出也梁王悉誅唐宦者第五可範等七百餘人其在外者悉詔天下捕殺之而

宦者多爲諸鎭所藏匿而不殺是時方鎭僭擬悉以宦官給事而吳越最多及莊宗立詔天下訪求故唐時宦者悉送京師得數百人宦者遂復用事以至於亡此何異求已覆之車躬駕而履其轍也可爲悲夫莊宗未滅梁時承業已死其後居翰雖爲樞密使而不用事有宣徽使馬紹宏者嘗賜姓李頗見信用然誣殺大臣黷貨賂專威福以取怨於天下者左右狎暱黃門內養之徒也是時明宗自鎭州入覲奉朝請於京師莊宗頗疑其有異志陰遣紹宏伺其動靜紹宏反以情告明宗明宗自魏而反天下皆知禍起於魏孰知其啓明宗之二心者自紹宏始也郭崇韜已破蜀莊宗信宦者言而疑之然崇韜之死莊宗不知皆宦者爲之也當此之時舉唐之精兵皆在蜀使崇韜不死明宗入洛豈無西顧之患其能晏然取唐而代之邪及明宗入立又詔天下悉捕宦者而殺之宦者亡竄山谷多削髮爲浮屠其亡至太原者七十餘人悉捕而殺之都亭驛流血盈庭明宗晚而多病王淑妃專內以干政宦者孟漢瓊因以用事秦王入視明宗疾已革旣出而聞哭聲以謂帝崩矣乃謀以兵入宮者懼不得立也大臣

朱弘昭等方圖其事議未決漢瓊遽入見明宗言秦王反卽以兵誅之詔秦王大惡而明宗以此飲恨而終後愍帝奔于衞州漢瓊西迎廢帝于澠廢帝惡而殺之

嗚呼人情處安樂自非聖哲不能久而無驕怠宦女之禍非一日必伺人之驕怠而浸入之明宗非佚君而猶若此者蓋其在位差久也其餘多武人崛起及其嗣續世數短而年不永故宦者莫暇施爲其爲大害者略可見矣獨承業之論偉然可愛而居翰更一字以活千人君子之於人也苟有善焉無所不取吾於斯二人者有所取焉取其善而戒其惡所謂愛而知其惡憎而知其善也故幷述其禍敗之所以然者著于篇

五代史卷三十八

五代史卷三十八考證

張承業傳肩輿入太原不食而卒年七十七同光元年贈左武衛上將軍諡曰

正憲○臣文清按張承業卒時唐亡已十六載矣朱子綱目仍書曰唐特進

河東監軍使張承業卒予承業之不忘唐也可補此處之缺

五代史卷三十八考證

五代史卷三十九

宋　　歐　陽　修　撰

雜傳第二十七

王鎔其先回鶻阿布思之遺種曰沒諾干爲鎭州王武俊騎將武俊錄以爲子遂冒姓王氏沒諾干子曰末坦活末坦活子曰昇昇子曰廷湊廷湊子曰元逵元逵子曰紹鼎紹懿紹鼎子曰景崇自昇以上三世常爲鎭州騎將自景崇以上四世五人皆爲成德軍節度使景崇官至守太尉封常山郡王唐中和二年卒子鎔立年十歲是時晉新有太原李匡威據幽州王處存據中山赫連鐸據大同孟方立據邢臺四面豪傑並起而交爭鎔介於其間而承祖父百年之業士馬彊而畜積富爲唐累世藩臣故鎔年雖少藉其世家以取重自四方諸鎭廢立承繼有請於唐者皆因鎔以聞自晉兵出山東已破孟遷取邢洺磁三州景福元年乃大舉擊趙下臨城鎔求救於李匡威匡威來救晉軍解去明年晉會王處存攻鎔堅固新市晉王與處存皆自將而鎔未嘗臨軍遣追風都團練

使段亮剪寇都團練使馬珂等以兵屬匡威而已匡威戰磁河晉軍大敗明年春晉攻天長軍鎔出兵救之敗于叱日嶺晉軍遂出井陘鎔又求救於匡威晉軍解去初匡威悅其弟匡儔之婦美而淫之匡儔怒及其救鎔也誘其軍亂而自立匡威內慙不敢還乃以符印歸其弟而將奔于京師行至深州鎔德匡威救己使人邀之館于梅子園以父事之匡威客李正抱者少游燕趙間每徘徊常山愛之不能去正抱匡威皆失國無聊相與登城西高閣顧覽山川泫然而泣乃與匡威謀劫鎔而代之因詐爲忌日鎔去衛從晨詣館慰坐定甲士自幕後出持鎔兩袖鎔曰吾國賴公而存誠無以報厚德今日之事是所甘心因叩頭以位與匡威匡威素少鎔以謂無能爲也因與鎔方轡詣府將代其位行過親事營軍士閉門大譟天雨震雹暴風拔木屋瓦皆飛屠者墨君和望見鎔識之從缺垣中躍出挾鎔于馬負之而走亂軍擊殺匡威正抱燕人皆死匡儔雖憾其兄而陽以大義責鎔甚急鎔既失燕援而晉軍急攻平山劫鎔以盟鎔遂與晉和其後梁太祖下晉邢洺磁三州乃爲書詔古本作招鎔使絕晉而歸梁鎔依

違不決一作訣晉將李嗣昭復取洛州梁太祖擊敗嗣昭嗣昭棄洛州走梁獲其輜重得鎔與嗣昭書多道梁事太祖怒因移兵常山顧謂葛從周曰得鎮州以與爾爾爲我先鋒從周至臨城中流矢臥輿中梁軍大沮梁太祖自將傅城下焚其南關鎔懼顧其屬曰事急矣奈何判官周式辯士也對曰此難于力爭而可以理奪也式與梁太祖有舊因請入梁軍太祖望見式罵曰吾常以書招鎔不來今吾至此而爾爲說客晚矣且晉吾仇也而鎔附之吾知李嗣昭在城中可使先出乃以所得鎔與嗣昭書示式式進曰梁欲取一鎮州而止乎而欲成霸業於天下也且霸者責人以義而不私今天子在上諸侯守封睦鄰所以息爭且休民也昔曹公破袁紹得魏將吏與紹書悉焚之此英雄之事耳今梁知兵舉無名而假嗣昭以爲辭且王氏五世六公撫有此土豈無死士而待嗣昭乎梁太祖大喜起牽式衣而撫之曰吾言戲耳因延式於上坐議與鎔和鎔以子昭祚爲質梁太祖以女妻之太祖卽位封鎔趙王鎔祖母喪諸鎮皆弔梁使者見晉使在館還言趙王有二志是時魏博羅紹威卒梁因欲盡取河北開平

四年冬遣供奉官杜廷隱監魏博將夏諲以兵三千襲深冀二州以王景仁爲北面行營招討使鎔懼乞兵于晉晉人擊敗景仁於栢鄉梁遂失鎮定而莊宗由此益彊北破幽燕南幷魏博鎔常以兵從鎔德晉甚明年會莊宗於承天軍奉觴爲壽莊宗以鎔父友尊禮之酒酣爲鎔歌拔佩刀斷衣而盟許以女妻鎔子昭誨鎔爲人仁而不武未嘗敢爲兵先佗兵攻趙常藉鄰兵爲救當是時諸鎮俱弊於戰爭而趙獨安樂王氏之無事都人士女褒衣博帶務夸侈爲嬉遊鎔尤驕於富貴又好左道鍊丹藥求長生與道士王若訥留游西山登王母祠使婦人維錦繡牽持而上每出逾月忘歸任其政於宦者宦者石希蒙與鎔同臥起天祐十八年冬鎔自西山宿鶻營莊將還府希蒙止之宦者李弘規諫曰今晉王身自暴露以親矢石而大王竭軍國之用爲游畋之資開城空宮逾月不還使一夫閉門不納從者大王欲何歸乎鎔懼促駕希蒙固止之弘規怒遣親事軍將蘇漢衡率兵擐甲露刃於帳前曰軍士勞矣願從王歸國弘規繼而進曰惑王者希蒙也請殺之以謝軍士鎔不答弘規呼甲士斬希蒙首擲於鎔

前鎔懼遽歸使其子昭祚與大將張文禮族弘規漢衡收其偏將下獄窮究反狀親軍皆懼文禮誘以爲亂夜半親軍千餘人踰垣而入鎔方與道士焚香受籙軍士斬鎔首袖之而出因縱火焚其宮室遂滅王氏之族鎔少子昭誨年十歲其軍士有德鎔者藏之穴中亂定髡其髮被以僧衣遇湖南人李震與之震匿昭誨於茶籠中載之湖南依南嶽爲浮圖易名崇隱明宗時昭誨已長思歸而鎔故將符習爲宣武軍節度使震以歸習習表於朝昭誨自稱前成德軍中軍使以見拜考功郎中司農少卿周顯德中猶爲少府監云張文禮者狡獪人也鎔惑愛之以爲子號王德明鎔已死文禮自爲留後莊宗初納之後知其通於梁也遣趙故將符習與閻寶擊之文禮家鬼夜哭野河水變爲血游魚皆死文禮懼病疽卒子處瑾祕喪拒守擊敗習等以李嗣昭代之嗣昭中流矢卒以李存進代之存進輒復戰歿乃以符存審爲招討使遂破之執文禮妻及子處瑾處球處琪等折足歸于晉趙人請而臨之磔文禮尸于市

羅紹威字端己其先長沙人祖讓北遷爲魏州貴鄉人父弘信爲牧馬監卒文

德元年魏博牙軍亂遂[古本作逐]殺其帥樂彥貞立其將趙文建爲留後已而又殺之牙將未知所立乃聚呼曰孰能爲我帥者弘信從衆中出應曰我可爲君等帥也弘信狀貌奇怪面色青黑軍中異之共立爲留後唐昭宗即位拜弘信節度使梁太祖將攻晉乞糴于弘信弘信不與由是有隙梁兵攻魏取黎陽臨河淇門衛縣戰于內黃魏兵五戰五敗弘信懼請盟乃止是時梁方東攻兗鄆北敵晉晉遣李存信救朱宣假道于魏太祖聞遣使語弘信曰晉人志在河朔兵還滅魏矣弘信以爲然乃發兵擊存信於莘縣太祖遣葛從周助之梁兵擒晉王子落落送于魏弘信殺之乃與晉絕太祖猶疑弘信有二心乃以兄事弘信常爲卑辭厚幣以聘魏魏使者至梁太祖北面拜而受幣謂使者曰六兄於我有倍年之長吾何敢慢之弘信大喜以爲厚己以故太祖往來燕趙之間卒有河北者魏不爲之患也弘信死紹威立紹威好學工書頗知屬文聚書數萬卷開館以延四方之士弘信在唐以其先長沙人故封長沙郡王紹威襲父爵長沙紹威新立幽州劉仁恭以兵六十萬攻魏屠其城紹威求救於梁大敗燕軍

於內黃明年梁太祖遣葛從周會魏兵攻滄州取其德州遂敗燕軍於老鵶隄紹威以故德梁助己魏博自田承嗣始有牙軍牙軍歲久益驕至紹威時已二百年父子世相婚姻以自固結前帥史憲誠何全皞韓君雄樂彥貞等皆由牙軍所立怒輒遂（古本作逐）殺之紹威爲人精悍明敏通習吏事爲政有威嚴然其家世由牙軍所立天祐二年魏州城中地陷紹威懼有變已而牙校李公佺作亂紹威誅之乃間遣使告梁乞兵欲盡誅牙軍梁太祖許之爲遣李思安等攻滄州召兵於魏紹威因悉發魏兵以從獨牙軍在紹威子廷規娶梁女會梁女卒太祖陰遣客將馬嗣勳選兵實輿中以長直軍千人雜輿夫入魏詐爲助葬太祖以兵繼其後紹威夜以奴兵數百會嗣勳兵擊牙軍幷其家屬盡殺之太祖自內黃馳至魏魏兵從攻滄州者行至歷亭聞之皆反分入澶博諸州魏境大亂數月太祖爲悉平之牙軍死魏兵悉叛紹威勢益孤太祖乃欲奪其地紹威始大悔是歲太祖復攻滄州宿兵長蘆紹威饋給梁兵自滄至魏五百里起亭堠供帳什物自具梁兵數十萬皆取足紹威以此重困昭宗東遷洛陽詔諸

鎮繕理京師紹威營太廟成加拜守侍中進封鄴王太祖圍滄州未下劉守光會晉軍破梁潞州太祖自長蘆歸過魏疾作臥府中諸將莫得見紹威懼太祖終襲己乃乘間入見曰今四方稱兵為梁患者以唐在故也唐家天命已去不如早自取之太祖大喜乃急歸太祖即位將都洛陽紹威取魏良材為五鳳樓朝元前殿浮河而上立之京師太祖嘆曰吾聞蕭何守關中為漢起未央宮豈若紹威越千里而為此若神化然功過蕭何遠矣賜以寶帶名馬燕王劉守光因其父仁恭與其弟守文有隙紹威馳書勸守光等降梁太祖聞之笑曰吾常攻燕不能下今紹威折簡乃勝用兵十萬太祖每有大事多遣使者問之紹威時亦馳簡入白使者相遇道中其事往往相合紹威自以魏久不用兵願伐木安陽淇門為船自河入洛歲漕穀百萬石以供京師太祖益以紹威為盡忠遣將程厚盧凝督其役舟未成而紹威病乃表言魏故大鎮多外兵願得梁一有功重臣臨之請以骸骨就第太祖亟命其子周翰監府事語使者曰亟行語而主為我彊飯如有不諱當世世貴爾子孫今使周翰監府事尚冀卿復愈耳紹

威仕梁累拜太師兼中書令卒年三十四贈尚書令謚曰貞壯子三人廷規官至司農卿卒周翰襲父位乾化二年八月爲楊師厚所逐徙爲宣義軍節度使卒于官年十四周敬代爲宣義軍節度使年十歲徙鎭忠武明年爲祕書監駙馬都尉光祿卿唐莊宗時爲金吾大將軍明宗以爲匡國軍節度使罷爲上將軍晉天福二年卒年三十二廷規娶梁太祖二女一曰安陽公主一曰金華公主周翰娶末帝女曰壽春公主周敬亦娶末帝女曰晉安公主

王處直字允明京兆萬年人也父宗善殖財貨富擬王侯爲唐神策軍吏官至金吾大將軍領興元節度使子處存處直處存以父任爲驍衞將軍定州已來制置內閑廐宮苑等使乾符六年即拜義武軍節度使黃巢陷長安處存感憤流涕率鎭兵入關討賊巢敗第功而收城擊賊李克用爲第一勤王倡義處存爲第一乾寧二年處存卒于鎭三軍以河朔故事推處存子郜爲留後即拜節度使加檢校司空同中書門下平章事處直爲後院中軍都知兵馬使光化三年梁兵攻定州郜遣處直率兵拒之戰于沙河爲梁兵所敗敗兵返入城逐郜

部出奔晉亂兵推處直爲留後梁兵圍之處直遣人告梁請絕晉而事梁出絹十萬匹犒軍乃與梁盟梁太祖表處直義武軍節度使累封太原王太祖卽位封處直北平王其後梁兵攻王鎔鎔求救于晉處直亦遣人至晉願絕梁以自効晉兵救鎔處直以兵五千從破梁軍於栢鄉其後晉北破燕南取魏博與梁戰河上十餘年處直未嘗不以兵從處直好巫而客有李應之者妖妄人也處直有疾應之以左道治之而愈處直益以爲神使衣道士服以爲行軍司馬軍政無大小咸取決焉初應之於陘邑闌得小兒劉雲郎養以爲子而處直未有子乃以雲郎與處直而紿曰此子生而有異處直養以爲子更名曰都甚愛之應之由此益橫乃籍管內丁壯別立新軍自將之治第博陵坊四面開門皆用左道處直將吏知其必爲患而莫能諫也是時幽州李匡儔假道中山以如京師處直伏甲城外以備不虞匡儔已去甲士入城圍應之第執而殺之因詰處直請殺都處直不與明日第功行賞因陰疏甲士姓名自隊長以上藏于别籍其後因事誅之凡二十年無一人免者而處直終爲都所殺都爲人狡佞多謀

處直以爲節度副使張文禮弒王鎔莊宗發兵討文禮處直與左右謀曰鎮定之蔽也文禮雖有罪然鎮亡定不獨存乃遣人請莊宗毋發兵莊宗取所獲文禮與梁蠟書示處直曰文禮負我師不可止處直有孽子郁當郜之亡于晉也郁亦奔焉晉王以女妻之爲新州防禦使處直見莊宗必討文禮益自疑乃陰與郁交通使郁北招契丹入塞以牽晉兵且許召郁爲嗣都聞之不悅而定人皆言契丹不可召恐自貽患處直不聽郁自奔晉常恐處直不容因此大喜以爲乘其隙可取之乃以厚賂誘契丹阿保機阿保機舉國入寇定人皆不欲契丹之舉小吏和昭訓勸都舉事都因執處直囚之西宅自爲留後凡王氏子孫及處直將校殺戮殆盡明年正月朔旦都拜處直於西宅處直奮起揕其胸而呼曰逆賊吾何負爾然左右無兵遂欲齧其鼻都掣袖而走處直遂見殺初有黃蛇見于牌樓處直以爲龍藏而祠之又有野鵲數百巢麥田中處直以爲己德所致而定人皆知其不祥曰蛇穴山澤而處人室鵲巢鳥降而田居小人竊位而在上者失其所居之象也已而處直果被廢死莊宗已敗契丹于沙河追

奔過定州與都相得懽甚以其子繼岌娶都女以都爲義武軍節度使同光二年莊宗幸鄴都來朝賜與鉅萬莊宗以繼岌故待都甚厚所請無不從及明宗立頗惡都爲人而安重誨每以法繩之都始有異志是時唐兵擊契丹數往來定州都供饋多闕益不自安和昭訓爲都謀曰天子新立四方未附其勢易離可爲自安之計已而朱守殷反於汴州都遂亦反遣人以蠟書招青徐岐潞梓五鎮約皆舉兵而五鎮不應明宗遣王晏球討之都復與王郁招契丹爲援契丹遣秃餒將萬騎救都都遣指揮使鄭季璘龍泉鎮將杜弘壽以二千人迎契丹爲晏球所敗季璘弘壽被執晏球責曰吾常使人招汝何故不降弘壽對曰受恩中山兩世矣不敢有二心遂見殺弘壽臨刑神色自若晏球屯軍望都與都及契丹戰大敗之曲陽都及秃餒得數騎遯去閉城不復出初莊宗軍中闌得一男子愛之使冒姓李名繼陶養於宮中以爲子明宗卽位安重誨出以乞段徊徊亦惡而逐之都使人求得之至是紿其衆曰此莊宗太子也被以天子之服使巡城上以示晏球軍軍士識者曰繼陶也共詬之都居城中兵少惟以

契丹二千人守城呼禿餒爲餒王屈身事之諸將有欲出降者都伺察嚴密殺戮無虛日以故堅守經年天成四年二月城破都與家屬皆自焚死王氏遂絕于中山而處存有子鄴鄴子廷胤與莊宗連外姻爲人驍勇自爲軍校能與士卒同辛苦明宗時歷貝忻密澶隰州刺史范延光反于鄴晉高祖以廷胤爲楊光遠行營中軍使破延光有功拜彰德軍節度使初處直爲都所囚幼子威北走契丹契丹謂晉高祖曰吾欲使威襲其先人爵土如何高祖對曰中國之法自將校爲刺史升團練防禦而至節度使請送威歸中國漸進之契丹怒曰爾自諸侯爲天子豈有漸乎高祖聞之遽徙廷胤鎮義武曰此亦王氏之後也後徙鎮海而卒

劉守光深州樂壽人也其父仁恭事幽州李可舉能穴地爲道以攻城軍中號劉窟頭稍以功遷軍校仁恭爲人有勇好大言可舉死子匡威惡其爲人不欲使居軍中徙爲瀛州景城縣令瀛州軍亂殺刺史仁恭募縣中得千人討平之匡威喜復以爲將使戍蔚州戍兵過期不得代皆思歸出怨言匡威爲弟匡儔

所逐仁恭聞亂乃擁戍兵攻幽州行至居庸關戰敗奔于晉晉以爲壽陽鎮將仁恭多智詐善事人事晉王愛將蓋寓尤謹每對寓涕泣自言居燕無罪以讒見逐因道燕虛實陳可取之謀晉王益信而愛之乾寧元年晉擊破匡儔乃以仁恭爲幽州留後留其親信燕留得等十餘人監其軍爲之請命于唐拜檢校司空盧龍軍節度使其後晉攻羅弘信求兵於仁恭仁恭不與晉王以書微責誚之仁恭大怒執晉使者殺燕留得等以叛晉王自將討之戰于安塞晉王大敗光化元年遣其子守文襲滄州逐節度使盧彥威遂取滄景德三州爲其子請命于唐昭宗遲之未卽從仁恭怒語唐使者曰爲我語天子旌節吾自有但要長安本色爾何屢求而不得也昭宗卒以守文爲橫海軍節度使仁恭父子率兩鎮兵十萬號稱三十萬以擊魏屠貝州羅紹威求救於梁梁遣李思安救魏大敗守文於內黃斬首五萬仁恭走梁軍追擊之自魏至長河橫尸數百里梁軍自是連歲攻之破其瀛漠二州仁恭懼復附晉天祐三年梁攻滄州仁恭調其境內凡男子年十五已上七十已下皆黥其面文曰定霸都得二十萬人

兵糧自具屯于瓦橋梁軍壁長蘆深溝高壘仁恭不能近滄州被圍百餘日城中食盡人自相食析骸而爨或丸墐土而食死者十六七仁恭求救於晉晉王爲之攻潞州以牽梁圍晉破潞州梁軍乃解去然仁恭幸世多故而驕於富貴築宮大安山窮極奢侈選燕美女充其中又與道士鍊丹藥冀可不死令燕人用墐土爲錢悉斂銅錢鑿山而藏之已而殺其工以滅口後人皆莫知其處仁恭有愛妾羅氏其子守光烝之仁恭怒笞守光逐之梁開平元年遣李思安攻仁恭仁恭在大安山守光自外將兵以入擊走思安乃自稱盧龍節度使遣李小喜元行欽以兵攻大安山執仁恭而幽之其兄守文聞父且囚即率兵討守光至于盧臺爲守光所敗進戰玉田又敗乃乞兵于契丹明年守文將契丹吐渾兵四萬人戰于鷄蘇守光兵敗守文陽爲不忍出於陣而呼其衆曰毋殺吾弟守光將元行欽識守文躍馬而擒之又囚之於别室既而殺之守文將吏孫鶴呂兗等立守文子延祚以拒守光守光圍之百餘日城中食盡米斛直錢三萬人相殺而食或食墐土馬相食其騣尾兗等率城中飢民食以麴號宰殺務

日殺以餉軍久之延祚力窮遂降守光素庸愚由此益驕爲鐵籠鐵刷人有過者坐之籠中外燎以火或刷剔其皮膚以死燕之士逃禍于佗境守光身衣赭黃謂其將吏曰我衣此而南面可以帝天下乎孫鶴切諫以爲不可梁攻趙趙王王鎔求救於守光孫鶴曰今趙無罪而梁伐之諸侯救趙之兵先至者霸臣恐燕軍未出而晉已先破梁矣此不可失之時也守光曰趙王與我盟而背之今急乃來歸我且兩虎方鬬可待之吾當爲卞莊子也遂不出兵晉王果救趙大敗梁兵於柏鄉進掠邢洺至于黎陽守光聞晉王空國深入梁乃治兵戒嚴遣人以語動鎮定曰燕有精兵三十萬願率二鎮以從晉然誰當主此盟者晉人患之謀曰昔夫差爭黃池之會而越入吳項羽貪伐齊之利而漢敗楚今吾越千里以伐人而彊燕在其後此腹心之患也乃爲之班師守光益以爲諸鎮畏其強乃諷諸鎮共推尊己於是晉王率天德宋瑤振武周德威昭義李嗣昭義武王處直成德王鎔等以墨制冊尊守光爲尚書令尚父守光又遣人告于梁請授己河北兵馬都統以討鎮定河東梁遣閤門使王瞳拜守光河北採訪

使有司白守光尙父受冊用唐冊太尉禮儀守光問曰此儀注何不郊天改元有司曰此天子之禮也尙父雖尊乃人臣耳守光怒曰我爲尙父誰當帝者乎且今天下四分五裂大者稱帝小者稱王我以二千里之燕獨不能帝一方乎乃械梁晉使者下獄置斧鑕于其庭令曰敢諫者死孫鶴進曰滄州之敗臣蒙王不殺之恩今日之事不敢不諫守光怒推之伏鑕令軍士剮而啖之鶴呼曰不出百日大兵當至命窒其口而醢之守光遂以梁乾化元年八月自號大燕皇帝改元曰應天以王瞳齊涉爲左右相晉遣太原少尹李承勳賀冊尙父至燕而守光已僭號有司迫承勳稱臣承勳不屈以列國交聘禮入見守光怒殺之明年晉遣周德威將三萬人會鎭定之兵以攻燕自祈溝關入其瀛涿武順諸州皆迎降守光被圍經年累戰常敗乃遣客將王遵化致書于德威曰予得罪于晉迷而不復今其病矣公善爲我辭焉德威謂遵化曰大燕皇帝尙未郊天何至此耶予受命以討僭亂不知其佗也守光益窘乃獻絹千匹銀千兩錦百段遣其將周遵業謂德威曰吾王以情告公富貴成敗人之常理錄功赦過

霸者之事也守光去歲妄自尊崇本不能爲朱温下耳豈意大國暴師經年幸少寬之德威不許守光登城呼德威曰公三晉賢士獨不急人之危乎遣人以所乘馬易德威馬而去因告曰俟晉王至則降晉王乃自臨軍守光登城見晉王晉王問將如何守光曰今日俎上肉耳惟王所爲也守光有嬖者李小喜勸其毋降守光因請俟佗日是夕小喜叛降于晉軍明旦晉軍攻破其城執仁恭及其家族三百口守光與其妻李氏祝氏子繼珣繼方繼祚等南走滄州迷失道至燕樂界中數日不得食遣其妻祝氏乞食于田家田家怪而詰之祝氏以實告乃被擒送幽州晉王方大饗軍客將引守光見晉王戲之曰主人何避客之遽邪守光叩頭請死命械守光幷其父仁恭以從軍軍還過趙趙王王鎔會晉王置酒酒酣請曰願見仁恭父子晉王命破械出之引置下坐飲食自若皆無慙色晉王至太原仁恭父子曳以組練獻于太廟守光將死泣曰臣死無恨然教臣不降者李小喜也罪人不死臣將訴于地下晉王使召小喜小喜瞋目曰囚父弑兄蒸其骨肉亦小喜教爾耶晉王怒命先斬小喜守光知不免呼曰

王將復唐室以成霸業何不赦臣使自效其二婦從旁罵曰事已至此生復何爲願先死乃俱死晉王命李存霸執仁恭至鴈門刺其心血以祭先王墓然後斬之

五代史卷三十九

五代史卷三十九考證

羅紹威傳行至歷亭○亭監本訛序今從閣本改正

五代史卷三十九考證

五代史卷四十

宋　　歐　陽　修　撰

雜傳第二十八

李茂貞深州博野人也本姓宋名文通爲博野軍卒戍鳳翔黃巢犯京師鄭畋以博野軍擊賊茂貞以功自隊長遷軍校光啓元年朱玫反僖宗出居興元玫遣王行瑜攻大散關茂貞與保鑾都將李鋋等敗行瑜於大唐峯明年玫遂敗死茂貞以功自扈蹕都頭拜武定軍節度使賜以姓名扈蹕東歸至鳳翔鳳翔節度使李昌符與天威都頭楊守立爭道以兵相攻昌符不勝走隴州僖宗遣茂貞追擊殺昌符以功拜鳳翔隴右節度使大順元年封隴西郡王二年樞密使楊復恭得罪奔於興元興元節度使楊守亮復恭之養子也納之茂貞乃上書言復恭父子罪皆當誅因自請爲山南招討使昭宗以宦者故難之未許茂貞擅發兵攻破興元復恭父子見殺茂貞表其子繼密權知興元軍府事昭宗乃徙茂貞爲山南西道節度使以宰相徐彥若鎭鳳翔茂貞不奉詔上表自論

曰但慮軍情忽變戎馬難羈徒令甸服生靈因茲受弊未審乘輿播越自此何之昭宗以茂貞表辭不遜不能忍以問宰相杜讓能讓能以謂茂貞地大兵彊而唐力未可以致討鳳翔又近京師易以自危而難於後悔佗日雖欲誅晁錯以謝諸侯恐不能也昭宗怒曰吾不能孱孱坐受淩弱乃責讓能治兵而以覃王嗣周爲京西招討使令下京師市人皆知不可相與聚承天門遮宰相請無舉兵爭投瓦石擊宰相宰相下輿而走亡其堂印人情大恐昭宗意益堅覃王率扈駕軍五十四都戰于盩厔唐軍敗潰茂貞遂犯京師屯于三橋昭宗御安福門殺兩樞密以謝茂貞使罷兵茂貞與讓能素有隙因曰謀舉兵者非兩樞密乃讓能也陳兵臨皋驛請殺讓能讓能曰臣固先言之矣惟殺臣可以紓國難昭宗泣下沾襟貶讓能雷州司戶參軍賜死茂貞乃罷兵明年河中節度使王重盈卒其諸子珂珙爭立晉王李克用請立珂茂貞與韓建王行瑜請立珙昭宗不許茂貞等怒率三鎮兵犯京師謀廢昭宗立吉王保未果而晉王亦舉兵茂貞懼乃殺宰相韋昭度李磎留其養子繼鵬以兵二千宿衞而去晉兵至

河中繼鵬與行瑜弟行實等爭劫昭宗出奔京師大亂昭宗出居于石門茂貞以兵至鄠縣斬繼鵬自贖晉兵已破王行瑜還軍渭北請擊茂貞昭宗以謂晉遠而茂貞近因欲庇之以爲德而冀緩急之可恃也且茂貞已殺其子而自贖矣乃詔罷歸晉軍克用歎曰唐不誅茂貞憂未已也昭宗自石門還益募安聖捧宸等軍萬餘人以諸王將之茂貞謂唐將討己亦治兵請覲京師大恐居人亡入山谷茂貞遂犯京師昭宗遣覃王拒之覃王至三橋軍潰昭宗出居于華州遣宰相孫偓以兵討茂貞韓建爲茂貞請乃已久之加拜茂貞尚書令封岐王其後昭宗爲宦者所廢既反正宰相崔胤欲借梁兵誅諸宦者陰與梁太祖謀之中尉韓全誨等亦倚茂貞之彊以爲外援茂貞遣其子繼筠以兵數千宿衛京師宦者恃岐兵益驕不可制天復元年胤召梁太祖以西梁軍至同州全誨等懼與繼筠劫昭宗幸鳳翔梁軍圍之逾年茂貞每戰輒敗閉壁不敢出城中薪食俱盡自冬涉春雨雪不止民凍餓死者日以千數米斗直錢七千至燒人屎煑尸而食父自食其子人有爭其肉者曰此吾子也汝安得而食之人肉

斤直錢百狗肉斤直錢五百父甘食其子而人肉賤於狗天子於宮中設小磨遣宮人自屑豆麥以供御自後宮諸王十六宅凍餒而死者日三四城中人相與邀遮茂貞求路以爲生茂貞窮迫謀以天子與梁以爲解昭宗謂茂貞曰朕與六宮皆一日食粥一日食不托安能不與梁和乎三年正月茂貞與梁約和斬韓全誨等二十餘人傳首梁軍梁圍解天子雖得出然梁遂劫東遷而唐亡茂貞非惟亡唐亦自困矣及梁太祖即位諸侯之彊者皆相次稱帝獨茂貞不能但稱岐王開府置官屬以妻爲皇后鳴稍羽扇視朝出入擬天子而已茂貞居岐以寬仁愛物民頗安之嘗以地狹賦薄下令搉油因禁城門無內松薪以其可爲炬也有優者誚之曰臣請并禁月明茂貞笑而不怒初茂貞破楊守亮取興元而邠寧鄜坊皆附之有地二十州其被梁圍也興元入于蜀開平已後邠寧鄜坊入于梁秦鳳階成又入于蜀當梁末年所有七州而已二十州者岐隴涇原渭武秦成階鳳邠寧慶衍鄜坊丹延梁洋也莊宗已破梁茂貞稱岐王上牋以季父行自處及聞入洛乃上表稱臣遣其子從曮來朝莊宗以其耆老甚尊禮之改封秦王詔書不名

同光二年以疾卒年六十九謚曰忠敬從曮爲人柔而善書畫茂貞承制拜從曮彰義軍節度使茂貞卒拜鳳翔節度使魏王繼岌征蜀爲供軍轉運應接使蜀平繼岌遣從曮部送王衍行至鳳翔監軍使柴重厚拒而不納從曮遂東至華州聞莊宗之難乃西歸明宗入立聞重厚嘗拒從曮遣人誅之從曮上書言重厚守鳳翔軍民無所擾願貸其過雖不許士人以此多之歷鎮宣武天平從曮有田千頃竹千畮在鳳翔懼侵民利未嘗省理鳳翔人愛之廢帝起鳳翔將行鳳翔人叩馬乞從曮廢帝入立復以從曮爲鳳翔節度使卒年四十九

韓建字佐時許州長社人也少爲蔡州軍校隸忠武軍將鹿晏弘從楊復光攻黃巢於長安巢已破復光亦死晏弘與建等無所屬乃以麾下兵西迎僖宗於蜀所過攻劫行至興元逐牛叢據山南已而不能守晏弘東走許州建乃奔于蜀拜金吾衞將軍僖宗還長安建爲潼關防禦使華州刺史華州數經大兵戶口流散建少賤習農事乃披荊棘督民耕植出入閭里問其疾苦建初不知書乃使人題其所服器皿牀榻爲其名目以視之久乃漸通文字見玉篇喜曰吾

以類求之何所不得也因以通音韻聲偶暇則課學書史是時天下已亂諸鎮皆武夫獨建撫緝兵民又好學荊南成汭時冒姓郭亦善緝荊楚當時號爲北韓南郭大順元年以兵屬張濬伐晉濬敗建自含山遯歸河中王重盈死諸子珂珙爭立晉人助珂建與王行瑜李茂貞助珙昭宗不許建等大怒以三鎮兵犯京師昭宗見建等責之行瑜茂貞惶恐戰汗不能語獨建前自陳述乃殺宰相韋昭度李磎等謀廢昭宗會晉舉兵且至建等懼乃還晉兵問罪三鎮兵傅華州建登城呼曰弊邑未嘗失禮於大國何爲見攻晉人曰君以兵犯天子殺大臣是以討也已而與晉和乾寧三年李茂貞復犯京師昭宗將奔太原次渭北建遣子允請幸華州昭宗又欲如鄜州建追及昭宗於富平泣曰藩臣倔彊非止茂貞若捨近畿而巡極塞乘輿渡河不可復矣昭宗亦泣遂幸華州是時天子孤弱獨有殿後軍及定州三都將李筠等兵千餘人爲衛以諸王將之建已得昭宗幸其鎮遂欲制之因請罷諸王將兵散去殿後諸軍累表不報昭宗登齊雲樓西北顧望京師作菩薩蠻詞三章以思歸其卒章曰野煙生碧樹陌

上行人去安得有英雄迎歸大內中酒酣與從臣悲歌泣下建與諸王皆屬和之建心尤不悅因遣人告諸王謀殺建劫天子幸佗鎮昭宗召建將辨之建稱疾不出乃遣諸王自詣建辨之建不見請送諸王十六宅昭宗難之建乃率精兵數千圍行宮請誅李筠昭宗大懼遽詔斬筠悉散殿後及三都衛兵幽諸王於十六宅昭宗益悔幸華遣延王戒丕使于晉以謀與復戒丕還建與中尉劉季述誣諸王謀反以兵圍十六宅諸王皆登屋叫呼遂見殺昭宗無如之何爲建立德政碑以慰安之建已殺諸王乃營南莊起樓閣欲邀昭宗遊幸因以廢之而立德王裕其父叔豐謂建曰汝陳許間一田夫爾遭時之亂蒙天子厚恩至此欲以兩州百里之地行大事覆族之禍吾不忍見不如先死因泣下歔欷李茂貞梁太祖皆欲發兵迎天子建稍恐懼乃止光化元年昭宗還長安自爲建畫像封建潁川郡王賜以鐵券建辭王爵乃封建許國公梁太祖以兵嚮長安遣張存敬攻同州建判官司馬鄴以城降太祖使鄴召建乃出降太祖責建背己建曰判官李巨川之謀也太祖怒即殺巨川以建從行昭宗東遷建從至

洛陽昭宗舉酒屬太祖與建曰遷都之後國步小康社稷安危繫卿兩人次何皇后舉觴建躡太祖足太祖乃陽醉去建出謂太祖曰天子與宮人眼語幕下有兵仗聲恐公不免也太祖以故尤德之表建平盧軍節度使太祖即位拜司徒同中書門下平章事太祖性剛暴臣下莫敢諫諍惟建時有言太祖亦優容之太祖郊于洛建為大禮使罷相出鎮許州太祖崩許州軍亂見殺年五十八

李仁福不知其世家當唐僖宗時有拓拔思敬者為夏州偏將後以與破黃巢功賜姓李氏拜夏州節度使思敬卒乾寧二年以其弟思諫為節度使自唐末天下大亂史官實錄多闕諸鎮因時倔起自非有大善惡暴著于世者不能紀其始終是時與元鳳翔邠寧鄜坊河中同華諸鎮之兵四面並起而交爭獨靈夏未嘗為唐患而亦無大功朱玫之亂思敬與鄜州李思孝皆以兵屯渭橋其後黃巢陷京師王重榮李克用等會諸鎮兵討賊思敬與破黃巢復京師然皆未嘗有所可稱故思敬之世次功過不顯而無傳梁開平二年思諫卒軍中立其子彝昌為留後梁即拜彝昌節度使明年其將高宗益作亂殺彝昌是時仁

福爲蕃部指揮使戍兵于外軍中乃迎仁福立之不知其於思諫爲親疏也是歲四月拜仁福檢校司空定難軍節度使終梁之世奉正朔而已是時岐王李茂貞晉王李克用數會兵攻仁福梁輒出兵救之仁福累官至檢校太師兼中書令封朔方王長興四年三月卒其子彝超自立爲留後自仁福時邊將多言仁福北通契丹恐爲邊患明宗因其卒乃以彝超爲延州刺史彰武軍節度使而徙彰武安從進代之恐彝超不受代遣邠州藥彥稠以兵五萬送從進之鎮彝超果不受代從進與彥稠以兵圍之百餘日不克夏州城壁素堅故老傳言赫連勃勃蒸土築之從進等穴地道至其城下堅如鐵石鑿不能入彝超外招党項抄掠從進等糧道自陝以西民運斗粟束芻其費數千人不堪命道路愁苦明宗遂釋不攻以彝超爲定難軍節度使清泰二年卒其弟彝興累官檢校太師兼侍中周顯德中封西平王其後事具國史

韓遜不知其世家初爲靈武軍校當唐末之亂據有靈鹽唐卽以爲節度使而史失不錄不見其事梁開平三年封朔方節度使韓遜爲潁川王始見於史是

時邠寧楊崇本鄜延李周彝鳳翔李茂貞皆與梁爭戰獨遜與夏州李思諫臣屬于梁未嘗以兵爭李茂貞嘗遣劉知俊攻遜不能克遜亦善撫其部部人皆愛之爲遜立生祠貞明中遜卒軍中立其子洙爲留後梁卽以爲節度使至莊宗時又以洙兼河西節度天成四年洙卒卽以洙子澄爲朔方軍留後其將李賓作亂澄乃上書請師於朝明宗以康福爲朔方河西節度使以代澄由是命吏而相代矣韓氏自遜有靈武傳世皆無所稱述澄後不知其所終

楊崇本幼事李茂貞養以爲子冒姓李名曰繼徽茂貞表崇本靜難軍節度使後梁太祖攻岐未下乃移兵攻邠州崇本迎降太祖使復其姓賜名崇本還其家於河中以爲質崇本妻有美色太祖用兵往來河中嘗幸之崇本妻頗媿恥閒遣人誚崇本曰大丈夫不能庇其伉儷我已爲朱公婦矣無面視君有刀繩而已崇本涕泣憤怒其後梁兵解岐圍崇本妻得歸崇本乃復背梁歸茂貞茂貞西連蜀兵會崇本攻雍華關西大震太祖以兵西至河中遣郴王友裕擊之友裕至永壽而卒梁兵乃旋崇本屯美原太祖復遣劉知俊康懷英等擊之崇

本大敗自此不復東乾化四年爲其子彥魯所弑崇本養子李保衡殺彥魯以降梁

高萬興河南人也唐末河西屬李茂貞茂貞將胡敬璋爲延州刺史萬興與其弟萬金俱事敬璋爲騎將敬璋死其將劉萬子代爲刺史梁開平二年葬於州南萬子在會其將許從實殺萬子自爲延州刺史是時萬興兄弟皆將兵戍境上聞萬子死以其部下數千人降梁梁太祖兵屯河中遣同州劉知俊以兵應萬興攻丹州執其刺史崔公實進攻延州執許從實鄜州李彥容坊州李彥昱皆棄城走梁太祖乃以萬興爲延州刺史忠義軍節度使以牛存節爲保大軍節度使已而劉知俊叛乃徙存節守同州以萬金爲保大軍節度使萬興累遷檢校太師兼中軍令封渤海郡王貞明四年萬金卒乃以萬興爲鄜延節度使進封延安郡王徙封北平王梁亡莊宗入洛萬興嘗一來朝同光三年卒於鎮萬興兄弟皆驍勇而未嘗立戰功然以戍兵降梁梁取鄜坊丹延自萬興始故其兄弟世守其土萬興死子允韜代立長興元年徙鎮安國又徙義成淸泰中

卒萬金子允權開運中爲膚施令罷居於家是時周密爲彰信軍節度使契丹滅晉延州軍亂逐密密守東城而西城之兵以允權爲留後聞漢高祖起太原遂歸漢即拜節度使廣順三年卒

温韜京兆華原人也少爲盜後事李茂貞爲華原鎮將冒姓李名彥韜茂貞以華原縣爲耀州以韜爲刺史梁太祖圍茂貞於鳳翔韜以耀州降梁已而復叛歸茂貞茂貞又以美原縣爲鼎州建義勝軍以韜爲節度使末帝時韜復叛茂貞降梁梁改耀州爲崇州鼎州爲裕州義勝爲靜勝軍即以韜爲節度使復其姓温更其名曰昭圖韜在鎮七年唐諸陵在其境內者悉發掘之取其所藏金寶而昭陵最固韜從埏道下見宮室制度閎麗不異人間中爲正寢東西廂列石牀牀上石函中爲鐵匣悉藏前世圖書鍾王筆迹紙墨如新韜悉取之遂傳人間惟乾陵風雨不可發其後朱友謙叛梁取同州晉王以兵援友謙而趨華原韜懼求徙佗鎮遂徙忠武莊宗滅梁韜自許來朝因伶人景進納賂劉皇后皇后爲言之莊宗待韜甚厚賜姓名曰李紹沖郭崇韜曰此劫陵賊耳罪不可

赦莊宗曰已宥之矣不可失信遽遣還鎮明宗入洛與段凝俱收下獄已而赦之勒歸田里明年流於德州賜死

嗚呼厚葬之弊自秦漢以來率多聰明英偉之主雖有高談善說之士極陳其禍福有不能開其惑者矣豈非富貴之欲溺其所自私者篤而未然之禍難述於無形不足以動其心歟然而聞溫韜之事者可以少戒也五代之君往往不得其死何暇顧其後哉獨周太祖能鑒韜之禍其將終也爲書以遺世宗使以瓦棺紙衣而斂將葬開棺示人既葬刻石以告後世毋作下宮毋置守陵妾其意丁寧切至然實錄不書其葬之薄厚也又使葬其平生所服衮冕通天冠絳紗袍各一其一於京師其一於澶州又葬其劍甲各二其一於河中其一於大名者莫能原其旨也

五代史卷四十

五代史卷四十考證

李茂貞傳茂貞與保鑾都將李鋋等敗行瑜于大唐峯○鋋閣本作鋋

楊崇本傳太祖以兵西至河中遣郴王友裕擊之○郴監本訛彬今改正

五代史卷四十考證

五代史卷四十一

宋　歐　陽　修　撰

雜傳第二十九

盧光稠譚全播皆南康人也光稠狀貌雄偉無他才能而全播勇敢有識略然全播常奇光稠爲人唐末羣盜起南方全播謂光稠曰天下洶洶此真吾等之時無徒守此貧賤爲也乃相與聚兵爲盜衆推全播爲主全播曰諸君徒爲賊乎而欲成功乎若欲成功當得良帥盧公堂堂真君等主也衆陽諾之全播怒拔劍擊木三斷之曰不從吾令者如此木衆懼乃立光稠爲帥是時王潮攻陷嶺南全播攻潮取其虔韶二州又遣光稠弟光睦攻潮州光睦好勇而輕進全播戒其持重不聽度其必敗乃爲奇兵伏其歸路光睦果敗走潮人追之全播以伏兵邀擊大敗之遂取潮州是時劉巖起南海擊走光睦以兵數萬攻虔州光稠大懼謂全播曰虔潮皆公取之今日非公不能守也全播曰吾知劉巖易與爾乃選精兵萬人伏山谷中陽治戰地於城南告巖戰期以老弱五千出戰

戰酣僞北嚴急追之伏兵發嚴遂大敗光稠第戰功全播悉推諸將光稠心益賢之梁初江南嶺表悉爲吳與南漢分據而光稠獨以虔韶二州請命于京師願通道路輸貢賦太祖爲置百勝軍以光稠爲防禦使兼五嶺開通使又建鎮南軍以爲留後開平五年光稠病以符印屬全播全播不受光稠卒全播立其子延昌而事之延昌好遊獵其將黎求閉門拒延昌延昌見殺求因謀殺全播全播懼稱疾不出求乃自立請命于梁乾化元年拜求防禦使求暴病死其將李彥圖自立全播益懼遂稱疾篤杜門自絕彥圖疑之使人覘其動靜全播應覘爲狀以自免彥圖死州人相率詣全播第扣門請之全播乃起遣使請命于梁拜防禦使全播治虔州七年有善政楊隆演遣劉信攻破虔州以全播歸廣陵卒年八十五當盧氏時劉龑已取韶州及全播被執虔州遂入于吳

雷滿武陵人也爲人兇悍獷勇文身斷髮唐廣明中湖南饑盜賊起滿與同里人區景思周岳等聚諸蠻數千獵于大澤中乃擊鮮釃酒擇坐中豪者補置伍長號土團軍諸蠻從之推滿爲帥是時高駢鎮荆南召滿隸麾下使以蠻軍擊

賊駢徙淮南滿從至廣陵逃歸殺刺史崔翥遂據朗州請命于唐昭宗以澧朗爲武貞軍拜滿節度使是時澧陽人向瓌殺刺史呂自牧據澧州而溪洞諸蠻宋鄴昌師益等皆起兵剽掠湖外滿亦以輕舟上下荆江攻劫州縣楊行密攻杜洪于鄂州荆南成汭出兵救洪汭戰敗溺水死於君山滿襲破荆南不能守焚掠殆盡而去滿嘗鑿深池於府中客有過者召宴池上指其水曰蛟龍水怪皆窟於此蓋水府也酒酣取坐上器擲池中因裸而入取器嬉水上久之乃出治衣復坐意氣自若滿居朗州引沅水塹其城上爲長橋爲不可攻之計天祐中滿卒子彥恭自立彥恭附于楊行密亦嘗攻劫爲荆湖患開平元年馬殷發兵攻彥恭彥恭恃塹爲阻逾年不能破三年彥恭奔于楊行密馬殷擒其弟彥雄等十人送于梁斬于汴市彥恭卒于淮南澧朗遂入于楚

鍾傳洪州高安人也事州爲小校黃巢攻掠江淮所在盜起往往據州縣傳以州兵擊賊頻勝遂逐觀察使自稱留後唐以洪州爲鎮南軍拜傳節度使江夏伶人杜洪者亦據鄂州楊行密屢攻之洪頗倚傳爲首尾久之洪敗死是時危

全諷韓師德等分據撫吉諸州傳皆不能節度以兵攻之稍聽命獨全諷不能下乃自率兵圍其城城中夜火起諸將請急攻之傳曰吾聞君子不迫人之危乃掃地祭天嚮城再拜祝曰全諷不降非民之罪願天止火全諷聞之明日乃亦聽命請以女妻傳子匡時傳居江西三十餘年累拜太保中書令封南平王天祐三年傳卒子匡時自稱留後請命于唐全諷曰聽鍾郎爲節度使三年吾將自爲之已而傳養子延規與匡時爭立乞兵于楊渥渥遣秦裴等攻匡時匡時敗被執歸于廣陵開平三年全諷等起兵江西謀復鍾氏故地全諷爲楊隆演將周本所敗江西遂入于吳

趙匡凝字光儀蔡州人也其父德諲事秦宗權爲申州刺史宗權反德諲攻下襄陽梁太祖攻蔡州宗權屢敗德諲乃以山南東道七州降梁太祖初鎮宣武嘗爲宗權所困聞德諲降大喜表爲行營副都統河陽保義義昌三節度行軍司馬會其兵以攻蔡州破之德諲功多德諲卒子匡凝自立是時成汭死雷彥恭襲取荆南匡凝遣其弟匡明逐彥恭太祖表匡凝荆襄節度使以匡明爲荆

南留後是時唐衰藩鎮不復奉朝廷獨匡凝兄弟貢賦不絕匡凝爲人氣貌雄偉性方嚴喜自修飾頗好學問聚書數千卷爲政有威惠太祖攻兗州朱瑾求救於晉晉遣史儼等將兵數千救瑾瑾敗與儼等奔于淮南晉王李克用遣人以書幣假道于匡凝以聘于楊行密求歸儼等晉王使者爲梁得太祖大怒是時梁已破兗鄆遣氏叔琮康懷英等攻匡凝叔琮取泌隨二州懷英取鄧州匡凝懼請盟乃止太祖已殺昭宗將謀代唐畏匡凝兄弟不從遣使告之匡凝對使者流涕答曰受唐恩深不敢妄有佗志太祖遣楊師厚攻之太祖以兵殿漢北匡凝戰敗以輕舟奔于楊行密師厚進攻荆南匡明奔于蜀匡凝至廣陵行密見之戲曰君在鎮城輕車重馬歲輸于梁今敗乃歸我乎匡凝曰僕世爲唐臣歲時職貢非輸賊也今以不從賊之故力屈歸公惟公生死之耳行密厚遇之其後行密死楊渥稍不禮之渥方宴食青梅匡凝顧渥曰勿多食發小兒熱諸將以爲嫚渥遷匡凝海陵後爲徐温所殺匡明卒于蜀

五代史卷四十一考證

盧光稠傳全播戒其持重不聽度其必敗○閣本度字下無其字

雷滿傳汭戰敗溺水死于君山○閣本無水字

取器嬉水上○南本取字下有其字

鍾傳傳城中夜火起諸將請急攻之○監本闕城中夜火起諸將七字今加入

又一本無攻字訛

趙匡凝傳是時成汭死○汭監本訛訥今從雷滿傳改正

五代史卷四十一考證

五代史卷四十二

宋　歐陽修　撰

雜傳第三十

朱宣宋州下邑人也少從其父販鹽爲盜父抵法死宣乃去事青州節度使王敬武爲軍校敬武以隸其將曹全晸中和二年敬武遣全晸入關與破黄巢還過鄆州鄆州節度使薛宗卒其將崔君預自稱留後全晸攻殺君預遂據鄆州宣以戰功爲鄆州馬步軍都指揮使已而全晸死軍中推宣爲留後唐僖宗卽拜宣天平軍節度使梁太祖鎭宣武以兄事宣太祖新就鎭兵力尙少數爲秦宗權所困太祖乞兵於宣宣與其弟瑾以兗鄆之兵救汴大破蔡兵走宗權是時太祖已襲取滑州稍欲并吞諸鎭宣瑾既還乃馳檄兗鄆言宣瑾多誘宣武軍卒亡以東乃發兵收亡卒因攻之遂爲敵國苦戰曹濮閒是時梁又東攻徐州西有蔡賊北敵強晉宣瑾兄弟自相首尾然卒爲梁所滅乾寧四年宣敗走中都爲葛從周所執斬于汴橋下今流俗以宣瑾兄弟名加玉者非也

瑾宣從父弟也從宣居鄆州補軍校少倜儻有大志兗州節度使齊克讓愛其爲人以女妻之瑾行親迎乃選壯士爲輿夫伏兵器輿中夜至兗州兵發遂虜克讓自稱留後僖宗即拜瑾泰寧軍節度使瑾與宣已破秦宗權於汴州梁太祖責瑾誘宣武軍卒以歸遣朱珍攻瑾取曹州又攻濮州而太祖自攻鄆瑾兄弟往來相救凡十餘年大小數十戰與太祖屢相勝敗太祖得宣將賀瓌何懷寶及瑾兄瓊乃將瓊等至兗城下告瑾曰汝兄敗矣今瓊等已降不如早自歸瑾僞曰諾乃遣牙將胡規持書幣詣軍門請降太祖大喜至延壽門與瑾交語瑾曰願得瓊來送符印太祖信之遣客將劉捍送瓊往瑾伏壯士橋下單騎迎瓊揮手語捍曰請瓊獨來瓊前壯士擒之遂閉門責瓊先降斬之擲其首城外太祖度不可下乃留兵圍之而去瑾嬰城自守而與葛從周等戰城下瑾兵屢敗宣亦敗於鄆州乃乞兵於晉晉遣李承嗣史儼等以騎兵五千救之太祖已破宣乃急趨兗瑾城中食盡與承嗣等掠食豐沛間梁兵奄至瑾將康懷英等以城降梁瑾等將麾下兵走沂州沂州刺史尹處賓不納又走海州梁兵急追

之乃奔于淮南楊行密聞瑾來大喜解其玉帶贈之表瑾領武寧軍節度使以爲行軍副使其後梁遣龐師古葛從周等攻淮南行密用瑾大破梁兵於清口斬師古行密累表瑾東南諸道行營副都統領平盧軍節度使同中書門下平章事行密死渥及隆演相繼立皆年少徐溫與其子知訓專政畏瑾欲除之瑾乃謀殺知訓嘗以月旦遣愛妾候知訓家知訓強通之妾歸自訴瑾益不平屢勸隆演誅徐氏以去國患隆演不能爲旣而知訓以泗州建靜淮軍出瑾爲節度使將行召之夜飲明日知訓過瑾謝延之升堂出其妻陶氏知訓方拜瑾以笏擊踣之伏兵自戶突出殺之初瑾以二惡馬繫庭中知訓入而釋馬使相踶嗚故外人莫聞其變瑾攜其首馳示隆演曰今日爲吳除患矣隆演曰此事非吾敢知遽起入內瑾忿然以首擊柱提劍而出府門已闔因踰垣折其足瑾顧路窮大呼曰吾爲萬人去害而以一身死之遂自刎潤州徐知誥聞亂以兵趨廣陵族瑾家瑾妻陶氏臨刑而泣其妾曰何爲泣乎今行見公矣陶氏收淚欣然就戮聞者哀之瑾名重江淮人畏之其死也尸之廣陵北門路人私共瘞之

是時民多病瘧皆取其墓上土以水服之云病輒愈更益新土漸成高墳徐温等惡之發其尸投於雷公塘後温病夢瑾挽弓射之温懼網其骨葬塘側立祠其上初瑾嘗病疽醫者視之色懼瑾曰但理之吾非以病死者於是果然卒年五十二

王師範青州人也其父敬武爲平盧軍牙將唐廣明元年無棣人洪霸郎爲盜齊棣閒平盧節度使安師儒遣敬武率兵擊破之敬武反兵逐師儒自稱留後都統王鐸承制拜敬武節度使敬武卒師範立師範尚幼其棣州刺史張蟾叛昭宗以爲師範年少其下不服從乃拜太子少師崔安潛爲平盧節度使師範不受代蟾迎安潛入棣州師範遣其將盧洪攻蟾洪以兵返襲青州師範陽爲好辭遣人迎語洪曰吾幼未能任事賴諸將共持之爾不然聽公所爲也洪以師範無能爲遽還不爲備師範伏兵於道語其僕劉剸曰洪來爲我斬之用爾爲牙將明日洪來師範出迎剸於坐上斬之伏兵發盡殺其餘兵乃急攻棣州破張蟾安潛奔歸于京師昭宗乃拜師範節度使師範頗好儒學聚書至萬卷

爲政有威愛梁太祖圍昭宗於鳳翔宦官韓全誨等矯詔召諸鎮兵以擊梁詔至青州師範泣曰諸鎮有兵所以藩扞天子今天子危辱而諸鎮反以兵自衞吾雖力不足當成敗以之乃遣使乞兵於楊行密是時梁已東下兗鄆師範乃遣劉鄩與其弟師魯分攻兗密諸州遣張居厚以壯士二百爲輿夫伏兵輿中西馳梁軍稱師範使者聘梁因欲劫殺太祖居厚至華州東城華州將婁敬思疑其有異剖輿視之見其兵居厚遂擊殺敬思以兵攻西城不克而反劉鄩逐葛從周取兗州而平盧諸州皆起兵攻梁其後梁太祖自鳳翔東還遣朱友寧攻師範友寧戰死復遣楊師厚攻之屯于臨朐師範以兵迫之師厚陽爲怯不敢出間遣人陽言曰梁兵少方乞兵於鳳翔今糧且絕當還軍師範以爲然乃遣師魯悉兵攻之師厚拒而不戰師魯兵却師厚追擊至聖王山師魯大敗遂傅其城而梁別將劉重霸下其棣州師範乃請降太祖許之師範素服乘驢詣太祖請罪太祖待以客禮久之表師範河陽節度使太祖即位召爲右金吾衞上將軍居于洛陽太祖心欲誅之未有以發太祖諸子已封王宴於宮中友寧

妻泣謂太祖曰陛下化家爲國諸子人人皆得封而妾夫獨以戰死奈何讎人猶在朝廷太祖奮然戟手曰吾亦幾忘此賊乃遣人就洛陽族滅之使者至先掘坑於外乃入告之師範設席爲具與諸宗族飲酒謂使者曰死人之所不免況有罪乎然懼少長失敘下愧於先人酒半令少長以次起就戮於坑所聞者皆哀憐之同光三年贈師範太尉

李罕之陳州項城人也爲人驍勇力兼數人少學讀書不成去爲僧以其無賴所往皆不容乃行乞食酸棗市中市中人皆不與罕之擲器于地裂其衣又去爲盜是時黃巢起曹濮乃往依之巢北渡江罕之與其麾下走淮南自歸於高駢駢表光州刺史歲餘秦宗權急攻光州罕之不能守還走項城收其餘衆依諸葛爽於河陽爽以罕之爲懷州刺史巢已敗走爽降唐僖宗拜爽東南面招討使以攻宗權爽表罕之副使使以兵屯宋州又表河南尹東都留守秦宗權遣孫儒攻河南罕之兵少西走澠池儒燒宮闕剽掠而去罕之壁澠池歲餘諸葛爽死其將劉經立爽子仲方仲方年少事皆任經經慮罕之兇勇難制以兵

攻之罕之返擊走經罕之追至鞏縣陳舟于汜水將渡河經遣張言拒之河上言反背經與罕之合攻河陽爲經所敗退保懷州已而孫儒陷洛陽仲方奔于梁梁兵擊走儒罕之襲取河陽言取河南皆附于梁罕之與言皆爽叛將事已成乃相與交臂爲盟誓同休戚不相忘罕之御衆無法性苛暴頗失士心而言善治軍旅教民播殖務爲積聚罕之用兵言嘗供給其乏罕之求取無已言頗苦之不能輸罕之召言軍吏笞責之言益不平罕之悉兵攻晉絳言夜襲河陽罕之奔晉晉表罕之澤州刺史使李存孝以兵三萬助罕之攻言言求救於梁罕之敗于沇河乃歸太原李克用延之帳中罕之留其子頎事晉乃之澤州日以兵鈔懷孟閒啖人爲食居民屯聚摩雲山罕之攻殺之立柵其上時人號曰李摩雲是時晉方徇地山東頗倚罕之爲扞蔽李茂貞等犯京師克用以兵至渭北僖宗以克用爲邠州四面行營都統表罕之爲副破王行瑜加檢校太尉食邑千戶罕之自以功多於晉私謂蓋寓曰自吾脫身河陽賴晉容我未能有以報之今行老矣無能爲也若吾王見憐與一小鎮使休兵養疾而後歸老幸

也寓爲言之克用克用不對佗日諸鎮擇守將未嘗及罕之罕之心益怏怏寓告克用懼罕之有佗心克用曰吾於罕之豈惜一鎮然鷹鳥之性飽則颺矣光化元年潞州薛志勤卒罕之遽入潞州使人啓晉王曰志勤且死新帥未至所以然者備佗盜耳克用大怒遣李嗣昭攻之罕之執晉守將馬溉伊鐔等遣子頎送于梁以乞兵梁太祖遣丁會守潞州以罕之爲河陽節度使行至懷州以疾卒年五十八罕之初背梁而歸晉晉王以罕之守濮州罕之留其子頎與莊宗遊甚狎後罕之背晉以歸梁晉王怒欲殺頎莊宗與之駿馬使奔于梁梁太祖得頎父子大喜使與友倫將兵以衛昭宗故頎當太祖時常掌禁兵末帝誅友珪頎與其謀拜右羽林統軍澶州刺史事唐歷衛衍二州刺史累遷右領軍衛上將軍天福中卒年七十贈太尉

孟方立邢州平鄉人也少爲軍卒以勇力選爲隊將唐廣明中潞州節度使高潯攻諸葛爽于河陽遣方立將兵出天井關爲先鋒潯爲其將劉廣所逐廣爲亂軍所殺方立聞亂引兵自天井入據潞州唐因以爲昭義軍節度使昭義所

節制澤潞邢洛磁五州而治潞州方立以謂潞州山川高險而人俗勁悍自劉稹以來嘗逐其帥且已邢人也因徙其軍于邢州而潞人怨方立之徙也因以澤潞二州歸于晉晉遣李克修爲澤潞節度使方立以邢洛磁三州自爲昭義軍晉數遣李存孝等出兵以窺山東三州之人俘掠殆盡赤地數千里無復耕桑者累年方立以孤城自守求救于梁梁方東事兗鄆不能救也文德元年方立乞兵于王鎔以攻晉鎔許之方立乃遣其將奚忠信攻晉遼州而鎔以佗故不能出兵兵既失約忠信大敗而晉兵乘勝攻之方立將石元佐者善兵而多智方立嘗信用之忠信之敗也元佐爲晉將安金俊所得金俊厚遇之問以攻邢之策元佐曰方立善守而邢城堅若攻之必不得志宜急攻其磁州方立來救可以敗也金俊以爲然軍于滏水之西方立果帥兵來救爲金俊所敗馳入邢州閉壁不復出外無救兵城中食且盡方立夜出巡城號令守者守者皆不應方立知不可乃歸飲酖而卒軍中以其弟洛州刺史遷爲留後求救於梁梁太祖遣王虔裕將騎兵三百助遷守遷執虔裕降晉晉徙遷族于太原以爲汾

州刺史後以爲澤潞節度使天復元年梁遣氏叔琮攻晉出天井關還開門降爲梁兵鄉道以攻太原不克叔琮軍還過潞以還歸于梁梁太祖惡其反覆殺之

王珂河中人也其仲父重榮以河中兵破黃巢有功於唐拜河中節度使重榮無子以其兄重簡子珂爲後重榮卒弟重盈立重盈卒軍中乃以珂重榮子立之重盈子陝州節度使珙絳州刺史瑤與珂爭立珙瑤以書與梁太祖言珂故王氏蒼頭小字忠兒不應得立珂亦求援於晉晉人言之朝昭宗以晉故許之而珙瑤亦西結王行瑜韓建李茂貞爲援行瑜等交章論列昭宗報以重榮與晉於唐嘗有大功業許之不可易行瑜等怒以兵犯京師殺宰相李磎等而去珙瑤連兵攻珂河中珂求援於晉晉兵西討三鎮行下絳州斬瑤而過至于渭北擊破行瑜昭宗卒以珂爲河中節度使晉以女妻之遣李嗣昭將兵助珂攻珙陝州珙爲人慘刻嘗斬人擲其首於前言笑自若其下苦之偏將李璠因珙戰敗殺珙自稱留後是時梁已下鎮定將移兵西而昭宗爲劉季述所廢京師

大亂崔胤陰召梁以兵西梁太祖以珂在河中懼爲患乃顧張存敬侯言以一大繩與之曰爲我持此縛珂來存敬等兵出含山破晉絳二州遣何絪以兵守之絶晉援存敬圍河中珂告急於晉晉以絪故不得前珂乃遣其妻以書告晉王曰賊勢如此朝夕乞食於梁矣大人何忍而不救邪晉王報之曰梁兵爲阻衆寡不敵救之則并晉俱亡不若與王郎自歸朝廷珂乃爲書與李茂貞曰天子初返正詔藩鎮無相侵以安王室今朱公棄約以見攻其勢不止於弊邑若弊邑朝亡則西北諸鎮非諸君所能守也願與華州出兵潼關以爲應茂貞不報珂計窮乃治舟于河將歸于京師珂夜登城諭守陴者守陴者皆不應牙將劉訓夜入珂寢白事珂叱之曰兵欲反邪訓乃解衣自索而入曰公苟懷疑請先斷臂珂曰事急矣計安出乎訓曰公若攜家夜濟人必爭舟一夫鴟張大事即去不若遲明以情諭軍中願從者猶得其半不然且爲款狀以緩梁兵徐圖向背珂以爲然梁太祖自同州降唐即依重榮以母王氏故事重榮爲舅珂乃登城呼存敬曰吾與梁王有家世之舊兵當退舍俟梁王來吾將聽命存敬乃

退舍使人馳詣太祖於洛陽太祖至河中先之城東哭於重榮之墓而後入珂欲面縛牽羊以見太祖太祖謂曰太師阿舅之恩何時可忘郎君若以亡國之禮見太師其謂我何珂迎於路太祖握手噓唏乃徙珂於汴太祖以珂晉壻也疑其貳己使珂西入覲行至華州使人殺之傳舍瓚重盈之諸子也梁太祖已執珂自領河中節度使以瓚爲吏瓚事梁爲諸衞大將軍泰寧鎮國軍節度使末帝時爲開封尹貞明五年代賀瓌爲北面行營招討使是時晉已城德勝瓚自黎陽渡河攻澶州不克退屯楊村扼河上流與晉人相持經年大小百餘戰瓚卒無功末帝遣戴思遠代瓚復爲開封尹莊宗自鄆入京師末帝聞唐兵且至日夜涕泣不知所爲自持國寶指其宮室謂瓚曰使吾能保有此者繫卿之畫如何耳唐兵已過宛朐瓚驅率市人登城拒守唐兵攻封丘門瓚開門迎降伏地請死莊宗勞而起之曰朕與卿家世婚姻然人臣各爲主耳復何罪邪因以爲開封尹還宣武軍節度使已而故梁臣趙巖張漢傑等相次誅死瓚以憂卒贈太子太師

趙犨其先青州人也世世爲陳州牙將犨幼與羣兒戲道中部分行伍指顧如將帥雖諸大兒皆聽其節度其父叔文見之驚曰大吾門者此兒也及壯善用弓劍爲人勇果重氣義刺史聞其材召置麾下累遷忠武軍馬步軍都虞候王仙芝寇河南陷汝州將犯東都犨引兵擊敗之仙芝乃南去已而黃巢起所在州縣往往陷賊陳州豪傑數百人相與詣忠武軍求得犨爲刺史以自保忠武軍表犨陳州刺史已而巢陷長安犨語諸將吏曰以吾計巢若不爲長安市人所誅必驅其衆東走吾州適當其衝矣乃治城池爲守備遷民六十里内者皆入城中選其子弟配以兵甲以其弟昶珝爲將巢敗果東走先遣孟楷據項城昶擊破之執楷以歸巢從後至聞楷被執大怒旣而秦宗權以蔡州附巢巢勢甚盛乃悉其衆圍犨置舂磨寨麋人之肉以爲食陳人大恐犨語其下曰吾家三世陳將必能保此爾曹男子當於死中求生建功立業未必不因此時陳人皆踴躍巢柵城北三里爲八仙營起宮闕置百官聚糧餉欲以久弊之其兵號二十萬陳州舊有巨弩數百皆廢壞後生弩工皆不識其器珝創意理之弩矢激

五百步人馬皆洞以故巢不敢近圍凡三百日犨食將盡乃乞兵於梁梁太祖與李克用皆自將會陳擊敗巢將黄鄴于西華西華有積粟巢恃以爲餉及鄴敗巢乃解圍去梁太祖入陳州犨兄弟迎謁馬首甚恭然犨陰識太祖必成大事乃降心屈迹爲自託之計以梁援己因爲太祖立生祠朝夕拜謁以其子巖尚太祖女是謂長樂公主黄巢已去秦宗權復亂淮西陷旁二十餘州而陳去蔡最近犨兄弟力拒之卒不能下後巢宗權皆敗死唐昭宗即以陳州爲忠武軍拜犨節度使犨已病乃以位與其弟昶後數月卒昶乘大寇新滅乃休兵課農事梁尤謹梁兵攻戰四方昶饋輓供億未嘗少懈昶卒珝代立珝頗知書乃求鄧艾故迹決翟王陂溉民田兄弟居陳二十餘年陳人大賴之梁太祖已降韓建取同華徙珝爲同州留後入唐爲右金吾衛上將軍歲餘以疾免官歸陳卒于家陳人爲之罷市犨次子巖梁末帝時爲戸部尚書租庸使與張漢傑漢倫等居中用事梁自太祖以暴虐殺戮爲事而末帝爲人特和柔恭謹然性庸愚以漢傑婦家而巖壻也故親信之梁之大臣老將皆切齒末帝獨不悟以至

於士初友珪弑太祖自立以末帝爲東都留守巖如東都末帝與之飲酒從容以誠款告之巖爲末帝謀遣人召楊師厚兵起事巖還西都卒與袁象先以禁兵誅友珪取傳國寶以授末帝末帝立巖自以有功於梁又尚公主聞唐駙馬杜悰位至將相自奉甚豐恥其不及乃占天下良田大宅裒刻商旅其門如市租庸之物半入其私巖一飲食必費萬錢故時魏州牙兵驕數爲亂羅紹威盡誅之太祖崩楊師厚逐羅氏據魏州復置牙兵二千人末帝患之師厚死巖與租庸判官邵贊議曰魏爲唐患百有餘年自先帝時嘗切齒紹威以其前恭而後倨今先帝新棄天下師厚復爲陛下憂所以然者以魏地大而兵多也陛下不以此時制之寧知後人不爲師厚邪不若分相魏爲兩鎮則無北顧之憂矣末帝以爲然乃分相澶衛爲昭德軍牙兵亂以魏博降晉梁由是盡失河北是時梁將劉鄩等與莊宗相拒澶魏之間兵數敗巖曰古之王者必郊祀天地陛下卽位猶未郊天議者以爲朝廷無異藩鎮如此何以威重天下今河北雖失天下幸安願陛下力行之敬翔以爲不可曰今府庫虛竭箕斂供軍若行郊禋

則必賞賚是取虛名而受實弊也末帝不聽乃備法駕幸西京而莊宗取楊劉或傳晉兵入東都矣或曰扼汜水矣或曰下鄆濮矣京師大風拔木末帝大懼從官相顧而泣末帝乃還東都遂不果郊鎮州張文禮殺王鎔使人告梁曰臣已北召契丹願梁以兵萬人出德棣州則晉兵憊矣敬翔以爲然巖與漢傑皆以爲不可乃止其後黜王彥章用段凝皆巖力也莊宗兵將至汴末帝惶惑不知所爲登建國樓以問羣臣羣臣或曰晉以孤軍遠來勢難持久雖使入汴不能守也宜幸洛陽保險以召天下兵徐圖之勝負未可知也末帝猶豫巖曰勢已如此一下此樓何人可保末帝卒死於樓上當巖用事時許州温韜尤曲事巖巖因顧其左右曰吾常待韜厚今以急投之必不幸吾爲利乃走投韜韜斬其首以獻莊宗已滅梁巖素所善段凝奏請誅巖家屬乃族滅之

嗚呼禍福之理豈可一哉君子小人之禍福異也老子曰禍兮福所倚福兮禍所伏後世之談禍福者皆以其言爲至論也夫爲善而受福焉得禍爲惡而受禍焉得福惟君子之懼非禍者未必不爲福小人之求非福者未嘗不及禍此

自然之理也始犨自以先見之明深結梁太祖及其子孫皆享其祿利自謂知所託矣安知其族卒與梁俱滅也犨之求福於梁蓋老氏之所謂福也非君子之所求也可不戒哉

馮行襲字正臣均州人也唐末山南盜孫喜以衆千人襲均州刺史呂燁燁不能禦行襲爲州校乃陰選勇士伏江南獨乘小舟逆喜告曰州人聞公至皆欲歸矣然知公兵多民懼擄掠恐其驚擾請留兵江北獨與腹心數人從行願爲前導以慰安州民事可立定喜以爲然乃留其兵江北獨與行襲渡江軍吏前謁行襲擊喜仆地斬之伏兵發盡殺從行者餘兵在江北聞喜死皆潰山南節度使劉巨容表行襲均州刺史是時僖宗在蜀諸鎮貢獻行在者皆道山南盜賊多據州西長山以邀劫之行襲盡破諸賊洋州葛佐辟行襲行軍司馬使以兵鎮谷口通秦蜀道行襲由此知名李茂貞兼領山南遣子繼臻守金州行襲逐之遂據金州昭宗乃以金州爲戎昭軍拜行襲節度使昭宗在岐梁太祖引兵而西中尉韓全誨遣中官郄文晏等二十餘人召兵江淮以拒太祖行襲已

五代史卷四十二考證

李罕之傳其將劉經立爽子仲方仲方年少事皆任經○任經閣本作經任

五代史卷四十二考證

西元二〇二四年三月一日重製一版

新五代史 冊一（附考證）（宋 歐陽修 撰 徐無黨 注）

平裝二冊基本定價壹仟參佰元正
（郵運匯費另加）

發行人 張敏君
發行處 中華書局
臺北市內湖區舊宗路二段一八一巷八號五樓（5FL., No. 8, Lane 181, JIOU-TZUNG Rd., Sec 2, NEI HU, TAIPEI, 11494, TAIWAN）
客服電話：886-2-8797-8900
公司傳真：886-2-8797-8909
匯款帳戶：華南商業銀行西湖分行
179100026931
印 刷：維中科技有限公司
海瑞印刷品有限公司

No. N1056-1

國家圖書館出版品預行編目(CIP)資料

新五代史/(宋)歐陽修撰 ；(宋)徐無黨注. -- 重製一版. -- 臺北市 : 中華書局, 2024.03
冊 ； 公分
ISBN 978-626-7349-16-8(全套 : 平裝)

1.CST: 五代史

624.201 113002612